PORTUGUÊS para desesperados
Questões comentadas

O GEN | Grupo Editorial Nacional – maior plataforma editorial brasileira no segmento científico, técnico e profissional – publica conteúdos nas áreas de concursos, ciências jurídicas, humanas, exatas, da saúde e sociais aplicadas, além de prover serviços direcionados à educação continuada.

As editoras que integram o GEN, das mais respeitadas no mercado editorial, construíram catálogos inigualáveis, com obras decisivas para a formação acadêmica e o aperfeiçoamento de várias gerações de profissionais e estudantes, tendo se tornado sinônimo de qualidade e seriedade.

A missão do GEN e dos núcleos de conteúdo que o compõem é prover a melhor informação científica e distribuí-la de maneira flexível e conveniente, a preços justos, gerando benefícios e servindo a autores, docentes, livreiros, funcionários, colaboradores e acionistas.

Nosso comportamento ético incondicional e nossa responsabilidade social e ambiental são reforçados pela natureza educacional de nossa atividade e dão sustentabilidade ao crescimento contínuo e à rentabilidade do grupo.

CAROL MENDONÇA

PORTUGUÊS para desesperados
Questões comentadas

- A autora deste livro e a editora empenharam seus melhores esforços para assegurar que as informações e os procedimentos apresentados no texto estejam em acordo com os padrões aceitos à época da publicação, e todos os dados foram atualizados pelo autor até a data de fechamento do livro. Entretanto, tendo em conta a evolução das ciências, as atualizações legislativas, as mudanças regulamentares governamentais e o constante fluxo de novas informações sobre os temas que constam do livro, recomendamos enfaticamente que os leitores consultem sempre outras fontes fidedignas, de modo a se certificarem de que as informações contidas no texto estão corretas e de que não houve alterações nas recomendações ou na legislação regulamentadora.
- Fechamento desta edição: *22.11.2021*
- A Autora e a editora se empenharam para citar adequadamente e dar o devido crédito a todos os detentores de direitos autorais de qualquer material utilizado neste livro, dispondo-se a possíveis acertos posteriores caso, inadvertida e involuntariamente, a identificação de algum deles tenha sido omitida.
- **Atendimento ao cliente:** (11) 5080-0751 | faleconosco@grupogen.com.br
- Direitos exclusivos para a língua portuguesa
  Copyright © 2022 by
  Editora Forense Ltda.
  Uma editora integrante do GEN | Grupo Editorial Nacional
  Travessa do Ouvidor, 11 – Térreo e 6º andar
  Rio de Janeiro – RJ – 20040-040
  www.grupogen.com.br
- Reservados todos os direitos. É proibida a duplicação ou reprodução deste volume, no todo ou em parte, em quaisquer formas ou por quaisquer meios (eletrônico, mecânico, gravação, fotocópia, distribuição pela Internet ou outros), sem permissão, por escrito, da Editora Forense Ltda.
- Capa:
- **CIP – BRASIL. CATALOGAÇÃO NA FONTE.**
  SINDICATO NACIONAL DOS EDITORES DE LIVROS, RJ.

M494p

Mendonça, Carolina

Português para desesperados: questões comentadas / Carolina Mendonça. – 1. ed. – Rio de Janeiro: Forense, 2022.
328 p. ; 23 cm.

ISBN 978-65-596-4193-2

1. Língua portuguesa – Gramática. 2. Língua portuguesa – Problemas, questões, exercícios. 3. Serviço público – Concursos. 4. Exame Nacional do Ensino Médio (Brasil). I. Título.

21-73826

CDD: 469.5
CDU: 811.134.3'36

Leandra Felix da Cruz Candido – Bibliotecária – CRB-7/6135

DEDICATÓRIA

Dedico esta obra aos professores que inspiram e fazem a diferença todos os dias dentro de salas de aula do Brasil. Em especial, ao meu mestre do ensino médio, Igor Martins, que viu – antes de mim – que eu era capaz.

AGRADECIMENTO

Agradeço imensamente a todos os alunos que já passaram por mim e, sem exceção, deixaram marcas de carinho e de confiança para que a Carolzinha da Baixada Fluminense se tornasse, hoje, a professora Carol Mendonça, cuja sala de aula é o Brasil.

Muito obrigada a todos os seguidores e empresas que acreditam na educação e apoiam projetos como o meu. A internet devolveu o meu sonho e serei eternamente grata.

PREFÁCIO

Carol me respondeu que não tinha nascido para ser uma "bloguessora" (é assim que chamamos carinhosamente todas as professoras que têm um *blog* com conteúdo de ensino) quando eu enviei uma mensagem de texto implorando para que ela colocasse seus vídeos na internet dando aula. O ano era 2015 e eu estava dentro do trem, ramal Japeri x Central, superlotado, a caminho da faculdade e usando todos os argumentos possíveis para convencê-la de que todo mundo merecia conhecer sua didática. Ela disse "não tenho câmera", e eu respondi que tinha (uma mentira) e "não tenho local para gravar", e eu falei que também tinha (outra mentira). Para todas as desculpas, eu entrei com soluções (que depois daria um jeito de resolver). Eu precisei conversar, fazer textões, insistir, apresentar referências e mostrar o quanto era legal, mas foi quando expliquei o quanto ela poderia ajudar seus alunos e outros estudantes que ela finalmente me respondeu "tá bom, eu topo!". Pensei que tinha aceitado para que eu parasse de insistir e a deixasse em paz, mas ela realmente se animou e mergulhou de cabeça. Consegui!

Na semana seguinte, com uma câmera emprestada, tripé feito com livros e meu quarto arrumado, gravamos o primeiro vídeo. SUCESSO! Alunos e ex-alunos compartilharam em todas as redes sociais. Todos acharam o máximo. E assim nasceu o *Português para Desesperados*, com o propósito de mudar vidas e facilitar o acesso ao ensino da língua portuguesa no nosso país. Um projeto criativo e alegre que une informação, entretenimento e muita vontade de ensinar, e que tenho um imenso orgulho de fazer parte.

E já faz quase 7 anos que Carol, com sua habilidade de ensino descontraído e objetivo, utiliza músicas, expressões do dia a dia e imagens virais da internet, com a finalidade de desmistificar a gramática para auxiliar todos aqueles que estão estudando, apreciam a língua, desejam aperfeiçoar o vocabulário ou tirar aquela nota máxima na disciplina.

Acompanhei a elaboração deste livro bem de perto e posso garantir que foi feito com muito carinho e dedicação, visando a ajudar todos os leitores a alcançarem seus objetivos.

No dia em que Carol enviou a última parte para a editora, eu chorei, emocionada, e mandei entregar chocolates em sua casa, junto com um bilhete dizendo o quanto estava feliz e orgulhosa de tudo que vivemos para que chegássemos até aqui – nesta obra. Ela merecia comemorar com chocolates, e eu merecia chorar de felicidade.

Com este livro, além de se identificar e cantarolar, você vai encontrar uma forma leve e simplificada de compreender os pontos mais complexos do nosso português, e eu espero que se divirta fazendo isso.

Com orgulho,

Bruna Aguilera
(Ex-aluna e atual diretora do projeto
Português para Desesperados)

SUMÁRIO

Capítulo 1   Acentuação   **1**

Grupo 1 – tonicidade 1
  a) Oxítonas (última sílaba é tônica) 1
  b) Paroxítonas (penúltima sílaba é tônica) 2
  c) Ditongo 3
  d) Proparoxítonas (antepenúltima sílaba é tônica) 3
Grupo 2 – casos especiais 3
  a) Ditongo aberto 3
  b) Hiato do EE/OO 4
  c) Hiato do I e do U 4
  d) Verbos TER e VIR 4
  e) Trema 4
  f) Acento diferencial 5
Como vemos isso na prova? 5
Gabarito 18

Capítulo 2   Processos de Formação de Palavras   **19**

Tipos de derivação 20
  a) Prefixal 20
  b) Sufixal 20
  c) Prefixal e sufixal 20
  d) Parassintética (parassíntese) 20
  e) Regressiva (deverbal) 20
  f) Imprópria (conversão) 21
Tipos de composição 21
  a) Justaposição 21
  b) Aglutinação 21

Outros processos de fomação de palavras... 21
    a) Onomatopeia... 21
    b) Sigla... 21
    c) Abreviação vocabular ou redução... 22
    d) Neologismo... 22
    e) Estrangeirismo.. 22
    f) Hibridismo... 22
Como vemos isso na prova?... 23
Gabarito... 42

Capítulo 3   Substantivos   45

Variáveis... 45
Invariáveis.. 45
Flexão de gênero.. 46
    a) Biformes... 46
    b) Heterônimos.. 46
    c) Uniformes.. 46
        c.1) Comum-de-dois-gêneros.. 47
        c.2) Sobrecomum.. 47
        c.3) Epiceno.. 47
Flexão de número.. 47
    a) Substantivos simples... 47
        a1) Terminados em *vogal*, acrescenta-se S... 47
        a2) Terminados em *-al, -el, -ol ou -ul,* troca-se o L por IS........................ 47
        a3) Terminados em -il:.. 48
        a4) Terminados em M, troca-se o M por NS.. 48
        a5) Terminados em N, soma-se S ou ES... 48
        a6) Terminados em R ou Z, acrescenta-se ES... 48
        a7) Terminados em S.. 48
        a8) Terminados em zinho.. 49
        a9) Terminados em ão.. 49
Substantivos compostos.. 49
    a) Flexionam-se os dois elementos, quando formados de substantivo + palavra
    variável.. 49
    b) Flexiona-se somente o segundo elemento, quando formados de.............. 49
        b1) Verbo + substantivo.. 49
        b2) Palavra invariável + palavra variável... 49
        b3) Palavras repetidas ou imitativas.. 50
    c) Flexiona-se somente o primeiro elemento, quando formados de.............. 50
    d) Permanecem invariáveis, quando formados de.. 50
        d1) Verbo + advérbio... 50
        d2) Verbo + substantivo no plural... 50
        d3) Verbos opostos.. 50
        d4) Quando houver onomatopeia, só o segundo vai para o plural.............. 50
Graus do substantivo... 50
    a) Aumentativo.. 50
    b) Diminutivo... 50
Como vemos isso na prova?... 51
Gabarito... 66

PORTUGUÊS PARA DESESPERADOS · QUESTÕES COMENTADAS

XI

Capítulo 4   Adjetivos   **67**

Classificação dos adjetivos... 67
   a) Primitivo x derivado 67
   b) Simples x composto 67
   c) Explicativo x restritivo 67
   d) Pátrios.. 67
Flexão de gênero 68
   a) Uniformes.. 68
   b) Biformes.. 69
Flexão de número 69
   a) Plural dos adjetivos simples.. 69
   b) Plural do adjetivo composto 69
Flexão de grau 70
   a) Grau comparativo... 70
     a1) De igualdade... 70
     a2) De superioridade... 70
     a3) De inferioridade... 70
   b) Grau superlativo... 71
     b1) Superlativo relativo... 71
     b2) Superlativo absoluto.. 71
Como vemos isso na prova?... 72
Gabarito 86

Capítulo 5   Pronomes   **87**

Pronomes pessoais 88
   Formas pronominais.. 88
   Pronomes pessoais de tratamento.. 89
Pronomes possessivos... 90
Pronomes demonstrativos... 90
Pronomes indefinidos.. 91
   Locuções pronominais indefinidas.. 91
Pronomes interrogativos.. 91
Pronomes relativos 91
Como vemos isso na prova?... 92
Gabarito 105

Capítulo 6   Colocação Pronominal   **107**

Próclise... 107
Mesóclise.. 108
Ênclise.. 108
Colocação pronominal nas locuções verbais 109
Como vemos isso na prova?... 109
Gabarito 126

Capítulo 7   Conjugação Verbal   **127**

Modo indicativo.. 127
   Presente.. 128
   Pretérito Perfeito... 128

Pretérito Imperfeito 128
Pretérito-Mais-Que-Perfeito 128
Futuro do Presente 128
Futuro do Pretérito 128
Modo subjuntivo 129
Presente 129
Pretérito Imperfeito 130
Futuro 130
Modo imperativo 131
Imperativo afirmativo 131
Imperativo negativo 131
Como vemos isso na prova? 132
Gabarito 145

Capítulo 8   Advérbios — 147

Flexão do advérbio 148
Como vemos isso na prova? 149
Gabarito 163

Capítulo 9   Conjunções — 165

Classificação 165
Conjunções coordenativas 165
Conjunções subordinativas 166
Como vemos isso na prova? 167
Gabarito 178

Capítulo 10   Emprego do Que — 181

Como vemos isso na prova? 183
Gabarito 190

Capítulo 11   Análise Sintática — 191

Análise sintática do período simples 191
Termos essenciais 191
1º) Sujeito 191
Tipos de sujeito determinado 192
Sujeito indeterminado 192
Oração sem sujeito ou sujeito inexistente 192
2º) Predicado 192
Tipo de predicado 193
3º) Predicativos 193
Termos integrantes 193
Objeto direto 193
Objeto indireto 194
Objeto direto preposicionado 194
Objeto pleonástico 194
Objeto direto interno 195
Complemento nominal 195
Agente da passiva 195

Termos acessórios	195
Adjunto adnominal	195
Adjunto adverbial	195
Aposto	196
Tipos de aposto	196
Vocativo	196
Como vemos isso nas provas?	196
Gabarito	209

Capítulo 12   Concordância Verbal   211

Sujeito simples	211
Sujeito composto	214
Outros casos	215
Como vemos isso na prova?	218
Gabarito	226

Capítulo 13   Concordância Nominal   227

Regra geral	227
Casos especiais que mais aparecem nas provas	228
Como vemos isso na prova?	229
Gabarito	243

Capítulo 14   Regência   245

Regência nominal	246
Regência verbal	246
Como vemos isso na prova?	249
Gabarito	265

Capítulo 15   Acento Grave (Crase)   267

Casos obrigatórios de acento grave indicativo de crase	268
Casos facultativos (opcionais)	268
Casos proibidos de acento grave indicativo de crase	269
Casos especiais	270
Como vemos isso na prova?	270
Gabarito	282

Capítulo 16   Pontuação   283

Vírgula	283
Devemos sempre usar a vírgula	284
Nunca devemos usar vírgula para separar	284
Ponto e vírgula	285
Dois pontos	285
Reticências	285
Aspas	285
Ponto	286
Ponto de exclamação	286
Ponto de interrogação	286
Travessão	286

Parênteses.. 287
Como vemos isso na prova?.. 287
Gabarito 300

Capítulo 17   Mais Classes de Palavras   301

Artigo 301
   Classificação... 301
Numeral 302
   Classificação e flexão.. 302
      1. Numerais cardinais... 302
      2. Numerais ordinais... 302
         a) Numerais multiplicativos 303
         b) Numerais fracionários... 303
Preposição 303
   Combinação 303
   Contração.. 303
Interjeição... 304
Como vemos isso na prova?.. 305
Gabarito 313

1
ACENTUAÇÃO

Acentuação gráfica é um assunto que aparece **muito** em concursos públicos de diversos níveis. Nas provas, são cobradas desde a justificativa da presença ou ausência de determinado acento até a identificação de palavras que se acentuam pelo mesmo motivo.

Para facilitar, vamos separar o estudo da acentuação em dois grupos:

GRUPO 1 – TONICIDADE

Grupo que trata da acentuação baseada na posição da sílaba tônica e da terminação das palavras.

Todas as palavras da nossa língua possuem **uma** sílaba mais forte (tônica) que as demais (átonas). De acordo com a posição da sílaba tônica – última, penúltima ou antepenúltima sílaba da palavra –, classificaremos as palavras assim:

a) Oxítonas (última sílaba é tônica)

Só serão acentuadas as oxítonas terminadas em:

– A, E, O (seguidas ou não de S)

Exemplos: Pará, jacaré e robô.

– EM/ENS

Exemplos: também, parabéns.

SE LIGA!

Neologismos (palavras inventadas) podem aparecer em questões de acentuação devido ao questionamento sobre nossa capacidade de conseguir ler palavras que nunca vimos ou ouvimos a partir do conhecimento das regrinhas. Por exemplo, no carnaval de 2019, a internet nos trouxe o "funk do **ticolé**" (brincadeira entre meninos que ganhou uma versão do Dennis DJ e já ultrapassa onze milhões de visualizações). A palavra **ticolé** foi naturalmente acentuada por todos nós, porque, assim como em **picolé**, **sacolé** e **cabaré**, a sílaba mais forte é a última (oxítona) e terminam todas em E.

b) Paroxítonas (penúltima sílaba é tônica)

Só serão acentuadas as paroxítonas terminadas em:

– I ou U (seguidas ou não de S)

Exemplos: júri, bônus.

– L, N, R ou X

Para ajudar a memorizar as quatro consoantes – LoNa RoXa

Exemplos: túnel, hífen, revólver e tórax.

https://uqr.to/1lxns

BIZU!

NRX é a única regra em que o S no final pode modificar a palavra. Sempre que aparecer uma palavra com essas terminações no plural, reavalie para perceber se a regra continua fazendo sentido.

Por exemplo, na palavra **hífen**, há o acento na forma singular, por se tratar de uma paroxítona terminada em N. Já na forma plural, temos **hifens**, sem acento, porque a terminação se perdeu.

Obs.: também é aceita a forma de plural **hífenes**.

– Ã/ÃO, UM/UNS ou PS

Exemplos: órfã, órgão, álbum, bíceps.

c) Ditongo

Exemplos: pônei, fósseis, colégio, água.

SE LIGA!

As paroxítonas terminadas em ditongo crescente podem ser separadas como proparoxítonas, então é aceitável dividir a palavra **colégio** como se terminasse em ditongo, mas também como se terminasse em hiato.

Assim**, co-lé-gio** ou **co-lé-gi-o** são formas corretas de divisão silábica.

d) Proparoxítonas (antepenúltima sílaba é tônica)

Todas são acentuadas, salvo a expressão "per capita", por não pertencer à língua portuguesa.

Exemplos: síndrome, lâmpada e médico.

Há também os monossílabos t**ônicos** – palavras de uma sílaba só que possuem autonomia semântica.

Acentuaremos tais palavras quando terminarem em A, E e O (seguidos ou não de S).

Exemplos: pá, mês e dó.

GRUPO 2 - CASOS ESPECIAIS

Neste grupo, as razões para a existência do acento gráfico não se relacionam com tonicidade, mas com algumas especificidades fonéticas. Atenção, porque aqui aparecem as mudanças do Novo Acordo Ortográfico, obrigatório desde 2016.

Vamos lá:

a) Ditongo aberto

Antes do Novo Acordo ortográfico, os ditongos EU, EI e OI somente recebiam acento quando possuíam pronúncia aberta, seguidos ou não de S. Fazíamos, assim, a diferença entre o EU em **céu** e **meu**. Agora, com o Novo Acordo, acentuaremos os ditongos abertos, desde que estejam na última sílaba da palavra ou na sílaba única.

Então, como diz a minha musiquinha – Novo acordo é baile de favela –, **heroico** tinha acento, mas não vai ter mais. Em **herói** continua, isso é fácil demais!

Isso porque separamos he-roi-co: o ditongo é aberto, mas não está na última sílaba. Já em he-rói o ditongo aberto está na última sílaba, então continua acentuado.

b) Hiato do EE/OO

Antes do Acordo Ortográfico, o encontro das letras EE ou OO era marcado pelo acento circunflexo na primeira vogal. Esse acento não existe mais em nossa língua.

Palavras como **voo** e a flexão verbal **leem são bons exemplos!**

c) Hiato do I e do U

Coloca-se acento nas vogais **I** e **U** que formam hiato com a vogal anterior, desde que estejam sozinhas na sílaba ou acompanhadas de S.

Exemplos: sa-í-da, sa-ú-de, ba-la-ús-tre, ra-í-zes, ju-í-zes.

SE LIGA!

Não se acentuam as letras **I** e **U** dos hiatos se estiverem seguidas do dígrafo nh: ra-i-nha, ven-to-i-nha.

Não se acentuam as letras **I** e **U** dos hiatos se vierem precedidas de vogal igual: xi-i-ta, pa-ra-cu-u-ba.

Mas se a palavra for proparoxítona, o acento prevalecerá: fri-ís-si-mo, se-ri-ís-si-mo.

O Novo Acordo estabelece que também não se acentuam as letras **I** e **U** dos hiatos se vierem precedidas por ditongo: fei-u-ra, bai-u-ca.

d) Verbos TER e VIR

Levam acento circunflexo na terceira pessoa do plural do presente do indicativo: ele tem – eles têm; ele vem – eles vêm.

Os verbos derivados de TER e VIR levam acento agudo na terceira pessoa do singular e acento circunflexo na terceira pessoa do plural do presente do indicativo: ele retém – eles retêm; ele intervém – eles intervêm.

e) Trema

Pelo Novo Acordo, **fica abolido o trema em palavras da língua portuguesa**: aguentar, frequente, tranquilo.

f) Acento diferencial

Algumas palavras recebiam o chamado "acento diferencial" para que pudessem ser distinguidas uma da outra.

Por exemplo, o acento do para (verbo) que o diferenciava de para (preposição) não existe mais. Agora teremos que diferenciar pelo contexto em que a palavra estiver inserida.

Mas tem as exceções, então anote, por favor!
- pôde (3ª pessoa do singular do pretérito perfeito do indicativo) para distinguir de pode (3ª pessoa do singular do presente do indicativo) continua existindo;
- pôr (verbo) para diferenciar de por (preposição) também.

É facultativo o emprego do acento em:
- dêmos (1ª pessoa do plural do presente do subjuntivo), para distinguir de demos (1ª pessoa do plural do pretérito perfeito do indicativo);
- fôrma (substantivo), para distinguir de forma (substantivo ou 3ª pessoa do singular do presente do indicativo ou 2ª pessoa do singular do imperativo afirmativo).

COMO VEMOS ISSO NA PROVA?

1. (EEAR – CFS – 2021.1) Assinale a alternativa em que a palavra em destaque não deve ser acentuada.
   a) O substantivo <u>androide</u> designa qualquer ser que tenha a forma de homem.
   b) Os <u>balaustres</u> do casarão foram trocados recentemente.
   c) Os <u>biquinis</u> estão cada vez menores.
   d) Os <u>herois</u> não morrem de overdose.

Comentário: o ditongo aberto **OI**, em "androide" não está na última sílaba, então não possui mais o acento gráfico. Diferente de "herói", que tem o mesmo encontro, mas na última sílaba. "Balaústre" é acentuado pela presença do hiato do **U** acompanhado de **S**; e "biquíni" por ser uma paroxítona terminada em **I**.

2. (EEAR – CFS – 2020.1) Assinale a alternativa em que as palavras devem ser acentuadas de acordo com a mesma tonicidade.

a) cipo – maracuja – jacare – vintem.
b) buscape – levedo – armazens – cafe.
c) vacuo – hifen – transito (substantivo) – proton.
d) boemia – biquinis – inicio (substantivo) – bambolê.

Comentário: **cipó**, **maracujá**, **jacaré** e **vintém** são oxítonas e recebem acento devido a essa classificação e sua terminação em A, E, O ou EM. Na letra B, todas são oxítonas, exceto **levedo** (que significa o mesmo que **levedura**, muito falada quando o assunto é cerveja), que se classifica como paroxítona. Na letra C, todas são paroxítonas, menos o substantivo **trânsito**. E na D, são todas paroxítonas, menos **bambolê**, que é oxítona.

3. (EEAR – CFS – 2021.2) Marque o vocábulo cuja acentuação se justifica pela mesma regra de "médium".

a) Vênus.
b) Cafeína.
c) Balaústre.
d) Eletroímã.

Comentário: a palavra **médium** é uma paroxítona e recebe acento por sua terminação, assim como **vênus**. As demais palavras (cafeína, balaústre e eletroímã) também são paroxítonas, mas recebem acento gráfico devido ao hiato do **i** ou do **u**.

4. (EAGS – 2021) Assinale a alternativa em que o contexto determina a necessidade de acentuação gráfica de um de seus termos.

a) Não encontrava forma de dizer a ele que seu coração havia secado.
b) Saiu feliz a comprar conjuntos de formas para os muitos bolos que desejava confeccionar.
c) Hoje ele pode descansar dos dias de medo e aflição que descaradamente lhe invadem a alma.
d) De repente ele para e fica a olhar para tudo e para o nada meio embevecido – coisa de gente enamorada.

Comentário: essa questão trabalha o acento diferencial – aquele usado para evitar ambiguidade ou dificuldade na classificação morfológica das palavras. O único contexto que pode causar dúvida no leitor é o da letra C, pois sem o acento (que é facultativo nesse caso) não se sabe se o sujeito já descansou ou ainda vai descansar, ou seja, se "ele pôde" (pretérito perfeito) e já concluiu; ou se "ele pode" (presente) e está autorizado a descansar.

5. (MPE-GO – Auxiliar Administrativo – 2019) Nas palavras pudico, interim, aerolito, a acentuação foi propositadamente eliminada. Quanto à tonicidade, as palavras acima devem ser classificadas, respectivamente, como:
   a) paroxítona – paroxítona – paroxítona.
   b) paroxítona – proparoxítona – proparoxítona.
   c) proparoxítona – proparoxítona – proparoxítona.
   d) paroxítona – oxítona – proparoxítona.
   e) paroxítona – oxítona – paroxítona.

Comentário: **pudico** realmente não necessita de acento gráfico, por ser uma paroxítona terminada em O. Já **ínterim** e **aerólito** recebem acento por serem proparoxítonas.

6. (EsPCEx – 2020) Assinale a opção que apresenta o grupo de vocábulos acentuados graficamente pelo mesmo motivo:
   a) início – milênio – ciência.
   b) insaciável – ecológica – através.
   c) traídos – indivíduo – pólvora.
   d) existência – provê – cônsul.
   e) átomos – microscópio – destruído.

Comentário: **início**, **milênio** e **ciência** são paroxítonas terminadas em ditongo. Na letra B, **insaciável** é paroxítona; **ecológica** é proparoxítona e **através** é oxítona. Em C, **traídos** é acentuada pela presença do hiato; **indivíduo**, por ser paroxítona terminada em ditongo e **pólvora**, por ser proparoxítona. Em D, **existência** é paroxítona terminada em ditongo; **provê** é oxítona terminada em E, e **cônsul** é paroxítona terminada em L (LNRX). Já na letra E, **átomos** é uma proparoxítona; **microscópio** é paroxítona terminada em ditongo e **destruído** é acentuada pelo hiato do I.

7. (EsPCEx – 2019) Assinale a alternativa em que todos os vocábulos são acentuados pela mesma regra.
   a) plástico, últimos, mamíferos, único.
   b) contrário, hipóteses, sensíveis, hotéis.
   c) indústria, países, além, já.

d) reutilizáveis, através, início, resíduos.

e) próprio, sanitários, lá, descartável.

Comentário: **plástico, últimos, mamíferos** e **único** são proparoxítonas e todas as palavras proparoxítonas devem ser acentuadas! Temos em B: **contrário** (paroxítona terminada em ditongo); **hipóteses** (proparoxítona); **sensíveis** (paroxítona terminada em ditongo) e **hotéis** (ditongo aberto na última sílaba). Em C, **indústria** (paroxítona terminada em ditongo); **países** (hiato do I sozinho na sílaba); **além** (oxítona terminada em EM) e **já** (monossílabo tônico terminado em A). Na letra D, **reutilizáveis** (paroxítona terminada em ditongo); **através** (oxítona terminada em E seguido de S); **início** (paroxítona terminada em ditongo) e **resíduos** (paroxítona terminada em ditongo). Para fechar na letra E, temos **próprio** (paroxítona terminada em ditongo); **sanitários** (paroxítona terminada em ditongo); **lá** (monossílabo tônico terminado em A) e **descartável** (paroxítona terminada em L – LNRX).

8. (Guarda Municipal – PR – 2020) O sistema de acentuação gráfica foi levemente alterado no último Acordo Ortográfico, que passou a ser obrigatório, em todo o território nacional, em 2016. Com base nisso, assinale a alternativa em que todas as palavras NÃO são mais acentuadas:

a) Frequencia – balaustre – torax.

b) Album – heroi – chapeu.

c) Magico – revolver – polemica.

d) Japones – armazem – biceps.

e) Ideia – enjoo – heroico.

Comentário: **ideia**, assim como **heroico**, possui ditongo aberto, mas não na última sílaba, portanto, perdeu o acento gráfico. **Enjoo** apresenta um hiato OO que perdeu o acento, assim como EE. As demais palavras apresentadas permanecem acentuadas.

9. (FUNDATEC – Eng. Civil – 2020) Assinale a alternativa em que as palavras recebem acento gráfico pela mesma razão que substituído e história (palavras retiradas do texto), respectivamente.

a) notícias – inevitável.

b) país – saúde.

c) início – sanitária.

d) gaúcho – ministério.

e) inacessíveis – república.

Comentário: **substituído**, assim como **gaúcho**, recebe acento pela presença do hiato do I ou do U. Já **história**, tal qual **ministério**, é acentuada por ser uma paroxítona terminada em ditongo.

PORTUGUÊS PARA DESESPERADOS · QUESTÕES COMENTADAS

10. (AOCP – Adaptada – 2020) A respeito do excerto "Colaborávamos na mesma instituição social e vez ou outra nos esbarrávamos numa reunião, ele sempre ostensivamente calado.", assinale a alternativa correta.

Os termos "colaborávamos" e "esbarrávamos" recebem acento porque são verbos conjugados no passado.

( ) Certo

( ) Errado

Comentário: os acentos gráficos existem nessas palavras devido à posição da sílaba tônica (ambas proparoxítonas).

11. (EEAR – 2017) De acordo com a ortografia da língua portuguesa, não sofreu alteração em relação ao uso do trema a palavra:

a) eqüino.

b) lingüiça.

c) mülleriano.

d) cinqüentenário.

Comentário: o trema foi extinto da nossa língua, no entanto permanece em nomes próprios, estrangeiros e em suas derivações. Lembre-se da maravilhosa Gisele Bündchen.

12. (EAGS – 2017) Quantas palavras do texto abaixo apresentam erro no que diz respeito ao emprego ou não do acento gráfico?

Bons argumentos têm aquele rapaz! O conteudo de sua fala revela bem a pessoa observadora que sempre demonstrou ser. Da importância a detalhes que muitos nem notam. É sempre bom ouví-lo.

a) 1.

b) 2.

c) 3.

d) 4.

Comentário: as palavras incorretas são têm, conteudo, da e ouví-lo. As formas corretas seriam: **tem** (singular, uma vez que o sujeito é "rapaz"), **conteúdo** (hiato do **U**, sozinho na sílaba), **dá** (terceira pessoa do singular do verbo **dar**) e **ouvi-lo** (oxítona terminada em **I**, não precisa de acento gráfico).

13. (MPE-GO – Auxiliar Administrativo – 2019) Quanto a acentuação gráfica das frases abaixo, analise cada uma delas e, em seguida, assinale a alternativa correta:

I. "imobiliária" e "inapelável" recebem acento por idêntica razão.

II. "anéis" recebe acento gráfico porque é paroxítona terminada em ditongo.

III. "haverá" é acentuada graficamente para distinguir-se de "havera" (pretérito mais--que-perfeito).
a) Estão corretas as afirmações I e II.
b) Estão corretas as afirmações II e III.
c) Estão corretas as afirmações I e III.
d) Todas as afirmativas estão corretas.
e) Todas as afirmativas estão incorretas.

Comentário: todas as justificativas estão equivocadas. Em I, imobiliária recebe acento por ser uma paroxítona terminada em ditongo, já inapelável é acentuada por ser uma paroxítona terminada em L (lona roxa). Algumas bancas consideram a motivação similar, mas ao analisar as demais opções, descartamos essa possibilidade. Em II, anéis recebe acento por apresentar um ditongo aberto no final da palavra, logo é uma oxítona e não paroxítona. E, em III, não existe essa distinção temporal entre os termos citados, até porque o pretérito-mais-que-perfeito de **haver** seria **houvera** e não **havera**.

14. (VUNESP – TJ-SP – Administrador Judiciário – 2019) Assinale a alternativa em que a acentuação e a grafia das palavras estão de acordo com a norma-padrão da língua portuguesa.
a) Pela fronteira, tem entrado no país muitos refugiados, e é imprecindível acolhê-los adequadamente.
b) Faltou ombridade aos dirigentes da empresa, pois eles omitiram dos sócios o récorde de vendas.
c) À excessão dos quibes, os salgados servidos na cerimônia de inauguração estavam saborosos.
d) A atendente da companhia aérea fez uma rúbrica na passagem para retificar o horário do voo.
e) Atualmente, é mister acabar com privilégios concedidos a clãs inescrupulosos.

Comentário: na letra A, faltou o acento circunflexo que marca o plural do verbo **ter** para que ele concorde com o sujeito **muitos refugiados**. Na B, a pronúncia correta da palavra em português é **recorde** e a sílaba tônica é **cor**. Muito se confunde, talvez por conta do termo **record**, do inglês. Na letra C, houve um erro de grafia na palavra **exceção**. E na D, o famigerado **rubrica**, com a tonicidade no **bri**, que todo mundo costuma errar no dia a dia. Na letra E, não há problemas de acentuação ou grafia.

15. (MPE-GO – Auxiliar Administrativo – 2019) Assinale a alternativa em que todos os vocábulos são acentuados corretamente:
a) você, gratuíto, lápis, régua.

b) parabéns, ítem, hífen, oásis.

c) paletó, pajé, café, jiló.

d) amém, amável, rúbrica, além.

e) purê, chapéu, proíbido, ideia.

Comentário: não há acento gráfico em **gratuito, item, rubrica** nem em **proibido.**

16. (MPE-GO – Auxiliar Administrativo – 2019) Em um estabelecimento comercial foi colocada uma placa indicando "Papelaria Camalia". Um estudante deparou com a dúvida: como pronunciar a palavra Camalia.

Levando o problema à sala de aula, a discussão girou em torno da utilidade de conhecer as regras de acentuação e, especialmente, do auxílio que elas podem dar à correta pronúncia das palavras. Após discutirem pronúncia, regras de acentuação e escrita, três alunos apresentaram as seguintes conclusões a respeito da palavra Camalia:

I. Se a sílaba tônica for o ma, a escrita deveria ser Camália, pois a palavra seria paroxítona terminada em ditongo crescente.

II. Se a sílaba tônica for li, a escrita deveria ser Camalía, pois i e a estariam formando hiato.

III. Se a sílaba tônica for li, a escrita deveria ser Camalia, pois não haveria razão para o uso do acento gráfico.

A conclusão está correta apenas em:

a) I.

b) II.

c) III.

d) I e II.

e) I e III.

Comentário: o item II apresenta um erro conceitual. Teríamos o hiato, sim, mas só devemos acentuar o hiato do **I** quando a letra **I** está sozinha na sílaba ou acompanhada de **S**. Além de não poder haver **NH** na sílaba seguinte nem ditongo na sílaba anterior.

17. (IF-MS – Técnico em Tecnologia da Informação – 2019) Assinale a alternativa na qual todas as palavras estão grafadas CORRETAMENTE:

a) idéia, jiboia, co-orientador.

b) idéia, jibóia, coorientador.

c) ideia, jiboia, coorientador.

d) ideia, jibóia, co-orientador.

e) idéia, jibóia, co-orientador.

Comentário: a palavra **ideia** não possui mais acento gráfico (só acentuaremos ditongos abertos que aparecerem na **última** sílaba) e isso elimina as letras A, B e. **Jiboia** sofre o mesmo caso, eliminando assim a letra D. Ficamos com a letra C, que traz também **coorientador** sem hífen, como deve ser (o capítulo sobre o hífen aparecerá mais à frente).

18. (UFES – Técnico em Tecnologia da Informação – 2018) O uso das regras de acentuação gráfica é um recurso que funciona como um sinalizador a ser considerado na produção de sentido, tal como podemos verificar no exemplo a seguir: Só os cágados têm noção exata como é importante acentuar as palavras corretamente.

(KOCH, Ingedore Villaça; ELIAS, Vanda Maria. *Ler e escrever*: estratégias de produção textual. São Paulo: Contexto, 2009. p. 38-39. Adaptado.)

O excerto que apresenta palavra(s) com uso INADEQUADO do acento gráfico é:

a) A felicidade é frágil e volátil, pois só é possível senti-la em certos momentos. Na verdade, se pudéssemos vivenciá-la de forma ininterrupta, ela perderia o valor, uma vez que só percebemos que somos felizes por comparação.

b) Nosso tesouro está na colméia de nosso conhecimento. Estamos sempre voltados a essa direção, pois somos insetos alados da natureza, coletores do mel da mente.

c) O valor que damos ao infortúnio é tão grande que, se dizemos a alguém "Como você é feliz!", em geral somos contestados.

d) A amizade é um contrato tácito entre duas pessoas sensíveis e virtuosas. Sensíveis porque um monge ou um solitário podem ser pessoas do bem e mesmo assim não conhecer a amizade. E virtuosas porque os malvados só têm cúmplices.

e) O indivíduo sempre lutou para não ser absorvido por sua tribo. Ser fizer isso, você se verá sozinho com frequência e, às vezes, assustado. Mas o privilégio de ser você mesmo não tem preço.

Comentário: a palavra **colmeia** não é mais acentuada. Assim como **ideia** e **jiboia**, apesar de apresentar o ditongo aberto, ele não se encontra na última sílaba. A separação silábica ajuda bastante na hora de verificar isso: **col-mei-a.**

19. (VUNESP – MPE-SP – Analista Jurídico do Ministério Público – 2018) Assinale a alternativa em que as palavras estão grafadas e acentuadas segundo o padrão ortográfico.

a) Para afastar a má-fé, é preciso suscitar os aspectos que possam caracterizá--la, evitando que pretensões se digladiem e que omissões suscitem privilégios.

PORTUGUÊS PARA DESESPERADOS · QUESTÕES COMENTADAS

13

b) Deve-se atentar para que o exercício do poder discricionário evite o oprobrio, a caracterização de favorecimento ou de tendenciosidade do agente ao po-lo em prática.

c) O defensor do direito não deve enxergar obstaculos à persecussão de suas metas saneadoras, agindo sempre objetivamente para afastar empecilhos.

d) O verdadeiro experto em qualquer área está sempre em ascenção, não hesi-tando em buscar subsídios que o apoiem na defesa de suas teses.

e) O direito à dissenção assiste a todos, e não há mau nenhum em defender as próprias convicções, por exêntricas que pareçam, sem condescender.

Comentário: na letra B, faltou o acento em **opróbio** e em **pô-lo**. Na C, há erros de grafia em **persecução** e faltou o acento em **obstáculos**. Na D, o erro aparece na gra-fia de **ascensão**. E, na letra E, **dissensão** e **excêntricas** merecem correção, além da palavra **mau**, que deveria ter sido escrita com **l (mal)**.

20. (FGV – AL-RO – Analista Legislativo – Redação e Revisão – 2018) Assi-nale a opção que apresenta a frase em que a forma verbal sublinhada está correta-mente acentuada.

a) "Nas grandes coisas, os homens se mostram como lhes convém se mostrar; nas pequenas mostram-se como são".

b) "Dêem-nos as coisas supérfluas da vida e dispensaremos o necessário".

c) "O envelhecimento ocorre apenas dos 25 aos 30 anos. O que se obtêm até esse momento é o que se conservará para sempre".

d) "Quase todos os jovens mantém a própria opinião em situações polêmicas".

e) "O velho detêm a sabedoria de gerações".

Comentário: a questão brinca com a regrinha da marca de número (singular e plu-ral) dos verbos **ter** e **vir** e seus derivados. Na letra B, **deem** é um caso especial à parte, que perdeu o acento do hiato (**EE e OO**). Na letra C, o verbo foi flexionado no plural mesmo com sujeito no singular. Deveria ser **obtém**. Em D, houve o contrário – o verbo deveria estar no plural (**mantêm**) para concordar com o sujeito **todos os jo-vens**. E, em E, o sujeito é singular – O velho – e o verbo também deveria ser (**detém**). Na letra A, a concordância é feita no singular, porque o sujeito é oracional. Fazendo uma substituição a fim de tonar mais claro esse conceito, teríamos "**isso convém** aos homens", por isso o singular.

Obs.: vale a pena refazer essa questão depois de estudar sobre orações reduzidas. Tudo ficará mais claro!

21. (MPE-GO – Secretário Auxiliar – 2018) De acordo com as regras gramati-cais atualmente vigentes sobre acentuação gráfica, qual das palavras abaixo está redigida incorretamente?

a) polens;

b) plebeia;

c) chapéu;

d) feiura;

e) juiza.

Comentário: a palavra **juíza** é acentuada. Temos nela o hiato da letra **I**, sozinha na sílaba. Sem **NH** na sequência e sem ditongo na sílaba anterior: **ju-í-za**.

22. (IF-PA – Técnico de Tecnologia da Informação – 2019)
Boeing eleva projeções de resultado, ações disparam
Por AnkitAjmera e Eric M. Johnson

BANGALORE/SEATTLE (Reuters) – A Boeing elevou nesta quarta-feira as projeções de lucro e fluxo de caixa para 2019, o que fazia as ações da empresa subirem mais de 6 por cento, em meio a um boom nas viagens aéreas e produção mais acelerada do modelo 737.

A companhia norte-americana, que está comprando o controle da divisão de jatos comerciais da Embraer, afirmou que espera entregar entre 895 e 905 aeronaves em 2019, ante 806 despachadas no ano passado.

Os investidores acompanham de perto o número de aviões entregues para terem indicações sobre fluxo de caixa e receita da companhia.

Considerando as regras de acentuação gráfica, podemos afirmar que:

a) Está tem acento agudo na última sílaba por ser palavra paroxítona terminada em A.

b) Está e número são acentuadas com acento agudo de acordo com uma regra comum a ambas.

c) Número é palavra proparoxítona, logo requer acentuação na antepenúltima sílaba.

d) Número é palavra oxítona terminada em O, por isso recebe acento agudo.

e) Está é palavra oxítona e toda palavra oxítona recebe acentuação na última silaba.

Comentário: a palavra **está** é uma oxítona e recebe acento gráfico pela sua terminação em **a**. Isso elimina as letras A e. **Número** é uma proparoxítona, isso elimina as alternativas B e D.

23. (INSTITUTO ACESSO – SEDUC-AM – Bibliotecário – 2018) "Diante desta IMINÊNCIA, todos se uniriam".

Assinale a opção em que todos os vocábulos são acentuados obedecendo à mesma regra de acentuação aplicada na palavra em destaque:

a) Açúcar, artérias, Antártida.

b) História, tênue, fácil.

c) Só, cipó, demônio.

d) Irresistível, mágico, afrodisíaco.

e) Delírios, persistência, mistério.

Comentário: **açúcar** e **artérias** são paroxítonas, mas **Antártida** é proparoxítona, eliminando assim a letra A. **História** é paroxítona terminada em ditongo; **tênue** também, mas **fácil** é uma paroxítona terminada em **l** (LoNaRoXa). **Só** é um monossílabo tônico; **cipó**, uma oxítona terminada em **o**; e **demônio**, uma paroxítona terminada em ditongo. **Irresistível** é paroxítona terminada em **l**, **mágico** e **afrodisíaco** são proparoxítonas. A única alternativa em que os motivos dos acentos são iguais é a letra E, em que **delírio**, **persistência** e **mistério** são paroxítonas terminadas em ditongo.

24. (VUNESP – PC-SP – Investigador de Polícia – 2018) Assinale a alternativa correta quanto à acentuação, considerando os enunciados adaptados da *Folha de S. Paulo*, de 26.04.2018.

a) Ambientes arejados e higiêne das mãos ajudam na prevenção de doenças infecciosas.

b) Eleita capital da cultura, Palérmo é opção de destino imperdivel no sul da Itália.

c) Pela primeira vez na história, líderes das Coreias se encontram no lado sul--coreano.

d) Estilo transformers: Robô humanóide se transforma em carro no Japão.

e) Além de falar e pensar, até nosso silencio é em português.

Comentário: **higiene** (letra A) e **humanoide** (letra D) não possuem acento gráfico. **Imperdível** (letra B) e **silência** (letra E) precisam receber o acento.

25. (EAGS – 2018) Assinale a alternativa em que a palavra destacada deveria ter sido acentuada.

a) **Colmeia** é o nome dado à habitação das abelhas.

b) **Halux** é o nome dado ao primeiro dedo das patas traseiras dos animais.

c) **Androide** é o autômato que tem figura de homem e imita os movimentos humanos.

d) **Hifens** são pequenos traços horizontais usados para unir os elementos de palavras compostas, separar sílabas em final de linha e marcar ligações enclíticas e mesoclíticas.

Comentário: **hálux** é uma paroxítona terminada em **x** (LoNaRoXa). Caso você nunca tenha visto essa palavra, a eliminação das demais ajudaria bastante. **Colmeia** e **androide** possuem ditongo aberto, mas não na última sílaba e **hifens** não se enquadra nas terminações de paroxítonas que recebem acento.

26. (IF-SP – Assistente em Administração – 2018) Para a resolução da questão considere o texto abaixo:

O poema interrompido

A lâmpada abre um círculo mágico sobre o papel onde escrevo. Sinto um ruído como se alguém houvesse arremessado uma pequenina pedra contra a vidraça, ou talvez seja uma asa perdida na noite. Espreguiço-me, levanto-me e, cautelosamente, escancaro a janela. Oh! Como poderia ser alguém chamando-me? Como poderia ser um pássaro? Na frente do quarto, acima do quarto, por baixo do quarto, só havia a solidão estrelada.... Quem faz um poema não se espanta de nada. Volto ao abrigo da lâmpada e recomeço a discussão com aquele adjetivo, aquele adjetivo que teima em não expressar tudo o que pretendo dele...

(QUINTANA, Mário. *Esconderijos do tempo*. Rio de Janeiro: Objetiva, 2013.)

Em relação às palavras retiradas do poema, analise as seguintes assertivas:

I. As palavras lâmpada, círculo e mágico seguem a mesma regra de acentuação.

II. A palavra alguém recebe acento por ser oxítona terminada por "em".

III. A palavra solidão não é acentuada graficamente, o til (~) é apenas um sinal de nasalação.

Estão corretas:

a) I e II.

b) I e III.

c) II e III.

d) I, II e III.

Comentário: todos os itens trazem informações e conceitos corretos. Vale a pena ressaltar que, ao ler os itens, percebe-se que **não** há necessidade de ler o texto da questão. Faça, sempre que possível, essa leitura direta do que a questão pede para ganhar mais tempo.

27. (FUNDEP – Gestão de Concursos – INB – Analista de Comunicação – 2018) O acento diferencial é utilizado para diferenciar palavras que, mesmo com significados diferentes, possuem escrita e pronúncia semelhantes.

Assinale a alternativa que indica uma palavra que pode ser acentuada por esse motivo.

a) Pôr.

b) Contínuo.

c) Bôrra.

d) Pêlo.

Comentário: o acento em **pôr** serve para diferenciar o verbo, em questão, da preposição **por**. Exemplos: Pôr a caneta no lugar é importante. Fiz tudo por você.

PORTUGUÊS PARA DESESPERADOS · QUESTÕES COMENTADAS

28. (NC-UFPR – PREFEITURA DE CURITIBA/PR – Professor de Educação Infantil – 2019) Considere o seguinte trecho de um texto:

Não são milhões. Não é superfaturamento. Não é "esquema entre politicos". Na Assembleia Legislativa do Estado, o furto de rolos de papeis higienicos do tipo industrial, de dentro dos banheiros da Casa, passou a ser monitorado pela segurança do orgão. Parece comico, não fosse tragico concluir que, neste caso, o desvio de conduta nada tem a ver com aqueles que naturalmente são acusados pelo povo de trapacear para obter lucro facil. Não se sabe o "montante" do prejuizo. Sabe-se, definitivamente, que corrupção não tem cargo.

Quantas palavras, nesse trecho, deveriam estar acentuadas, mas não estão?

- a) 5.
- b) 6.
- c) 7.
- d) 8.
- e) 9.

Comentário: deveriam estar acentuadas as palavras **políticos, papéis, higiênicos, órgão, cômico, trágico, fácil** e **prejuízo**.

29. (MS CONCURSOS – PREFEITURA DE SONORA/MS – Assistente de Administração – 2019) Marque a alternativa onde temos apenas palavras paroxítonas.

- a) Ruim/condor/sucuri.
- b) Gratuito/rubrica/juniores.
- c) Nobel/caracteres/módulo.
- d) Lêvedo/beleza/vencerá.

Comentário: as palavras **gratuito** e **rubrica** causam confusão em muitos brasileiros, mas as duas são paroxítonas. Temos **gra-tui-to** (e não **gra-u-í-to**) e **ru-bri-ca** (com a pronúncia semelhante à de **tulipa**). **Ju-ni-o-res** também possui a penúltima sílaba como tônica.

30. (INSTITUTO AOCP – PC-ES – Perito Oficial Criminal – Área 8 – 2019) Assinale a alternativa em que as duas palavras são acentuadas de acordo com a mesma regra.

- a) Elétricos – possível.
- b) Convém – dê.
- c) Estará – técnicos.
- d) Residência – cópias.
- e) Polícia – localizá-los.

Comentário: **residência** e **cópias** são paroxítonas terminadas em ditongo.

GABARITO

1 – A	16 – E
2 – A	17 – C
3 – A	18 – B
4 – C	19 – A
5 – B	20 – A
6 – A	21 – E
7 – A	22 – C
8 – E	23 – E
9 – D	24 – C
10 – Errado	25 – B
11 – C	26 – D
12 – D	27 – A
13 – E	28 – D
14 – E	29 – B
15 – C	30 – D

2

PROCESSOS DE FORMAÇÃO DE PALAVRAS

Neste capítulo, iniciaremos a parte da **morfologia**, ou seja, o estudo da estrutura, da formação e da classificação das palavras.

O tópico de formação de palavras é um pouco injusto e de forma alguma eu pediria para que você soubesse a origem e o significado de cada radical, afixo ou palavra da nossa língua. O que precisamos aqui é compreender os principais processos que vêm formando as palavras ao longo dos anos e aplicar essa compreensão às questões de concurso, afinal, devemos lembrar que a nossa língua é viva e, por isso, é comum aparecerem surpresas nesta aula. Então, vamos lá!

Os dois modelos principais de formação de palavras são **derivação** e **composição**.

A derivação ocorre quando uma palavra se forma a partir de outra já existente.

Na composição, existe a junção de mais de um radical [base semântica] para formar o sentido de uma nova palavra.

TIPOS DE DERIVAÇÃO

a) Prefixal

Ocorre quando há um acréscimo de afixo antes do radical (prefixo): <u>des</u>amor, <u>a</u>normal e <u>in</u>feliz.

b) Sufixal

Há um acréscimo afixo depois do radical (sufixo): amor<u>oso</u>, normal<u>idade</u> e felic<u>idade</u>.

c) Prefixal e sufixal

Ocorre um acréscimo de prefixo e sufixo ao radical: normal<u>idade</u>, <u>des</u>leal<u>dade</u>.

d) Parassintética (parassíntese)

Há junção de prefixo e sufixo ao radical simultaneamente, normalmente em verbos e mais raramente em adjetivos: amanhecer, anoitecer, descamisado, requentar e envelhecer.

> **SE LIGA!**
> Na **derivação prefixal e sufixal**, haverá a possibilidade de retirar os afixos (prefixos e sufixos) e mesmo assim o termo restante terá significado. Já na **derivação parassintética** não haverá a possibilidade da retirada dos afixos (prefixos e sufixos) sem a perda de significado do termo restante.
> Envelhecer – retirando o prefixo EN–, o termo restante se transforma em "velhecer", não existindo significação.
> Já em anormalidade, retirando o prefixo a–, o termo restante se transforma em "normalidade", uma palavra com significado.

e) Regressiva (deverbal)

Existe a regressão de uma forma verbal à sua forma substantivada, construindo, assim, uma formação de substantivos baseado em verbos: pescar – a pesca; estudar – o estudo; aprovar – a aprovação.

f) Imprópria (conversão)

Quando a palavra muda a classe gramatical, sem alteração da sua forma original. Você vai precisar de um contexto para identificar esse tipo de formação:

– Comprei um tapete laranja.

– O amanhã nos trará esperança.

No primeiro exemplo, **laranja** (originalmente um substantivo) foi usado como um adjetivo de **tapete**. Em seguida, a palavra **amanhã** (advérbio de tempo) tem a função de um substantivo.

TIPOS DE COMPOSIÇÃO

a) Justaposição

Há a junção entre duas ou mais palavras e não existe perda ou alteração de fonemas dentro da construção: sexta-feira, passatempo, malmequer.

b) Aglutinação

Ocorre a junção entre duas ou mais palavras e há perda ou alteração de fonemas dentro da construção:

– Aguardente = água + ardente (verifica-se a perda de um "A" dentro da composição);

– Planalto = plano + alto (há a perda do "O" de **plano**);

– Fidalgo = filho + de + algo (ocorre a perda de "lho", de **filho,** e do "e" da preposição **de**).

OUTROS PROCESSOS DE FOMAÇÃO DE PALAVRAS

a) Onomatopeia

A palavra que tenta reproduzir sons ou ruídos: zunzum, tique-taque, toque-toque, reco-reco.

b) Sigla

É a combinação das iniciais das palavras em uma sequência: CPF = Cadastro de Pessoa Física; CBF = Confederação Brasileira de Futebol; EsPCEx = Escola Preparatória de Cadetes do Exército.

c) Abreviação vocabular ou redução

Ocorre quando utilizamos apenas parte da palavra: foto = fotografia; pneu = pneumático; moto = motocicleta.

d) Neologismo

Quando palavras são criadas ou ganham um significado novo: o menino era um grande **tuiteiro**. "**Caetanear** o que há de bom".

SE LIGA!

Algumas bancas consideram a **gíria** como um processo de formação de palavra. É importante considerar esse conceito e analisar o que as questões realmente querem. Pode ser apenas o reconhecimento de uma expressão despreocupada com a gramática e que representa um povo, uma faixa etária ou um local, por exemplo. Mas pode ser também sobre como a palavra que compõe a gíria foi formada.

Por exemplo, Marília Mendonça e Mayara e Maraysa têm uma música que se chama "Bebaça": podemos considerá-la apenas uma gíria ou podemos perceber que houve também um processo de sufixação.

e) Estrangeirismo

Quando incluímos uma palavra estrangeira ao nosso vocabulário: show, feedback, croissant, pizza, site.

f) Hibridismo

Ocorre a formação de novas palavras pela união de radicais originários de línguas diferentes: **monocultura** (mono [grego] + cultura [latim]), **burocracia** (buro [francês] + cracia [grego]). É importante que você se familiarize com os que mais aparecem em provas de concursos. Dê uma boa olhada na lista abaixo!

Alguns exemplos de casos de hibridismo na Língua Portuguesa:

Alcoômetro – *Álcool* (árabe) + *metro* (grego)

Autoclave – *Auto* (grego) + clave (latim)

Burocracia – *Buro* (francês) + *cracia* (grego)

Endovenoso – *Endo* (grego) + *venoso* (latim)

Hiperacidez – *Hiper* (grego) + *acidez* (português)

Monocultura – *Mono* (grego) + *Cultura* (latim)

Psicomotor – *Psico* (grego) + *motor* (latim)

Romanista – *Romano* (latim) + *ista* (grego)

Sociologia – *Socio* (latim) + *logia* (grego)

Zincografia – *Zinco* (alemão) + *grafia* (grego)

Outros casos notáveis são os seguintes

– **Grego e latim:**

Astronauta (estrela + navegante)

Automóvel (por si mesmo + móvel)

Monóculo (um + olho)

Televisão (longe + visão)

– **Latim e grego:**

Altímetro (alto + medida)

Decímetro (dez + medida)

COMO VEMOS ISSO NA PROVA?

1. (IBADE – PREFEITURA DE LINHARES/ES – Téc. Pedagógico – 2020) Em "...não é presunçoso(...) autoajuda...", os termos grifados foram formados, respectivamente, pelo processo de derivação:

a) parassintética.

b) prefixal/sufixal.

c) regressiva/prefixal.

d) sufixal/imprópria.

e) sufixal/prefixal.

Comentário: a palavra **presunçoso** deriva de **presunção**, recebeu, portanto, um sufixo. Já em **autoajuda** o prefixo **auto** foi adicionado.

2. (INSTITUTO EXCELÊNCIA – PREFEITURA DE BARRA VELHA/SC – Psicólogo do Nasf – 2019)

A vida é difícil para todos nós. Saber disso nos ajuda porque nos poupa da auto piedade. Ter pena de si mesmo é uma viagem que não leva a lugar nenhum. A auto piedade, para ser justificada, nos toma um tempo enorme na construção de argumentos e motivos para nos entristecermos com uma coisa absolutamente natural: nossas dificuldades.

Não vale a pena perder tempo se queixando dos obstáculos que têm de ser superados para sobreviver e para crescer. É melhor ter pena dos outros e tentar ajudar os que estão perto de você e precisam de uma mão amiga, de um sorriso de encorajamento, de um abraço de conforto. Use sempre suas melhores qualidades para resolver problemas, que são: capacidade de amar, de tolerar e de rir.

Muitas pessoas vivem a se queixar de suas condições desfavoráveis, culpando as circunstâncias por suas dificuldades ou fracassos. As pessoas que se dão bem no mundo são aquelas que saem em busca de condições favoráveis e se não as encontram se esforçam por criá-las. Enquanto você acreditar que a vida é um jogo de sorte vai perder sempre. A questão não é receber boas cartas, mas usar bem as que lhe foram dadas.

(Dr. Luiz Albert Py, in *O dia*, 30.04.2000)

A partir da formação das palavras, assinale a alternativa CORRETA para o processo de derivação e composição das palavras:

I. Jornalista.

II. Infeliz.

III. Espairecer.

IV. Girassol.

V. Vinagre.

a) I – Derivação sufixal, II – derivação prefixal, III – derivação parassintética, IV – composição por justaposição e V – composição por aglutinação.

b) I – Derivação prefixal, II – derivação parassintética, III – derivação prefixal, IV – composição por justaposição e V – composição por aglutinação.

c) I – Derivação prefixal, II – derivação parassintética, III – derivação prefixal, IV – composição por justaposição e V – composição por aglutinação.

d) I – Derivação prefixal, II – derivação sufixal, III – derivação parassintética, IV – composição por aglutinação e V – composição por justaposição.

e) Nenhuma das alternativas.

Comentário: observe as relações de derivação e composição de cada item: **jornal – jornalista** (derivação sufixal); **feliz – infeliz** (derivação prefixal); **pairar – espairecer** (derivação parassintética); **gira + sol – girassol** (composição por justaposição); **vinho + acre – vinagre** (composição por aglutinação).

3. (INSTITUTO EXCELÊNCIA – PREFEITURA DE BARRA VELHA/SC – Terapeuta Ocupacional – 2019) A partir da formação das palavras, assinale a sequência CORRETA para: derivação prefixal, derivação sufixal, derivação parassintética, composição por aglutinação e composição por justaposição:

a) Desfazer, terraço, amanhecer, embora, passatempo.

b) Inútil, fidalgo, ajudar, amaldiçoar, couve-flor.

c) Infiel, aguardente, felizmente, emagrecer, vaivém.

d) Nenhuma das alternativas.

Comentário: observe as relações de derivação e composição de cada item: **fazer – desfazer** (derivação prefixal); **terra – terraço** (derivação sufixal); **manhã – amanhecer** (derivação parassintética); **em + boa + hora – embora** (composição por aglutinação); **passa + tempo – passatempo** (composição por justaposição).

4. (INSTITUTO EXCELÊNCIA – PREFEITURA DE CANOINHAS/SC – Psicólogo – 2019) Quanto aos processos de formação de palavras, assinale a alternativa INCORRETA:

a) Ocorreu a derivação sufixal na palavra desamor.
b) Ocorreu o hibridismo na palavra sociologia.
c) O vocábulo reco-reco é uma onomatopeia.
d) A derivação parassintética ocorreu na palavra avermelhar.
e) Composição por justaposição ocorreu na palavra sexta-feira.

Comentário: na palavra **desamor** ocorreu derivação prefixal (**des + amor**).

5. (AMAUC – PREFEITURA DE ITÁ/SC – Psicólogo – 2019) Quanto à formação de palavras existem dois processos básicos: a **derivação** e a **composição**. A diferença entre ambos consiste basicamente em que, no processo de derivação, partimos sempre de um único radical, enquanto no processo de composição sempre haverá mais de um radical. Nesse sentido, indique a alternativa que possui um vocábulo formado pelo processo de **composição**:

a) reler.
b) alfabetização.
c) papelaria.
d) embora.
e) felizmente.

Comentário: **embora** é palavra composta por aglutinação, uma vez que houve perda gráfica e fonética na união das palavras **em + boa + hora**. As demais são formadas por derivação prefixal (**reler**) ou sufixal (**alfabetização, papelaria** e **felizmente**).

6. (AGIRH – PREFEITURA DE CACHOEIRA PAULISTA/SP – Psicólogo – 2019) Leia as afirmações a seguir, acerca da formação de palavras:

I. A derivação regressiva ocorre quando uma palavra é formada não por acréscimo de sufixo e/ou prefixo, mas por redução. Um exemplo seria a palavra "compra", derivada da palavra primitiva "comprar".

II. A derivação parassintética ocorre quando a palavra derivada resulta do acréscimo simultâneo de prefixo e sufixo à palavra primitiva. Um exemplo seria a palavra "infelizmente".

III. Um exemplo de derivação sufixal nominal é a palavra "alfabetizar".

26

É(são) correta(s) a(s) afirmação(ões):
   a) I e III.
   b) II e III.
   c) I, II e III.
   d) Apenas I.

Comentário: apenas o item I está correto. O item II traz o conceito certo sobre parassíntese, mas o exemplo **infelizmente** é um caso de derivação prefixal e sufixal. E, no item III, houve um equívoco, pois **alfabetizar** é um verbo e não um nome.

7. (GUALIMP – PREFEITURA DE LAJE DO MURIAÉ/RJ – Enfermeiro – 2019)

"Os brasileiros querem envelhecer com saúde." A palavra destacada é formada por:
   a) Redução.
   b) Hibridismo.
   c) Composição.
   d) Derivação.

Comentário: a palavra **envelhecer** tem **velho** como radical, logo, observa-se que houve acréscimo de prefixo e de sufixo. Como os acréscimos são dependentes (não podem ser removidos separadamente), temos a derivação parassintética.

8. (FDC – SEHAC-RJ – Enfermeiro – 2019)

"Choviam convites de jantares e bailes. A viuvinha recusava-os todos por causa do seu mau estado de saúde.

Foi uma verdadeira calamidade.

Entraram a chover as visitas e bilhetes. Muitas pessoas achavam que a doença devia ser interna, muito interna, profundamente interna, visto que lhe não apareciam sinais no rosto. Os nervos (eternos caluniados!) foram a explicação que geralmente se deu à singular moléstia da moça.

Três meses correram assim, sem que a doença de Paula cedesse uma linha aos esforços do médico.

Os esforços do médico não podiam ser maiores; de dois em dois dias uma receita. Se a doente se esquecia do seu estado e estava a falar e a corar como quem tinha saúde, o médico era o primeiro a lembrar-lhe o perigo, e ela obedecia logo entregando-se à mais prudente inação."

(Fonte: A Última Receita. *Obra Completa*, Machado de Assis, vol. II, Rio de Janeiro: Nova Aguilar, 1994. Publicado originalmente em *Jornal das Famílias*, setembro de 1875.)

Indique a alternativa em que o vocábulo **NÃO** é formado por sufixação:
   a) Verdadeira.
   b) Inação.
   c) Profundamente.

d) Viuvinha.
e) Caluniados.

Comentário: a palavra **inação** sugere a ausência de ação, portanto, temos a formação por derivação **prefixal**.

9. (PREFEITURA DE ARAPIRACA/AL – Assistente Social – 2019) De acordo com Margarida Basílio (1989), "na prefixação acrescenta-se a uma base um elemento fixo, com função pré-determinada; na composição, a partir de uma estrutura fixa, com função semântica pré-determinada, combina-se a semântica de dois itens lexicais quaisquer." Nesse sentido, sobre o processo de derivação prefixal e suas especificidades semânticas, aponte a alternativa INCORRETA.
   a) Nas palavras "sobrepor" e "sobremesa", o prefixo "sobre" é denotativo de espacialidade e de temporalidade, respectivamente.
   b) Nas palavras "subterrâneo" e "subempregado", o prefixo "sub" é denotativo de inferioridade e de pejoratividade, respectivamente.
   c) Nas palavras "amoral" e "imoral", os prefixos "a(n)" e "i(n)", são denotativos de negação e não há diferenciação de sentido específico em seus usos.
   d) Nas palavras "desleal" e "inexpressivo", os prefixos "des" e "in" são denotativos de negação e ambos se unem à base adjetiva.
   e) Nas palavras "superagradável" e "hiperácido", os prefixos "super" e "hiper" são denotativos de intensidade aumentativa, contudo na primeira há um traço semântico valorativo, ao passo que na segunda o traço semântico associa-se à excessividade.

Comentário: os prefixos A(N) e I(N) podem sugerir negação, sim; porém existe uma diferença de uso e de significado entre **amoral** e **imoral**. Imoral é quem se opõe à moralidade (aos bons costumes tradicionais da sociedade) e amoral é quem não se preocupa ou não conhece esses valores.

10. (VUNESP – PREF. DE SÃO JOSÉ DOS CAMPOS/SP – Prof. II – Língua Portuguesa – 2019) Leia a charge do cartunista Lute.

(http://chargeonline.com.br)

No plano da linguagem verbal, os termos "desemprego" e "informalidade", formados por _____, desenham um cenário _____, reforçado pelos _____ que contêm.

Em conformidade com os sentidos da charge e o conhecimento da estrutura de formação das palavras em língua portuguesa, as lacunas do enunciado devem ser preenchidas, correta e respectivamente, com:

    a) derivação, perturbador e sufixos.

    b) composição, pessimista e radicais.

    c) derivação, negativo e prefixos.

    d) composição, sereno e radicais.

    e) derivação, de expectativas e sufixos.

Comentário: **desemprego** é formada por derivação prefixal e **informalidade** por derivação prefixal e sufixal, portanto, podemos resumir e completar a primeira lacuna com **derivação**. A segunda lacuna poderia ser preenchida por qualquer palavra de cunho pejorativo – ficaremos com **negativo** – e o que reforça isso é o tipo de prefixo presente em ambas.

11. (OBJETIVA – PREFEITURA DE ANTÔNIO OLINTO/PR – Advogado – 2019) Em relação à formação de palavras, analisar os itens abaixo:

I. A palavra "bem-me-quer" é formada por composição por justaposição.

II. A palavra "passatempo" é formada por composição por aglutinação.

    a) Os itens I e II estão corretos.

    b) Somente o item I está correto.

    c) Somente o item II está correto.

    d) Os itens I e II estão incorretos.

Comentário: o item I está correto, mas, em II, há um equívoco. Como não há perda nem troca gráfica nem fonética na união das palavras **passa + tempo**, temos um caso de **justaposição** e não de **aglutinação**.

12. (INSTITUTO EXCELÊNCIA – PREFEITURA DE TAUBATÉ/SP – Médico – 2019) Assinale a série de palavras em que todas são formadas por parassíntese:

    a) aprisionar, envelhecer, desalmado, despedaçar.

    b) favorável, revolucionário, enriquecer, desanimado.

    c) enrijecer, facilidade, infelizmente, impróprio.

    d) Nenhuma das alternativas.

Comentário: observe o processo de acréscimo de prefixo e de sufixo em cada termo da letra a): prisão – aprisionar; velho – envelhecer; alma – desalmado; pedaço –

despedaçar. Além do acréscimo, os prefixos e sufixos são dependentes – não podem ser removidos separadamente. Todas, assim, são derivadas por parassíntese.

13. (IBADE – PREFEITURA DE ARACRUZ/ES – Professor de Língua Portuguesa – 2019) Aponte a derivação presente no vocábulo: "entristecer".

a) Prefixal.
b) Sufixal.
c) Prefixal e sufixal.
d) Nominal.
e) Parassintética.

Comentário: a palavra primitiva **triste** recebeu prefixo e sufixo para formar **entristecer**. Além disso, esses acréscimos **não** podem ser removidos separadamente (não existe "tristecer", por exemplo). Sendo assim, temos a formação por derivação parassintética.

14. (IBADE – PREFEITURA DE ARACRUZ/ES – Técnico em Saúde Bucal – 2019) A palavra DEBATE é formada por derivação:

a) prefixal.
b) sufixal.
c) regressiva.
d) parassintética.
e) imprópria.

Comentário: do verbo **combater** cria-se o substantivo **combate**, assim como do verbo **debater** surge o substantivo **debate**. Essa substantivação é chamada de derivação **regressiva** ou **redução**.

15. (COSEACUFF – Técnico de Tecnologia da Informação – 2017)

Aqui Sozinho

Aqui sozinho, nesta calma, toda a história da humanidade e da vida rolam diante de mim. Respiro o ar inaugural do mundo, o perfume das rosas do Éden ainda recendentes de originalidade. A primeira mulher colhe o primeiro botão. Vejo as pirâmides subindo; o rosto da esfinge pela primeira vez iluminado pela lua cheia que sobe no oriente; ouço os gritos dos conquistadores avançando. Observo o matemático inca no orgasmo de criar a mais simples e fantástica invenção humana – o zero. Entro na banheira em Siracusa e percebo, emocionado, meu corpo sofrendo um impulso de baixo para cima igual ao peso do líquido por ele deslocado. Reabro feridas de traições, horrores do poder, rios de sangue correm pela história, justos são condenados, injustos devidamente glorificados. Sinto as frustrações neuróticas de tantos seres ansiosos, e a tentativa de superá-las com o exercício de supostas santidades.

Com a emoção a que nenhum sexo se compara, começo, pouco a pouco, a decifrar, numa pedra com uma tríplice inscrição, o que pensaram seres como eu em dias assustadoramente remotos. Acompanho um homem – num desses raros instantes de competência que embelezam e justificam a humanidade – pintando e repintando o teto de uma capela; ouço o som divino que outro tira de um instrumento que ele próprio é incapaz de ouvir. Componho em minha imaginação o retrato de maravilhosas sedutoras, espiãs, cortesãs e barregãs, que possivelmente nem foram tão belas, nem seduziram tanto. Sento e sinto e vejo, numa criação única, pessoal e intensa, porque ninguém materializou nada num teatro, numa televisão, num filme. Estou só com a minha imaginação. E um livro.

(Fernandes, M. JB – 01.02.1992)

A palavra "repintando" traz em seu início o prefixo "re-", que nos dá a noção de algo que se repete. Então, "repintando" significa "pintar outra vez". A palavra abaixo formada com esse mesmo prefixo, com ideia de repetição, é:
a) retrato.
b) reabro.
c) respirar.
d) remotos.
e) recendentes.

Comentário: todas as palavras começam com **re**, mas só **reabro** indica ideia de repetição – abrir de novo.

16. (CÂMARA DE MESÓPOLIS/SP – Assistente Legislativo – 2018) O sufixo de "felizmente" é:
a) feliz.
b) liz.
c) lizmente.
d) mente.
e) ente.

Comentário: a palavra primitiva é **feliz**, que recebeu o sufixo **mente**.

BIZU!

Há um erro comum no início do estudo dos processos de formação de palavras – confundir prefixos e sufixos com palavras. **Mente**, por exemplo, pode ser palavra ou sufixo. Em "Ele tem a mente fresca", temos o substantivo **mente**. Já em "Claramente, ele está chateado", é apenas o sufixo.

PORTUGUÊS PARA DESESPERADOS · QUESTÕES COMENTADAS 31

17. (FGV – ALERJ – Especialista Legislativo – QUALQUER NÍVEL SUPERIOR – 2017) O vocábulo abaixo que é formado pelo processo de parassíntese é:

a) pré-história.

b) inconstitucional.

c) perigosíssimo.

d) embarque.

e) desalmado.

Comentário: a palavra primitiva é **alma**. Prefixo e sufixo foram acrescentados a ela, porém não podem ser retirados separadamente, constituindo assim a derivação por parassíntese. Diferente, por exemplo, da palavra **inconstitucional**, em que também houve acréscimo de prefixo e de sufixo, mas poderíamos remover o prefixo e ter **constitucional**. **Pré-História** é formada por derivação prefixal. **Perigosíssimo** recebeu um sufixo. E **embarque** sofre derivação regressiva.

18. (UFPR – Auxiliar em Administração – 2017) O texto a seguir é referência para a questão.

Ser multitarefas é coisa do passado: a ordem agora é priorizar, diz autora

Montar listas se tornou, além de um hábito, um truque que aumentou o rendimento profissional da produtora de televisão americana e especialista em produtividade Paula Rizzo, 36.

Ela é autora do livro "Listomania: Organizando Pensamentos" (Editora DVS, 140 págs., R$ 19,20), em que compartilha métodos para organizar o fluxo de tarefas do trabalho e de casa. Segundo Rizzo, com as listas é possível planejar reuniões e até criar um plano de carreira.

Como primeiro passo, a autora aconselha colocar todas as ideias no papel, separá-las por categorias e saber priorizar e descartar alguns itens, quando necessário. Para ajudar, vale usar um caderninho ou lançar mão de aplicativos para smartphone. Não há um método único ou fórmula mágica. "É preciso testar o que funciona melhor e adaptar o modelo ao seu dia a dia", disse. [...]

(Folha de S. Paulo, 11 dez. 2016)

O livro de Rizzo chama-se Listomania, palavra formada pela união de "lista" e "mania". Assinale alternativa cuja palavra passou pelo mesmo processo de formação.

a) Alistamento.

b) Planalto.

c) Rapidamente.

d) Licitação.

e) Entardecer.

32

CAROL MENDONÇA

Comentário: **listomania** foi formada por composição por **aglutinação**, uma vez que dois radicais foram unidos, mas houve alteração gráfica (trocou-se o A da lista por O). Assim como em **planalto**.

19. (CESPE – SEDF – Professor de Educação Básica – Língua Portuguesa – 2017)

Aula de Português

1
A linguagem
na ponta da língua,
tão fácil de falar
4
e de entender.

A linguagem
Na superfície estrelada de letras,
7
Sabe lá o que ela quer dizer?

Professor Carlos Góis, ele é quem sabe,
e vai desmatando
10
o amazonas de minha ignorância.
Figuras de gramática, esquipáticas,
atropelam-me, aturdem-me, sequestram-me.

13
Já esqueci a língua em que comia,
em que pedia para ir lá fora,
em que levava e dava pontapé,
16
a língua, breve língua entrecortada
do namoro com a prima.

O português são dois; o outro, mistério.

Carlos Drummond de Andrade. **Poesia Completa**.

Rio de Janeiro: Nova Aguilar, 2003, p.1089.

A respeito dos aspectos gramaticais desse poema, julgue o item a seguir.

A palavra "esquipáticas" (v. 11) é um neologismo formado pelo mesmo processo que forma palavras como apertamento, namorido e portunhol.

( ) Certo

( ) Errado

Comentário: a criação de palavras baseada em significados, associações ou à simples praticidade que a comunicação pode exigir acontece por meio de derivações,

PORTUGUÊS PARA DESESPERADOS · QUESTÕES COMENTADAS

33

composições, cortes ou simplificações das palavras. Houve a união de palavras que remetem a transtornos para caracterizar a gramática normativa.

20. (CESPE – SEDF – Professor de Educação Básica – Língua Portuguesa – 2017)

1   A língua continua sendo forte elemento de discriminação social, seja no próprio contexto escolar, seja em outros contextos sociais, como no acesso ao emprego e aos
4   serviços públicos em geral (serviços de saúde, por exemplo).

Por isso, parece ser um grande equívoco a afirmação de que a variação linguística não deve ser matéria de ensino na
7   escola básica. Assim, a questão crucial para nós é saber como tratá-la pedagogicamente, ou seja, como desenvolver uma pedagogia da variação linguística no sistema escolar de uma
10   sociedade que, infelizmente, ainda não reconheceu sua complexa cara linguística e, como resultado da profunda divisão socioeconômica que caracterizou historicamente sua
13   formação (uma sociedade que foi, por trezentos anos, escravocrata), ainda discrimina fortemente pela língua os grupos socioeconômicos que recebem as menores parcelas da
16   renda nacional.

A maioria dos alunos que chegaram à escola pública é oriunda precisamente desses grupos socioeconômicos. E há,
19   entre nossas crenças pedagógicas, um pressuposto de que cabe à escola pública contribuir, pela oferta de educação de qualidade, para favorecer, mesmo que indiretamente, uma
22   melhor distribuição da renda nacional.

Boa parte de uma educação de qualidade tem a ver precisamente com o ensino de língua – um ensino que garanta
25   o domínio das práticas socioculturais de leitura, escrita e fala nos espaços públicos. Nessa perspectiva, esse domínio inclui o das variedades linguísticas historicamente identificadas
28   como as mais próprias a essas práticas, ou seja, o conjunto de variedades escritas e faladas constitutivas da chamada norma culta.

Carlos Alberto Faraco e Ana Maria Stahl Zilles. Introdução. In:
Carlos Alberto Faraco e Ana Maria Stahl Zilles (orgs.). *Pedagogia*
da variação Linguística: língua, diversidade e ensino. São Paulo:
Parábola Editorial, 2015. p. 8-9 (com adaptações).

Com referência às ideias e aos aspectos linguísticos do texto precedente, julgue o próximo item.

As palavras "pedagogicamente" (l.8), "fortemente" (l.14) e "historicamente" (l.27) são formadas por derivação sufixal e apresentam dois acentos tônicos: o principal herdado das palavras primitivas e o secundário, introduzido pelo sufixo "-mente".

( ) Certo

( ) Errado

Comentário: a parte da formação por sufixo está correta, porém a questão do acento tônico (o mais forte), não. **Fortemente** e **historicamente** apresentam a sílaba tônica **men**, ou seja, o principal acento tônico nos sufixos.

21. (DEPSEC – UNIFAP – Assistente em Administração – 2018) Assinale a alternativa INCORRETA quanto à classificação do processo de formação das palavras:

a) Impaciente e desfazer (derivação prefixal).

b) Folhetim e realidade (derivação sufixal).

c) Infelizmente e integralmente (derivação prefixal e sufixal).

d) Boteco e choro (derivação regressiva).

e) Imortal e prever (derivação prefixal).

Comentário: a palavra **integralmente** é formada por parassíntese.

22. (UEG – UEG – Professor de Nível Superior – 2018) Considerando-se o processo de formação de palavras no português brasileiro, tem-se o seguinte:

a) diversidade é formada por derivação prefixal.

b) fraqueza é formada por derivação regressiva.

c) avermelhar é formada por derivação parassintética.

d) infeliz é formada por derivação imprópria.

e) moto é formada por derivação sufixal.

Comentário: **diversidade** e **fraqueza** são formadas por sufixação. **Infeliz** recebeu um prefixo e **moto** é uma abreviação.

23. (UFMT – POLITEC-MT – Papiloscopista – 2017) O jornalista decidiu que no feriado iria fazer um passeio com os filhos no zoológico da cidade. Na volta, reuniria os amigos e tomariam uma boa aguardente enquanto pensavam em um passatempo que não fosse falar de política ou esporte.

Assinale a correlação correta entre a palavra dada, extraída do texto acima, e o processo de sua formação.

a) jornalista → derivação prefixal.

b) aguardente → derivação sufixal.

c) volta → parassintetismo.

d) passatempo → composição por justaposição.

Comentário: **jornalista** é formada por sufixação, **aguardente** é composta por aglutinação e **volta** é uma derivação regressão.

24. (FUNRIO – SESAU-RO – Técnico em Enfermagem – 2017) O vocábulo desemprego provém do verbo desempregar. O item abaixo em que ocorre a mesma relação é:
a) água provém de aguar.
b) areia provém de arear.
c) terra provém de aterrar.
d) luta provém de lutar.
e) mesa provém de mesar.

Comentário: só haverá derivação regressiva se o substantivo que provém do verbo for abstrato. **Água**, **areia**, **terra** e **mesa** são substantivos concretos, portanto, não vêm do verbo. São palavras primitivas e os verbos é que derivam deles. Diferente de **luta**, que é abstrato. Nesse caso, **lutar** é a palavra primitiva e **luta** é derivada (por regressão).

https://ugr.to/1lxnu

25. (INSTITUTO AOCP – PC-ES – Escrivão de Polícia – 2019) Utilize o Texto I para responder à questão.

Projetos e Ações: Papo de Responsa

O Programa Papo de Responsa foi criado por policiais civis do Rio de Janeiro. Em 2013, a Polícia Civil do Espírito Santo, por meio de policiais da Academia de Polícia (Acadepol) capixaba, conheceu o programa e, em parceria com a polícia carioca, trouxe para o Estado.

O 'Papo de Responsa' é um programa de educação não formal que – por meio da palavra e de atividades lúdicas – discute temas diversos como prevenção ao uso de drogas e a crimes na internet, bullying, direitos humanos, cultura da paz e segurança pública, aproximando os policiais da comunidade e, principalmente, dos adolescentes.

O projeto funciona em três etapas e as temáticas são repassadas pelo órgão que convida o Papo de Responsa, como escolas, igrejas e associações, dependendo da demanda da comunidade. No primeiro ciclo, denominado de "Papo é um Papo", a equipe introduz o tema e inicia o processo de aproximação com os alunos. Já na segunda etapa, os alunos são os protagonistas e produzem materiais, como músicas, poesias, vídeos e colagens de fotos, mostrando a percepção deles sobre a problemática abordada. No último processo, o "Papo no Chão", os alunos e os policiais civis formam uma roda de conversa no chão e trocam ideias relacionadas a frases, questões e músicas direcionadas sempre no tema proposto pela instituição. Por fim, acontece um bate-papo com familiares dos alunos, para que os policiais entendam a percepção deles e também como os adolescentes reagiram diante das novas informações.

Disponível em: https://pc.es.gov.br/projetos-e-acoes. Acesso em: 30.01.2019.

Dentre os processos existentes para formar novas palavras, verifica-se que o substantivo "responsa" é formado por

a) derivação prefixal.

b) derivação parassintética.

c) redução.

d) hibridismo.

e) composição por aglutinação.

Comentário: a palavra **responsabilidade** foi cortada devido à ausência de formalidade.

26. (NC-UFPR – CÂMARA DE QUITANDINHA/PR – Técnico Legislativo – 2018)
O nobilíssimo ponto e vírgula

Estava na "capa" do UOL ontem: "Medo de ser assassinado atinge 3 em 4 brasileiros; 67% de jovens temem a PM". Por favor, veja o ponto e vírgula, prezado leitor. Que faz ele aí? É correto o seu emprego? [...]

Posto isso, voltemos ao título do UOL e ao ponto e vírgula que há nele. Esse título diz respeito a uma pesquisa realizada pelo Datafolha e publicada pelo Fórum Brasileiro de Segurança Pública. O tema da pesquisa, obviamente, é a violência no Brasil, que, como se sabe, é um país pacífico, solidário etc., etc., etc.

As duas informações que há no título são distintas: a primeira diz respeito ao medo de ser assassinado, sentimento de 76% dos entrevistados; a segunda diz respeito ao temor que 67% dos jovens entrevistados têm da Polícia Militar.

As informações são distintas, mas integram o mesmo assunto, o mesmo campo, o mesmo território, por isso foi empregado (corretissimamente) o ponto e vírgula, que separa o primeiro bloco, completo, autônomo etc., do segundo bloco, também completo, autônomo etc.

O papel do ponto e vírgula é sempre o de separar partes autônomas de um todo, isto é, blocos que apresentam sentido e informação completos e pertencem ao mesmo conjunto, ao mesmo assunto. [...]

(Pasquale Cipro Neto, publicado em: https://www1.folha.uol.com.br/colunas/pasquale/2016/11/1828820-o-nobilissimo-ponto-e-virgula.shtml?loggedpaywall. Acesso em 01.06.18. Adaptado)

Com base no uso do superlativo pelo autor no texto acima (adjetivo: nobilíssimo; advérbio: corretissimamente), assinale a alternativa em que foi utilizado corretamente o mesmo processo de formação de ambos os exemplos – com adjetivo e com advérbio.

a) provavilíssimo e equivocadissimamente.

PORTUGUÊS PARA DESESPERADOS · QUESTÕES COMENTADAS

b) ineficazíssimo e estupidissimamente.

c) pobríssimo e acertadissimamente.

d) dificíssimo e educadissimamente.

e) azulzíssimo e erradissimamente.

Comentário: **pobríssimo** deriva do adjetivo **pobre** e **acertadissimamente** deriva do advérbio **acertadamente**.

27. (FUMARC – CEMIG-MG – Advogado Jr – 2018) "A globalização tem sombras e luzes. Se de um lado aproxima povos e quebra barreiras de comunicação, de outro ela assume, nas esferas econômica e cultural, o caráter de **globocolonização**."

O item lexical destacado:

a) é forma derivada dos itens "global" + "colonizar".

b) é formado por composição, pois contém duas bases.

c) exemplifica caso de formação por derivação regressiva.

d) trata-se de um caso especial de formação, a derivação imprópria.

Comentário: a composição por justaposição uniu os termos **globo** e **colonização** sem perda ou troca gráfica nem fonética.

28. (IADES – CFM – Assistente Administrativo – 2018)

O *sniper*

1   O *sniper* é um atirador de elite, de incrível habilidade, capaz de acertar alvos fixos ou móveis a grandes distâncias. Para desenvolver sua técnica, esse tipo de soldado costuma

4   treinar horas a fio com fuzis de alta precisão, além de estudar fundamentos de balística. O *sniper* também se especializa em camuflagem, ocultação, observação,

7   infiltração em terreno inimigo e disparo em várias condições – em pleno sol, à noite, com ventos fracos ou fortes, chuva e neve. Suas principais defesas são a

10   camuflagem e a ocultação, pois deve atirar sem que seja notado. A técnica de camuflagem compreende a criação de vestimentas improvisadas pelo próprio *sniper,* chamadas de

13   *ghillie suit* ("roupas de garoto", no dialeto escocês). Colocadas sobre o uniforme, imitam, em seus padrões, as folhagens, as tonalidades da areia e rochas do deserto ou

16   mesmo o branco imaculado da neve.

GILMORE, A. C. *As duas mortes de Osama Bin Laden.*
São Paulo: Edições Pavana, 2012.

O léxico de uma língua é formado por palavras que são acrescidas a ele das mais diversas formas. A respeito dos processos de formação de palavras, bem como do emprego destas e das classes às quais pertencem, assinale a alternativa correta.

a) O uso da palavra "sniper" (linha 1), de origem inglesa, é desaconselhado no texto, uma vez que há uma expressão, "atirador de elite", correspondente na língua portuguesa.

b) A expressão "de elite" (linha 1) pertence à mesma classe gramatical da palavra "incrível", encontrada na mesma linha.

c) O processo de sufixação, encontrado em "habilidade" (linha 1), pode também ser encontrado em "horas" (linha 4), na formação do plural da palavra hora.

d) Caso a palavra "sniper" fosse dicionarizada em português, ter-se-ia um exemplo claro de derivação imprópria como processo de formação de palavra.

e) Na linha 15, o vocábulo "folhagens" é uma palavra derivada da palavra folha, fato comprovado pelo compartilhamento do radical [folh-].

Comentário: em a), não há regra que nos proíba o uso de termos estrangeiros, ainda que haja tradução para eles em nossa língua. Em b), **de elite** classifica-se como locução adjetiva e **incrível** é um adjetivo. Já em c), não há coerência na afirmação, pois **horas** é uma palavra primitiva. E, em d), há uma confusão quanto ao conceito de derivação imprópria, que nada tem a ver com dicionarização ou não de uma palavra, mas, sim, com sua função numa frase.

29. (FGV – CÂMARA DE SALVADOR/BA – Assistente Legislativo Municipal – 2018)

Texto 2 – Violência: O Valor da vida

A violência é um fenômeno social presente no cotidiano de todas as sociedades sob várias formas. Em geral, ao nos referirmos à violência, estamos falando da agressão física. Mas violência é uma categoria com amplos significados. Hoje, esse termo denota, além da agressão física, diversos tipos de imposição sobre a vida civil, como a repressão política, familiar ou de gênero, ou a censura da fala e do pensamento de determinados indivíduos e, ainda, o desgaste causado pelas condições de trabalho e condições econômicas. Dessa forma, podemos definir a violência como qualquer relação de força que um indivíduo impõe a outro.

Consideremos o surgimento das desigualdades econômicas na história: a vida em sociedade sempre foi violenta, porque, para sobreviver em ambientes hostis, o ser humano precisou produzir violência em escala inédita no reino animal.

Por outro lado, nas sociedades complexas, a violência deixou de ser uma ferramenta de sobrevivência e passou a ser um instrumento da organização da vida comunitária. Ou seja, foi usada para criar uma desigualdade social sem a qual, acreditam alguns

PORTUGUÊS PARA DESESPERADOS · QUESTÕES COMENTADAS   **39**

teóricos, a sociedade não se desenvolveria nem se complexificaria. Essa desigualdade social é o fenômeno em que alguns indivíduos ou grupos desfrutam de bens e valores exclusivos e negados à maioria da população de uma sociedade. Tal desigualdade aparece em condições históricas específicas, constituindo-se em um tipo de violência fundamental para a constituição de civilizações.

Kalina Vanderlei Silva/Maciel Henrique Silva, *Dicionário de conceitos históricos.*
São Paulo: Contexto, 2006, p. 412

A palavra abaixo que NÃO segue o mesmo processo de formação que as demais é:

a) agressão.

b) imposição.

c) repressão.

d) familiar.

e) desgaste.

Comentário: **familiar** é formada por sufixação e as demais palavras são formadas por derivação regressiva.

30. (FAPEC – UFMS – Assistente em Administração – 2018)

1 Segundo Umberto Eco, "o universo de Mafalda é o latino, o que a torna mais
2 compreensível do que muitos personagens norte-americanos". Seu criador, Quino,
3 nunca parou com seus cartuns e charges, mas, em 1973, optou por descontinuar
4 seu maior sucesso, porque, em seu entender, a tira virara "um carimbo". Referia-se
5 ao visual, que havia se tornado estandardizado, não lhe agradando como artista.
6 Mas o fato é que seu conteúdo crítico político continua vivo até hoje nos livros que
7 republicam suas manifestações surpreendentes, materializadas em reflexões adultas
8 de uma menina filósofa.

Adaptado do artigo "Como surgiu a personagem Mafalda e
uma análise da obra do argentino Quino", postado por Álvaro de Moya, Especial
para *O Estado de São Paulo*, em 17 de dezembro 2014. Disponível em:
http://cultura.estadao.com.br/noticias/literatura.

Sobre formação de palavras, a alternativa que traz a análise correta é:

a) compreensível (l. 2): derivação parassintética.

b) entender (l. 4): derivação imprópria

c) visual (l. 5): derivação regressiva.

d) estandardizado (l. 5): composição por aglutinação.

e) republicam (l. 7): derivação parassintética.

Comentário: **entender**, que originalmente é um verbo, na frase, surgiu como um substantivo. O pronome **seu** ajuda a identificar essa mudança – assim como os artigos, os pronomes só acompanham substantivos.

30. (INSTITUTO AOCP – CÂMARA DE MARINGÁ/PR – Assistente Legislativo – 2017)

Texto 2
A oferta

Recentemente cancelei o serviço de TV a cabo por estar insatisfeita com a empresa. Após o cancelamento, recebi dezenas de ligações deles tentando me convencer a voltar a ser cliente. A última foi num sábado antes das oito da manhã e, claro, eu estava dormindo.

– Senhora, podemos lhe dar seis meses de isenção de mensalidade!

– Realmente não tenho interesse.

– A senhora pode, então, oferecer a promoção a um amigo!

Respirei fundo e, já irritada, disse:

– Sinceramente, só recomendaria essa oferta a um inimigo.

– Sem problema! A senhora pode me passar o nome e o telefone de seu inimigo?

Fonte: <http://www.refletirpararefletir.com.br/textos-de-humor> . Acesso em: 23 Jun. 2017.

Assinale a alternativa que apresenta apenas palavras com o mesmo processo de formação de "insatisfeita".

a) Inimigo, irreal, inadmissível, interesse.

b) Induzir, ilegal, inimaginável, idôneo.

c) Imutável, inacreditável, improvável, ilógico.

d) Incrível, impossível, irracional, ideal.

e) Ilegível, intacto, ilícito, irreparável.

Comentário: imutável, inacreditável, improvável e ilógico receberam prefixos assim como insatisfeita.

31. (FUNDEP – Gestão de Concursos – CRM-MG – Advogado – 2017) Releia o trecho a seguir.

"A tecnologia transformou-nos numa **tecnocracia** dominadora amoral, quando deveria estar a serviço do paciente, com equilíbrio de interesses e necessidades."

A respeito da palavra destacada, analise as afirmativas a seguir.

I. Trata-se de um adjetivo que qualifica a palavra "dominadora".

II. Possui o mesmo significado que "imoral" em qualquer contexto.

III. É formada por uma derivação sufixal.

De acordo com a norma padrão, estão incorretas as afirmativas:

a) I e II, apenas.

b) I e III, apenas.

c) II e III, apenas.

d) I, II e III.

PORTUGUÊS PARA DESESPERADOS · QUESTÕES COMENTADAS

41

Comentário: todas as afirmações estão erradas. Para formar **tecnocracia**, uniram-se os termos **tecno** (redução de tecnologia) e **cracia** (radical grego que significa governo). Funciona como substantivo, pois seria um nome. E o processo de formação pode ser considerado híbrido ou também um neologismo.

32. (EEAR – 2018) Assinale a alternativa incorreta quanto à formação da palavra em destaque.

   a) A vida só é possível / reinventada. (Cecília Meireles) – derivação parassintética.

   b) O amor deixará de variar, se for firme, mas não deixará de tresvariar, se é amor. (Pe. Antônio Vieira) – derivação prefixal.

   c) O senhor tolere, isto é o sertão (...) Lugar sertão se divulga: é onde os pastos carecem de fechos. (Guimarães Rosa) – derivação imprópria.

   d) Mas o livro é enfadonho, cheira a sepulcro, traz certa contração cadavérica; vício grave, e aliás ínfimo (...) (Machado de Assis) – derivação sufixal.

Comentário: a palavra **reinventada** recebeu prefixo e sufixo, mas não são dependentes um do outro. A derivação é, portanto, prefixal e sufixal.

33. (EAGS – 2018) Leia:

I. O alcoolismo é um dos fatores que contribui para a violência contra crianças e mulheres.

II. Nos EUA, os gastos com a violência doméstica entre casais ultrapassa 5,8 bilhões de dólares anuais.

III. O olhar dos estrangeiros sobre o Brasil vai além das belezas naturais; o turismo sexual é um forte atrativo do país.

IV. As denúncias de turismo sexual precisam ser feitas, a fim de enfraquecer esse sistema doente.

O processo de formação das palavras destacadas acima é, respectivamente, derivação:

   a) sufixal/prefixal/regressiva/prefixal e sufixal.

   b) sufixal/prefixal/imprópria/parassintética.

   c) prefixal/regressiva/imprópria/sufixal.

   d) prefixal/sufixal/regressiva/prefixal.

Comentário: **álcool** recebeu um sufixo para formar **alcoolismo** e **ultra** é um prefixo. A palavra **olhar** – que fora desse contexto é um verbo – funcionou como um substantivo nesse contexto, trocando de classe e **enfraquecer** acrescentou prefixo e sufixo ao termo **fraco** – ambos dependentes.

34. (EsPCEx – 2018) Assinale a opção que identifica corretamente o processo de formação das palavras abaixo:

a) qualidade – sufixação; saneamento – sufixação.

b) igualdade – sufixação; discriminação – parassíntese.

c) avanços – derivação imprópria; acesso – derivação regressiva.

d) acessível – prefixação; felizmente – sufixação.

e) planejamento – sufixação; combate – derivação regressiva.

Comentário: em a), **qualidade** é uma palavra primitiva. Em b), **discriminação** recebeu sufixo. Em c), **avanços** também sofreu derivação regressiva (atos de avançar). Em d), **acessível** recebeu sufixo. Apenas a letra e) está correta.

35. (EsSA – 2018) Quanto ao processo de formação de palavras, escreva V ou F conforme sejam verdadeiras ou falsas as assertivas abaixo. Logo, assinale a alternativa que tenha a sequência correta.

I. bicicleta, automóvel, sociologia – Hibridismo.

II. embora, agricultura, maldizente – Composição.

III. ponteira, sozinho, bombeiro – Derivação.

a) VVF.

b) FFV.

c) VVV.

d) FFF.

e) FVF.

Comentário: todas as alternativas estão corretas quanto ao tipo de formação de palavras. O item I mistura radicais latinos e gregos. Em II, temos a união de radicais com e sem perda fonética (aglutinação e justaposição). E, em III, palavras derivadas por sufixação.

GABARITO

1 – E	19 – Certo
2 – A	20 – Errado
3 – A	21 – C
4 – A	22 – C
5 – D	23 – D
6 – D	24 – D
7 – D	25 – C

8 – B	26 – C
9 – C	27 – B
10 – C	28 – E
11 – B	29 – D
12 – A	30 – B
13 – E	31 – D
14 – C	32 – A
15 – B	33 – B
16 – D	34 – E
17 – E	35 – C
18 – B	

3

SUBSTANTIVOS

Estudaremos juntos as dez classes de palavras da nossa língua.

O estudo da morfologia é muito importante para resolver as questões dos próximos capítulos e também para a compreensão da parte de sintaxe. Separei para você as melhores e mais recentes questões sobre identificação, flexão e uso das classes de palavras.

Antes de resolvê-las, é essencial que você saiba o nome das dez classes de palavras da nossa língua e que as divida em dois grupos – variáveis e invariáveis.

VARIÁVEIS

As classes variáveis são: substantivo, adjetivo, pronome, artigo, numeral e verbo.

INVARIÁVEIS

As classes gramaticais invariáveis, por sua vez, são a conjunção, a preposição, a interjeição e o advérbio, que veremos em outros capítulos.

Com exceção do verbo, as demais classes gramaticais **sempre** se referem a um substantivo.

O substantivo é a palavra que nomeia os seres e as coisas. Além de identificar, é importante saber classifica-lo também! A sua classificação se divide em:

a) **Primitivo x Derivado:** roupa – roupinha

b) **Simples x Composto:** roupa – guarda-roupa

c) **Comum x Próprio:** jogador – Diego

d) **Concreto x Abstrato:** flor – emoção

e) **Coletivo:** cardume, esquadra, rebanho

FLEXÃO DE GÊNERO

Os substantivos, quanto ao gênero, são **femininos** ou **masculinos**, quando não possuem um par.

Quadro, por exemplo, é classificado como substantivo masculino (o quadro) e **lousa** é classificado como substantivo feminino (a lousa).

Quando se trata de substantivo que possui um par, classificaremos da seguinte maneira:

a) Biformes

Apresentam duas formas, uma para o masculino, outra para o feminino, com apenas um radical. Exemplo: **me**nino – **men**ina, **alun**o – **alun**a.

b) Heterônimos

Substantivos heterônimos são os que apresentam duas formas distintas, uma para o masculino, outra para o feminino, com dois radicais diferentes. Exemplo: homem – mulher, bode – cabra.

Obs.: algumas bancas consideram **heterônimos** um tipo de **biforme**.

c) Uniformes

São os que apresentam apenas uma forma, para ambos os gêneros. São três tipos:

c1) Comum-de-dois-gêneros

Uma só forma para ambos os gêneros, com determinantes (artigos, pronomes ou adjetivos) distintos: o/a estudante; o/a imigrante; o/a acrobata; o/a agente.

c2) Sobrecomum

Uma só forma e um só determinante para ambos os gêneros: o cônjuge, a criança, o carrasco, o indivíduo, o apóstolo.

c3) Epiceno

Uma só forma e um só artigo para ambos os gêneros de certos animais, acrescentando as palavras macho e fêmea, para se distinguir o sexo do animal. Exemplo: a girafa; a andorinha; a águia; a barata; a cobra; o jacaré; a onça; o sabiá; o tatu.

SE LIGA!
Veja alguns nomes que podem causar dúvida quanto ao artigo O ou A: o açúcar; o aneurisma; o champanha; o milhar; o xérox; o suéter; a alface; a omelete; a libido; a dinamite; a fênix; a própolis; a cal.

FLEXÃO DE NÚMERO

a) Substantivos simples

a1) Terminados em *vogal*, acrescenta-se S

Exemplo: saci – sacis; chapéu – chapéus; troféu – troféus; degrau – degraus.

a2) Terminados em *-al, -el, -ol ou -ul*, troca-se o L por IS

Exemplo: vogal – vogais; animal – animais; papel – papéis; anel – anéis; paiol – paióis; álcool – álcoois; paul – pauis.

SE LIGA!
mal – males
cal – cais ou cales
aval – avais ou avales
mel – méis ou meles
cônsul – cônsules

a3) Terminados em -il:
- palavras oxítonas – troca-se a terminação L por S. Exemplo: cantil – cantis; canil – canis; barril – barris;
- palavras paroxítonas ou proparoxítonas – troca-se a terminação IL por EIS. Exemplo: fóssil – fósseis.

a4) Terminados em M, troca-se o M por NS

Exemplo: item – itens; nuvem – nuvens; álbum – álbuns.

a5) Terminados em N, soma-se S ou ES

Exemplo: hífen – hifens ou hífenes; pólen – polens ou pólenes.

a6) Terminados em R ou Z, acrescenta-se ES

Exemplo: caractere ou caráter – caracteres; sênior – seniores; júnior – juniores.

a7) Terminados em S
- palavras monossílabas ou oxítonas – acrescenta-se ES. Exemplo: ás – ases; deus – deuses; ananás – ananases;
- palavras paroxítonas ou proparoxítonas – ficam invariáveis. Exemplo: os lápis, os tênis, os atlas.

SE LIGA!

Substantivos usados apenas no plural:
as calças   as costas
os óculos   os parabéns
as férias   as olheiras
as hemorroidas   as núpcias
as trevas   os arredores

PORTUGUÊS PARA DESESPERADOS · QUESTÕES COMENTADAS

49

a8) Terminados em zinho

Ignora-se a terminação -zinho, coloca-se no plural o substantivo no grau normal, ignora-se o S do plural, devolve-se o -zinho ao local original e, finalmente, acrescenta-se o S no final. Ex.: **pão**zinho: ignora-se o zinho (**pão**); coloca-se no plural o substantivo no grau normal (**pães**); ignora-se o s (**pãe**); devolve-se o -zinho (**pãezinho**) e acrescenta-se o S (**pãezinhos**).

Outros exemplos: mulherzinha – mulher – mulheres – mulhere – mulherezinha – mulherezinhas; alemãozinho – alemão – alemães – alemãe – alemãezinho – alemãezinhos.

Obs.: para os que terminam em S sem o Z, apenas acrescenta-se o S. Exemplo: lapisinhos, patinhos.

a9) Terminados em ão

Neste caso, infelizmente, temos que decorar os principais:
- Fazem o plural em ões. Exemplo: gavião – gaviões; formão – formões; folião – foliões; questão – questões.
- Fazem o plural em ães. Exemplo: escrivão – escrivães; tabelião – tabeliães, capelão – capelães; sacristão – sacristães.
- Fazem o plural em ãos. Exemplo: artesão – artesãos; cidadão – cidadãos; cristão – cristãos; pagão – pagãos.
- Todas as paroxítonas terminadas em -ão. Exemplo: bênçãos, sótãos, órgãos.

SUBSTANTIVOS COMPOSTOS

a) Flexionam-se os dois elementos, quando formados de substantivo + palavra variável

Exemplo: couve-flor – couves-flores; amor perfeito – amores perfeitos; gentil homem – gentis homens; quinta-feira – quintas-feiras.

b) Flexiona-se somente o segundo elemento, quando formados de

b1) Verbo + substantivo

Exemplo: guarda-roupa – guarda-roupas.

b2) Palavra invariável + palavra variável

Exemplo: alto-falante – alto-falantes.

b3) Palavras repetidas ou imitativas

Exemplo: reco-reco – reco-recos.

Obs.: segundo Bechara, verbos iguais, ambos podem variar ou somente o último. Exemplo: Piscas-piscas o- pisca-piscas. Segundo Celso Cunha, só varia o último. Exemplo: pisca-piscas.

c) Flexiona-se somente o primeiro elemento, quando formados de

Substantivo + preposição + substantivo. Exemplo: Pé de moleque e pés de moleque.

d) Permanecem invariáveis, quando formados de

d1) Verbo + advérbio

Exemplo: o bota-fora e os bota-fora.

d2) Verbo + substantivo no plural

Exemplo: o saca-rolhas e os saca-rolhas.

d3) Verbos opostos

Exemplo: o leva-e-traz e os leva-e-traz.

d4) Quando houver onomatopeia, só o segundo vai para o plural

Exemplo: tique-taque e tique-taques; reco-reco e reco-recos.

SE LIGA!
Os termos vice, pseudo, super e grão(grande) serão invariáveis.
Exemplos: vice-presidentes; super-heróis; grão-duques.

GRAUS DO SUBSTANTIVO

a) Aumentativo

Analítico – casa grande; sintético – casarão.

b) Diminutivo

Analítico – casa pequena; sintético – casinha.

SE LIGA!

Atenção à indicação do sentido que o aumentativo e o diminutivo podem inserir a um contexto:
AFETIVO: "Ela é minha professorinha do coração"
PEJORATIVO: "Ela é apenas mais uma professorinha"

COMO VEMOS ISSO NA PROVA?

1. (GUALIMP – PREFEITURA DE AREAL/RJ – Professor – Ensino Fundamental – 2020) Assinale a alternativa INCORRETA quanto à correspondência entre o substantivo e seu respectivo coletivo.
   a) Esquadra – aviões.
   b) Borboletas – panapaná.
   c) Fogos de artifício – girândola.
   d) Párocos – sínodo.

Comentário: o coletivo de aviões é **esquadrilha** (lembre-se da famosa esquadrilha da fumaça).

2. (FGV – TJ-RS – Oficial de Justiça – 2020) Observe a frase a seguir.
É importante aprender muitas coisas/É importante o aprendizado de muitas coisas.

O mesmo processo de substituição de um verbo por um substantivo correspondente foi feito de forma adequada em:
   a) É impossível ocultar a desonestidade. / É impossível o ocultismo da desonestidade.
   b) Morrer é o ato final da existência humana. / A mortandade é o ato final da existência humana.
   c) Enfrentar as dificuldades é o caminho da felicidade. / O enfrentamento das dificuldades é o caminho da felicidade.
   d) Oferecer amizade é atitude rara. / O ofertório de amizade é atitude rara.
   e) O mais difícil é viver. / O mais difícil é a vivacidade.

Comentário: apenas um substantivo preservou o significado também emitido pelo verbo correspondente. Confira as possibilidades de significados:
   a) Ocultismo: crença na ação ou influência dos poderes sobrenaturais ou supranormais.
   b) Mortandade: número significativo, relevante de mortes.

c) Ofertório: parte da Eucaristia em que as espécies que serão consagradas são levadas ao sacerdote.

e) Vivacidade: qualidade do que tem vida ou vitalidade; força, vigor.

3. (FGV – TJ-RS – Oficial de Justiça – 2020) Atribuições do oficial de justiça: "Cumprir mandados judiciais; preparar salas com livros e materiais necessários ao funcionamento das sessões de julgamento; buscar, na Secretaria e nos Gabinetes, os processos de cada Relator, separando-os e ordenando-os, colhendo assinaturas, quando for o caso; atender e dar informações aos advogados, partes e estagiários presentes na sessão, anotando os pedidos de preferência pela ordem de chegada dos interessados; auxiliar na manutenção da ordem e efetuar prisões, quando determinado; auxiliar o Secretário de Câmara, quando solicitado o auxílio; cumprir as demais atribuições previstas em lei ou regulamento".

Em cada opção a seguir foi destacado um substantivo do texto acima; a opção em que o adjetivo referente ao substantivo destacado está INCORRETO é:

a) livros e materiais/necessários.

b) advogados, partes e estagiários/presentes.

c) pedidos/interessados.

d) auxílio/solicitado.

e) atribuições/previstas.

Comentário: a palavra **interessados**, no contexto, foi usada como um substantivo (repare que há artigo precedendo a palavra).

4. (OBJETIVA – PREFEITURA DE ANTÔNIO OLINTO/PR – Assistente Social – 2019) Assinalar a alternativa que relaciona CORRETAMENTE singular e plural:

a) Padrão – padrões.

b) Troféu – troféis.

c) Caminho – caminhões.

d) Feijão – feijãos.

Comentário: o plural de **troféu** é **troféus**; o de **caminho** é **caminhos** e o de **feijão** é **feijões**.

5. (GUALIMP – PREFEITURA DE PORCIÚNCULA/RJ – Professor – Português – 2019) São substantivos sobrecomuns:

a) Vítima – Pessoa.

b) Estudante – Mãe.

c) Cão – Esverdeado.

d) Encarcerado – Pobreza.

Comentário: sobrecomum é o substantivo usado tanto para masculino quanto para feminino e seus determinantes também são invariáveis – **a vítima** pode ser homem ou mulher, assim como **a pessoa**.

6. (IF-PI – Contador – 2019) Assinale a alternativa na qual encontramos um exemplo de verbo substantivado.

a) "Deslugar: Meu corpo desabitado, que ao ver-te quer vesti-lo em mim, feito hábito." (*Deslugar*, Cyntia Osório)

b) "Cato palavras ao acaso Caídas como pétalas Das árvores frondosas Da língua da pátria." (*O choro da História*, Climério Ferreira)

c) "Depois da chuva à tarde O aroma das folhas mortas do verão. A tarde sepulta o amor. Nas folhas mortas do verão, O silêncio dos ausentes." (*/*, Halan Silva)

d) "[...] A solidão é um fosso, E viver sozinho, não posso. [...]" (*Oração*, Laerte Magalhães)

e) "Eterno é o querer que se renova Na procissão dos dias Na miudeza do afeto Na precisão um do outro. [...]" (*Querer*, Paulo Moura)

Comentário: a palavra **querer**, fora de contexto, é um verbo. Na letra e), porém, aparece precedida pelo artigo O, tornando-se assim um substantivo.

7. (AGIRH – PREFEITURA DE CACHOEIRA PAULISTA/SP – Enfermeiro – 2019) Assinale a alternativa em que os substantivos compostos foram flexionados de maneira correta, segundo a norma culta:

a) os guarda-chuvas; os abaixo-assinados; as má-formações.

b) os guardas-noturnos; as palavras-chaves; os alto-falantes.

c) os recos-recos; os bota-fora; os girassóis;

d) as bombas-relógio; os gentil-homens; os amores-perfeitos.

Comentário: em **guardas-noturnos**, temos um substantivo e um adjetivo formando a composição. Nesse caso, os dois vão para o plural. **Palavra-chave** pode fazer o plural em **palavras-chave** ou **palavras-chaves** e, em **alto-falante**, que é uma exceção dentro das regras, flexionamos apenas o último termo – **alto-falantes**.

8. (OBJETIVA – PREFEITURA DE ANTÔNIO OLINTO/PR – Advogado – 2019) Em relação à flexão de gênero, analisar os itens abaixo:

I. O feminino de "barão" é "baronesa".

II. O feminino de "cônsul" é "cônsula".

a) Os itens I e II estão corretos.

b) Somente o item I está correto.

c) Somente o item II está correto.

d) Os itens I e II estão incorretos.

Comentário: o feminino do substantivo **cônsul** é **consulesa**.

9. (CONSESP – PREFEITURA DE ÁGUAS DE SANTA BÁRBARA/SP – Psicólogo – 2019) Nas alternativas a seguir, aponte a que <u>não</u> apresenta um substantivo feminino.

a) Alface.

b) Criança.

c) Eczema.

d) Aguardente.

Comentário: **eczema** é uma palavra masculina – refere-se a um problema na pele. O eczema costuma ser avermelhado. **Alface** e a **aguardente** são palavras femininas e **criança** é uma palavra sobrecomum.

10. (OBJETIVA – PREFEITURA DE FAXINALZINHO/RS – Psicólogo – 2019) Assinalar a alternativa que apresenta o plural CORRETO do substantivo composto "abaixo-assinado":

a) Abaixo-assinados.

b) Abaixos-assinados.

c) Abaixos-assinado.

d) Abaixo-assinado.

Comentário: **Abaixo-assinado** possui em sua composição um advérbio (abaixo), portanto, o primeiro termo é invariável e o plural é **abaixo-assinados**.

11. (IBFC – MGS – Todos os Cargos de Nível Fundamental Completo – 2017)

Estranhas Gentilezas

(Ivan Angelo)

Estão acontecendo coisas estranhas. Sabe-se que as pessoas nas grandes cidades não têm o hábito da gentileza. Não é por ruindade, é falta de tempo. Gastam a paciência nos ônibus, no trânsito, nas filas, nos mercados, nas salas de espera, nos embates familiares, e depois economizam com a gente. Comigo dá-se o contrário, é o que estou notando de uns dias para cá. Tratam-me com inquietante delicadeza. Já captava aqui e ali sinais suspeitos, imprecisos, ventinho de asas de borboleta, quase nada. A impressão de que há algo estranho tomou meu corpo mesmo foi na semana passada. Um vizinho que já fora meu amigo telefonou-me desfazendo o engano que nos afastava, intriga de pessoa que nem conheço e que afinal resolvera esclarecer tudo. Difícil reconstruir a amizade, mas a inimizade morria ali.

PORTUGUÊS PARA DESESPERADOS · QUESTÕES COMENTADAS

Como disse, eu vinha desconfiando tenuemente de algumas amabilidades. O episódio do vizinho fez surgir em meu espírito a hipótese de uma trama, que já mobilizava até pessoas distantes. E as próximas?

Tenho reparado. As próximas telefonam amáveis, sem motivo. Durante o telefonema fico aguardando o assunto que estaria embrulhado nos enfeites da conversa, e ele não sai. Um número inesperado de pessoas me cumprimenta na rua, com acenos de cabeça. Mulheres, antes esquivas, sorriem transitáveis nas ruas dos Jardins[1]. Num restaurante caro, o *maître*[2], com uma piscadela, fura a demorada fila de executivos à espera e me arruma rapidinho uma mesa para dois. Um homem de pasta que parecia impaciente à minha frente me cede o último lugar no elevador. O jornaleiro larga sua banca na avenida Sumaré e vem ao prédio avisar-me que o jornal chegou. Os vizinhos de cima silenciam depois das dez da noite.

[...]

Que significa isso? Que querem comigo? Que complô é este? Que vão pedir em troca de tanta gentileza?

Aguardo, meio apreensivo, meio feliz.

Interrompo a crônica nesse ponto, saio para ir ao banco, desço pelas escadas porque alguém segura o elevador lá em cima, o segurança do banco faz-me esvaziar os bolsos antes de entrar na porta giratória, enfrento a fila do caixa, não aceitam meus cheques para pagar contas em nome de minha mulher, saio mal-humorado do banco, atravesso a avenida arriscando a vida entre bólidos[3], um caminhão joga-me água suja de uma poça, o elevador continua preso lá em cima, subo a pé, entro no apartamento, sento-me ao computador e ponho-me de novo a sonhar com gentilezas.

Vocabulário:

[1] Bairro Jardim Paulista, um dos mais requintados de São Paulo.

[2] Funcionário que coordena agendamentos entre outras coisas nos restaurantes.

[3] Carros muito velozes.

No título do texto, são empregadas duas palavras que devem ser classificadas, pela ordem em que aparecem como:

a) substantivo e adjetivo.

b) advérbio e substantivo.

c) substantivo e advérbio.

d) adjetivo e substantivo.

Comentário: a identificação das classes de palavra, no caso, pôde ser feita a partir da função básica de cada uma. O adjetivo **estranhas** caracteriza o nome **gentilezas**.

12. (IBFC – MGS – Todos os Cargos de Nível Fundamental Incompleto – 2017)

Texto

O retrato

(Ivan Angelo)

O homem, de barba grisalha mal-aparada, vestindo jeans azuis, camisa xadrez e jaqueta de couro, sentou-se no banquinho alto do balcão do botequim e ficou esperando sem pressa que o rapaz viesse atendê-lo. O rapaz fazia um suco de laranjas para o mecânico que comia uma coxa de frango fria. O homem tirou uma caderneta do bolso, extraiu de dentro dela uma fotografia e pôs-se a olhá-la. Olhou-a tanto e tão fixamente que seus olhos ficaram vermelhos. Contraiu os lábios, segurando-se para não chorar; a cara contraiu-se como uma máscara de teatro trágico. O rapaz serviu o suco e perguntou ao homem o que ele queria. O homem disse "nada não, obrigado", guardou a foto, saiu do botequim e desapareceu.

O plural do substantivo "balcão" é balcões. Assinale a alternativa em que se indica, corretamente, o plural do substantivo.

a) irmão – irmões.

b) pão – pães.

c) mão – mões.

d) limão – limãos.

Comentário: a alternativa b) é a correta. A correção das demais alternativas é a seguinte: a) irmãos; c) mãos; d) limões.

13. (UFMT – UFSBA – Administrador – 2017) INSTRUÇÃO: Leia o fragmento do artigo Metas para o governo e responda à questão.

Em grandes empresas do setor privado, é comum os gestores receberem metas de desempenho e serem continuamente cobrados pelo resultado do seu trabalho à luz dessas metas. Em vários casos, funcionários recebem bônus por desempenho. Se a empresa vai mal, os gestores devem prestar contas e podem, no limite, até perder seu emprego. Estudos têm indicado que a adoção dessas práticas responde por cerca de 25% das diferenças de produtividade entre empresas.

E no setor público, o que acontece quando o desempenho está aquém do desejado? Com algumas meritórias exceções, nada. [...]

Alguns podem dizer que o problema do setor público não está na falta de metas e gestão, mas sim na falta de recursos para alcançar os objetivos almejados. O remédio normalmente vem na forma de recomendações para aumentar salários e gastos. Eis então uma proposta: qualquer tentativa de aumentar o orçamento de determinadas áreas deve ser necessariamente condicional a

PORTUGUÊS PARA DESESPERADOS • QUESTÕES COMENTADAS

metas claras de desempenho, havendo plena responsabilização dos gestores caso os resultados não sejam atingidos. [...]

(LAZZARINI, S. *Revista Veja*. Ed. n° 2497.)

A respeito de recursos expressivos empregados no texto, analise as afirmativas.

I. Em Se a empresa vai mal, os gestores devem prestar contas, o vocábulo mal funciona como substantivo e seu plural é males.

II. O sentido do advérbio aquém, em E no setor público, o que acontece quando o desempenho está aquém do desejado?, é nível ou qualidade inferior e seu antônimo é longe.

III. O vocábulo bônus, no trecho funcionários recebem bônus por desempenho, é um substantivo que não se flexiona no plural.

IV. Em havendo plena responsabilização dos gestores caso os resultados não sejam atingidos, a conjunção caso pode ser substituída por se, com as devidas alterações na forma verbal.

Está correto o que se afirma em:

a) I, II e IV, apenas.

b) III e IV, apenas.

c) II e III, apenas.

d) I, II e III, apenas.

Comentário: o vocábulo **mal**, no item I, classifica-se como advérbio e não como substantivo, pois se liga ao verbo e indica a ideia de **modo**. A palavra **aquém**, em II, também é advérbio, mas seu sentido é de oposição e **longe** é, na verdade, um sinônimo. Sendo assim, apenas os itens III e IV estão corretos.

14. (PREFEITURA DE MARTINÓPOLIS/SP – Professor PEB I – Educação Especial – 2017) FELICITAR, FELICIDADE, FELIZ, FELIZARDO – são respectivamente:

a) Verbo, adjetivo, adjetivo, substantivo.

b) Substantivo, substantivo, adjetivo, adjetivo.

c) Verbo, substantivo, adjetivo, substantivo.

d) Advérbio, adjetivo, adjetivo, substantivo.

e) Verbo, adjetivo, substantivo, adjetivo.

Comentário: **felicidade** é o nome de um sentimento, logo, sua classificação é de substantivo. **Felizardo**, a depender do contexto, pode ser classificado como nome, como em "O felizardo acabou de chegar", ou como uma característica, a exemplo de "Chegou agora o menino felizardo", ou seja, pode se classificar como substantivo ou como adjetivo. A questão não apresentou contexto e, ao observar as opções, a única viável é a classificação como **substantivo**, pois **felicitar** é a indicação da ação (verbo) e **feliz** é a característica (adjetivo).

15. (MS CONCURSOS – PREFEITURA DE PIRAÚBA/MG – Oficial de Serviço Público – 2017) Assinale a alternativa onde tenha palavras que não sejam substantivos.
   a) Menino/elefante/presidente.
   b) Sacerdote/aviador/cantor.
   c) Senador/doutor/avô.
   d) Bom/forte/feliz.

Comentário: **bom**, **forte** e **feliz** são características que acompanham nomes, ou seja, são **adjetivos**.

16. (ALTERNATIVE CONCURSOS – PREFEITURA DE SUL BRASIL/SC – Educador Social – 2017) Marque a alternativa em que não há correspondência entre o substantivo e o coletivo indicado:
   a) cáfila – de camelos.
   b) atilho – de espigas.
   c) girândola – de girassóis.
   d) colônia – de insetos.
   e) nuvem – de mosquitos.

Comentário: o termo **girândola** se refere ao conjunto de foguetes quando sobem e estrelejam simultaneamente no ar. Confira uma listinha com os coletivos que mais aparecem nas provas de concurso:

Substantivo coletivo	Conjunto de:
acervo	obras artísticas
alcateia	lobos
arquipélago	ilhas
assembleia	pessoas reunidas
baixela	objetos de mesa
banca	examinadores
banda	músicos
bando	aves, ciganos, malfeitores
batalhão	soldados
cacho	frutas
cáfila	camelos
cardume	peixes

caravana	viajantes ou peregrinos
colmeia	abelhas
choldra	assassinos ou malfeitores
constelação	estrelas
elenco	atores
esquadra	navios de guerra
esquadrilha	aviões
enxoval	roupas
falange	soldados, anjos
fauna	animais de uma região
feixe	lenha, capim
flora	vegetais de uma região
frota	navios mercantes, ônibus
galeria	quadros e outros objetos de arte
girândola	fogos de artifício
horda	bandidos, invasores
junta	credores, examinadores, médicos, bois
legião	soldados, anjos, demônios
manada	animais de grande porte
matilha	cães de raça
molho	verduras, chaves
multidão	pessoas
ninhada	filhotes de aves
nuvem	insetos [gafanhotos, mosquitos, etc.]
penca	bananas, chaves
quadrilha	ladrões, bandidos
ramalhete	flores
rebanho	ovelhas
réstia	alhos, cebolas
roda	pessoas
romanceiro	poesias narrativas
sínodo	párocos
súcia	velhacos, desordeiros
tropa	animais de carga
vara	porcos
vocabulário	palavras

17. (MS CONCURSOS – PREFEITURA DE PIRAÚBA/MG – Oficial de Serviço Público – 2017) Marque a alternativa onde temos substantivos coletivos.

a) Exército – rebanho – constelação.
b) Pai – cavaleiro – frade.
c) Rei – conde – cônsul.
d) Padre – marido – cão.

Comentário: os coletivos são palavras que, escritas no singular, indicam um conjunto ou um agrupamento de coisas e de seres do mesmo tipo ou espécie, como se vê na letra A: **exército** é uma referência a um grupo de soldados; **rebanho** indica um grupo de animais da mesma espécie controlados por um homem (bois, cabras, ovelhas etc.) e **constelação** refere-se a estrelas.

18. (INSTITUTO EXCELÊNCIA – PREFEITURA DE LAURO MULLER/SC – Auxiliar Administrativo – 2017) Observe as frases abaixo e assinale a alternativa em que a palavra em negrito é um substantivo comum de dois gêneros:

a) A criança é um ser inocente e puro.
b) O artista realizou um belo trabalho no palco.
c) O indivíduo apresentou atitude suspeita.
d) Nenhuma das alternativas.

Comentário: substantivo comum de dois gêneros é aquele que tem o gênero marcado apenas pelo determinante, ou seja, você só sabe se a referência é a um homem ou a uma mulher pelo artigo, pronome, numeral ou adjetivo que o acompanha. **O artista**, **minha intérprete** ou **linda dentista** são bons exemplos. Há também os substantivos **sobrecomuns**, em que o nome e o determinante são os mesmos para ambos os gêneros, como **a criança**, **o cônjuge** ou **a pessoa**. Vale citar, ainda, os **epicenos**, que indicam nomes de animais cujo gênero se esclarece pelo acréscimo da palavra **macho** ou **fêmea**, como **girafa macho** e **tubarão fêmea**, por exemplo.

19. (MS CONCURSOS – PREFEITURA DE PIRAÚBA/MG – Agente Fiscal de Posturas – 2017) Assinale a alternativa incorreta quanto ao plural dos substantivos compostos:

a) Boas-vidas, guardas-louças, pés de moleque.
b) Câmaras de ar, mulas sem cabeça, quintas-feiras.
c) Livres-pensadores, os bota-fora, os guarda-vidas.
d) Tias-avós, amores-perfeitos, curtas-metragens.

Comentário: houve um equívoco na letra a), pois o plural correto é **guarda-louças**. As palavras compostas que começam com **guarda** são muito comuns nas provas de concurso.

Confira o BIZU DO GUARDA para não esquecer mais!

BIZU!

Quando o substantivo que começa com **guarda** indicar uma profissão, os dois termos vão para o plural. Sendo assim, teremos:
guardas-florestais, **guardas-noturnos** e **guardas-civis**, por exemplo.
Obs.: palavras que já possuem o último termo no plural, como **guarda-vidas** e **guarda-costas**, não sofrerão alterações.
E quando não se tratar de profissão, a palavra **guarda** ficará no singular. Assim:
guarda-chuvas, **guarda-roupas** e **guarda-louças**.

 ASSISTA AO VÍDEO!

https://ugr.to/1lxo2

20. (IF-MT – Direito – 2018) Assinale a alternativa em que todos os termos estão corretamente flexionados no plural:
   a) o anão/os anães; o beija-flor/os beija-flores; o cartão-postal/os cartão-postais.
   b) o guarda-roupa/os guardas-roupas; o melão/os melãos; a banana-maçã / as banana-maçãs.
   c) o democrata-cristão/os democratas-cristãos; o boia-fria/os boias-frias; o porta-voz/os porta-vozes.
   d) o meio-fio/os meios-fios; o cidadão/os cidadãos; o bota-fora/os botas-foras.
   e) a segunda-feira/as segundas-feira; o decreto-lei/ os decretos-lei; o alto-relevo/os alto-relevos.

Comentário: os substantivos **democrata-cristão** e **boia-fria** são compostos por substantivo + adjetivo, logo, os dois termos se flexionam.

21. (FGV – AL-RO – Analista Legislativo – 2018) Assinale a opção em que o adjetivo indica uma qualidade ou um defeito do substantivo.
   a) presunto francês.
   b) pintura antiga.
   c) sujeito desprezível.
   d) parede descascada.
   e) pele manchada.

Comentário: todas as opções apresentaram substantivos e adjetivos, mas a única que trata de qualidade ou defeito (por estar se referindo a uma pessoa) é a letra c).

22. (FGV – BANESTES – Técnico Bancário – 2018) "Se no Brasil a ética chegou a esse ponto, imagine a etiqueta, que é a pequena ética". A autora da frase, Danuza Leão, se refere à forma (etiqueta) que perdeu o valor diminutivo e passou a designar uma outra realidade.

A frase abaixo em que o vocábulo conservou o valor diminutivo é:

a) ao ser perguntado sobre em que dia da semana estava, teve que consultar a **folhinha** na parede da sala;

b) saía sempre às sextas para tomar uma **cervejinha** com os amigos;

c) a propaganda aconselhava o uso de **camisinha**;

d) alguns espectadores visitam os atores no **camarim**;

e) Após a chuva, havia **gotículas** de água no vidro dos carros.

Comentário: só há uma referência ao tamanho em **gotículas** (letra e), que é o diminutivo de **gotas**. As demais palavras destacadas não indicam tamanho ou dimensão, mas são nomes dos seres ou objetos ou indicam a ausência de formalidade (no caso de **cervejinha**).

23. (MS CONCURSOS – SAP-SP – Analista Administrativo – 2018) Quanto ao gênero dos substantivos, assinale a alternativa incorreta.

a) o dó.

b) o eczema.

c) a apêndice.

d) o guaraná.

e) o grama (unidades de medida de massa).

Comentário: apêndice é uma palavra masculina. Devemos usar determinantes masculinos, como **o apêndice** ou **meu apêndice**.

24. (MS CONCURSOS – SAP-SP – Analista Administrativo – 2018) Em qual alternativa aparece um substantivo concreto?

a) Beleza.

b) Tristeza.

c) Corrida.

d) Saci.

e) Meiguice.

Comentário: sentimentos (tristeza), nomes de ações (corrida) e de características (beleza e meiguice) são substantivos abstratos. A letra c) indica um substantivo concreto (saci), que pode se referir tanto a seres reais como imaginários.

25. (MS CONCURSOS – SAP-SP – Analista Administrativo – 2018) Marque a alternativa correta quanto ao coletivo de fogos de artifício.

a) Horda.

b) Girândola.

c) Constelação.

d) Baixela.

e) Tertúlia.

Comentário: o coletivo de fogos de artifício é **girândola**. Horda se refere a um grupo de bagunceiros; constelação, aos grupos de estrelas; baixela, aos pratos ou talheres e tertúlia, ao grupo de amigos ou familiares.

26. (IBADE – CÂMARA DE CACOAL/RO – Agente Administrativo – 2018) No período: "A **BELEZA** do Rio é comparável à sua **BARBÁRIE**.", a autora aproxima os dois substantivos destacados, expressando:

a) afinidade.

b) consequência.

c) complementação.

d) finalidade.

e) contraste.

Comentário: os termos em destaque se opõem totalmente, especialmente nesse contexto. Assim, a resposta correta é **contraste** (letra e).

27. (IADES – CREMEB – Advogado – 2017) Texto 2 para responder às questões.

O CREMEB e o exercício ilegal da medicina

1   Foi assinado, em agosto de 2015, o Decreto-Lei nº 2.848/1940, que aumenta as penas a quem exercer ilegalmente as profissões de médico, dentista ou
4   farmacêutico. Com a aprovação do texto, os falsos profissionais estão sujeitos a reclusão de dois a seis anos, mais pagamento de multa. Apesar do vigor da legislação e
7   da atuação dos conselhos de medicina, ainda são relevantes os casos de denúncias de uso indevido do registro médico.

Mesmo sendo classificado como ato criminoso, o
10 exercício ilegal da medicina ainda é recorrente. Na maioria dos

64

CAROL MENDONÇA

casos, uma pessoa sem formação médica se apropria de um número de registro profissional válido (número de cadastro do
13 médico no Conselho Regional de Medicina – CRM) e exerce, criminosamente, atendimento à população. Essa atuação pode gerar danos irreversíveis aos pacientes, além de uma
16 sobrecarga negativa aos sistemas de saúde pública.

O CREMEB permanece vigilante no combate a essa prática ilegal. Por isso, convida todos os médicos
19 cadastrados que ainda não possuem foto no portal a atualizar seus cadastros. "Essas fraudes põem em risco a saúde pública, afetando sociedade e médicos. Essa é uma
22 luta de todos", enfatiza o conselheiro José Abelardo de
23 Menezes.

Disponível em: http://www.cremeb.org.br/index.php/releases/novo-
-portal-do-cremeb-disponibiliza-pesquisa-de-medicos-com-foto/.
Acesso em: 23 set. 2017, com adaptações.

A respeito do emprego das classes de palavras e das relações que elas estabelecem entre si no texto, assinale a alternativa correta.

a) Os vocábulos "médico" e "médicos", nos trechos "ainda são relevantes os casos de denúncias de uso indevido do registro médico." (linhas 7 e 8) e "Por isso, convida todos os médicos cadastrados" (linhas 18 e 19), funcionam, respectivamente, como adjetivo e substantivo e, portanto, desempenham funções sintáticas diferentes.

b) A conjunção sublinhada no período "Mesmo sendo classificado como ato criminoso, o exercício ilegal da medicina ainda é recorrente." (linhas 9 e 10) introduz uma relação de causa e consequência entre as orações.

c) A oração "e exerce, criminosamente, atendimento à população" (linhas 13 e 14) apresenta sujeito indeterminado, pois a forma verbal "exerce" não faz referência a um ser específico.

d) A substituição dos artigos indefinidos sublinhados no trecho "Na maioria dos casos, uma pessoa sem formação médica se apropria de um número de registro profissional válido" (linhas de 10 a 12) pelos definidos a e o, respectivamente, preservaria a função sintática desempenhada por eles e o sentido pretendido pelo autor.

e) Os pronomes sublinhados no período "Por isso, convida todos os médicos cadastrados que ainda não possuem foto no portal a atualizar seus cadastros." (linhas de 18 a 20) retomam a expressão "todos os médicos cadastrados", que desempenha o papel de sujeito da oração.

Comentário: a mesma palavra, mas aplicada de formas diferentes. No primeiro caso, caracteriza o substantivo **registros**. Já no outro é o próprio substantivo. A palavra **médico**, inicialmente aparece como um adjetivo do substantivo **regristro**. Na sequência, **médicos** surge como substantivo – a presença do artigo **os** nos ajuda a perceber isso com mais clareza. Essa mudança de classe gramatical também faz diferença na análise sintática, que será estudada mais à frente – **médico** atual como adjunto adnominal e **médicos** como núcleo do objeto.

28. (FGV – MPE-BA – Analista Técnico – Letras Vernáculas – 2017) "Estácio gostava de lhe ver o airoso do busto e a firme serenidade com que ela conduzia o animal". Nesse segmento de um romance machadiano, o autor realiza o que se chama uma substantivação de um adjetivo; o mesmo acontece no seguinte trecho abaixo:

a) "O silêncio não era completo; ouvia-se o rodar de carros que passavam fora".

b) "O proceder de Luís Alves, sóbrio, direto, resoluto, sem desfalecimentos, sem demasias ociosas, fazia perceber à moça que ele nascera para vencer".

c) "Apertei-lhes a mão e saí, a rir comigo da superstição das duas mulheres, um rir filosófico, desinteressado, superior".

d) "Mas aqui estão os retratos de ambos, sem que o encardido do tempo lhes tirasse a primeira expressão".

e) "Conhecia as regras do escrever, sem suspeitar as do amar".

Comentário: o adjetivo transformado em substantivo no segmento de Machado de Assis foi **airoso**, que significa **bonito**. Essa adjetivação foi feita a partir da presença do artigo O antes do termo. O mesmo aconteceu com **o encardido**.

29. (MPE-GO – Secretário Auxiliar – 2017) Assinale a alternativa em que todas as palavras são do gênero feminino:

a) omoplata, apendicite, cal, ferrugem.

b) cal, faringe, dó, alface, telefonema.

c) criança, cônjuge, champanha, dó, afã.

d) cólera, agente, pianista, guaraná, vitrina.

e) jacaré, ordenação, sofisma, análise, nauta.

Comentário: dó, telefonema, champanha, pianista, guaraná, jacaré, sofisma e nauta são substantivos masculinos. Além disso, criança e cônjuge são sobrecomuns e agente é comum de dois gêneros.

30. (MPE-GO – Secretário Auxiliar – 2017) Assinale a alternativa CORRETA quanto à forma singular e plural dos substantivos:

a) cônsul/cônsois.

b) pãozinho/pãozinhos.

c) abdômen/abdômenes.

d) alto-falante/altos-falantes.

e) boia-fria/boia-frias.

Comentário: temos as seguintes formas corretas no plural: cônsules; pãezinhos; alto-falantes; boias-frias.

GABARITO

1 – A	16 – C
2 – C	17 – A
3 – C	18 – B
4 – A	19 – A
5 – A	20 – C
6 – E	21 – C
7 – B	22 – E
8 – B	23 – C
9 – C	24 – D
10 – A	25 – B
11 – D	26 – E
12 – B	27 – A
13 – B	28 – D
14 – C	29 – A
15 – D	30 – C

4

ADJETIVOS

Os adjetivos são palavras que caracterizam ou restringem um substantivo – com o qual concordam em número e gênero, podendo variar ou não em grau. Veja abaixo, nas palavras sublinhadas, alguns exemplos de adjetivos.

"Safado, cachorro, sem vergonha

Eu dou duro o dia <u>inteiro</u> e você colchão e fronha"

– Babado Novo.

CLASSIFICAÇÃO DOS ADJETIVOS

a) Primitivo x derivado

bonito – bonitinho.

b) Simples x composto

azul – azul-marinho.

c) Explicativo x restritivo

fogo quente – fogo alto.

d) Pátrios

brasileiro, argentino, japonesa.

Há também as **locuções adjetivas,** as quais são termos formados por duas ou mais palavras (começando sempre com uma preposição) que fazem o papel de um adjetivo. Exemplo: Lua de cristal.

Outros exemplos de locuções e de adjetivos correspondentes:

De abdômen	Abdominal
De ano	Anual
Da artéria	Arterial
Da audição	Auditivo
De cabelo	Capilar
De chuva	Pluvial
De estrela	Estelar
De fogo	Ígneo
De frente	Frontal
De guerra	Bélico
De homem	Viril, humano
De idade	Etário
De ilha	Insular
De mãe	Maternal, materno
De manhã	Matinal
De mestre	Magistral
De monge	Monacal
De sonho	Onírico

SE LIGA!

Nem sempre o adjetivo correspondente satisfaz o significado da locução adjetiva em determinados contextos. Na frase da música de Gustavo Lima "O cachaceiro virou homem de família", temos uma locução adjetiva – de família – que caracteriza **homem**, porém, a substituição ficaria "O cachaceiro virou homem familiar" e o sentido original seria totalmente perdido.

FLEXÃO DE GÊNERO

a) Uniformes

Apresentam apenas uma forma tanto para o masculino como para o feminino. Exemplo: homem gentil, mulher gentil.

b) Biformes

Possuem duas formas distintas, uma para o masculino e outra para o feminino. Exemplo: macarrão cru, pizza crua.

FLEXÃO DE NÚMERO

a) Plural dos adjetivos simples

A flexão de número dos adjetivos simples segue a mesma regra dos substantivos: cru – crus; gentil – gentis; igual – iguais; fiel – fiéis; feroz – ferozes; útil – úteis; vã – vãs; amável – amáveis.

b) Plural do adjetivo composto

Quando o adjetivo composto é formado apenas por adjetivo, somente o último elemento se flexiona: cabelos castanho-escuros; escolas médico-cirúrgicas; problemas luso-brasileiros; conflitos russo-americanos; rapazes mal-educados.

Exceções:
– No adjetivo **surdo-mudo**, flexionam-se ambos os elementos: meninos surdos-mudos; menina surda-muda; meninas surdas-mudas.

Observação importante: a comunidade surda rejeita o uso desse termo atualmente. Sua menção aqui se deu exclusivamente em critério de elucidação de regra. No dia a dia, usamos os termos de forma separada de acordo com a necessidade especial de cada pessoa.
– São invariáveis os adjetivos: **azul-celeste** e **azul-marinho**: muros azul-marinho; seleções azul-celeste.
– Quando o segundo elemento é um substantivo, ambos são invariáveis: tapetes verde-esmeralda; lençóis branco-gelo; bandeiras vermelho-sangue; vestidos azul-piscina.
– Os adjetivos que indicam cores e são formados pela expressão **cor de + substantivos** são invariáveis em gênero e número, mesmo quando a expressão **cor de** estiver subentendida: tapetes laranja, blusas rosa.
– Invariáveis ficam também as locuções adjetivas formadas de **cor + de + substantivo**: vestidos cor-de-rosa, cortinas cor-de-abóbora.

FLEXÃO DE GRAU

Veja o esquema abaixo para memorizar com mais facilidade.

O grau do adjetivo divide-se em **comparativo** e **superlativo**.

a) Grau comparativo

Compara a mesma característica atribuída a dois ou mais seres ou duas ou mais características atribuídas a um mesmo ser.

O grau comparativo pode ser:

a1) De igualdade

Paulo é tão inteligente quanto seu irmão.

a2) De superioridade

Paulo é mais inteligente (do) que seu irmão.

a3) De inferioridade

Paulo é menos inteligente (do) que seu irmão.

SE LIGA!

O grau comparativo, como dito, pode relacionar características de um mesmo ser:

Pedro é mais inteligente que veloz.

b) Grau superlativo

Divide-se em dois tipos:

b1) Superlativo relativo

Compara características de um elemento com um grupo. Exemplo: Pedro é o mais inteligente da turma; esse filme é melhor que os outros.

b2) Superlativo absoluto

Não comparar, apenas intensifica uma característica. Pode ser:
- **Analítico:** formado pela união de um advérbio de intensidade ao adjetivo: Pedro é muito inteligente; Pedro é extremamente atencioso.
- **Sintético:** formado com o acréscimo dos sufixos: Pedro é inteligentíssimo.

SE LIGA!

bom	boníssimo ou ótimo
célebre	celebérrimo
cruel	crudelíssimo
doce	dulcíssimo
fácil	facílimo
fiel	fidelíssimo
frágil	fragílimo
humilde	humílimo
magnífico	magnificentíssimo
magro	macérrimo ou magríssimo
manso	mansuetíssimo
mau	péssimo
nobre	nobilíssimo

Os adjetivos **bom**, **mau**, **pequeno** e **grande** possuem formas especiais para o comparativo de superioridade e para o superlativo.

Adjetivo	Comparativo de superioridade	Superlativo absoluto sintético	Superlativo relativo de superioridade
Bom	Melhor que	Ótimo	O melhor de
Mau	Pior que	Péssimo	O pior de
Grande	Maior que	Máximo	O maior de
Pequeno	Menor que	Mínimo	O menor de

SE LIGA!

As formas **analíticas** (mais bom, mais mau, mais grande, mais pequeno) são usadas quando estão sendo comparadas duas qualidades em um único ser: Este lugar é mais grande que confortável; sua bolsa é mais pequena que bonita.

COMO VEMOS ISSO NA PROVA?

1. (FGV – TJ-RS – Oficial de Justiça – 2020) A frase em que a substituição do termo sublinhado foi feita de forma adequada ao sentido original é:
a) Remédio sem efeito/Remédio ineficiente.
b) Poço sem água/Poço árido.
c) Livro sem autor/Livro desautorizado.
d) Carro sem direção/Carro indireto.
e) Flor sem perfume/Flor fedorenta.

Comentário: a única associação correta ocorre na alternativa a) **ineficiente** e **sem efeito**. Atenção às possibilidades de significados das demais palavras: **árido** – que pouco ou nada produz; estéril. **Desautorizado** – sem autorização. **Indireto** – feito por desvios. **Fedorenta** – com mau odor.

2. (TJ-AP – Estagiário – Direito – 2019) "Nos delitos contra a liberdade sexual, normalmente praticados às escondidas, deve-se dar crédito à palavra da vítima, principalmente quando em harmonia com as demais provas constantes dos autos"
(TJAP. APELAÇÃO. Processo nº 0011987-84.2014.8.03.0001, Relator Desembargador GILBERTO PINHEIRO, CÂMARA ÚNICA, julgado em 31 de maio de 2016).
A palavra sublinhada tem no contexto a função de:
a) adjetivo.
b) advérbio.
c) conjunção.
d) adjunto adverbial.

Comentário: **principalmente** é um advérbio de modo. Pode ser substituído por **sobretudo**.

3. (IADHED – PREFEITURA DE ARAGUARI/MG – Auditor-Fiscal da Receita Municipal – 2019) Analise as frases abaixo. Em relação à classe gramatical, assinale a alternativa cuja classificação esteja correta:
a) "Os *daddies*, que totalizam 280 mil usuários com uma média de 43 anos..." O termo grifado é um adjetivo.

b) "... são homens maduros e bem-sucedidos, em busca de uma relação diferencia-da, com os objetivos expostos com naturalidade..." O termo grifado é um adjetivo.

c) "...facilitando a aproximação de pessoas sensatas com os mesmos interes-ses." O termo grifado é um adjetivo.

d) "As *babies*, por sua vez, com uma média de 24 anos, valorizam a segurança que este tipo de relacionamento proporciona..." O termo grifado é um adjetivo.

Comentário: usuários, busca e segurança são substantivos, uma vez que nomeiam pessoas e ações.

4. (IDCAP – PREFEITURA DE GOVERNADOR LINDENBERG/ES – Professor – 2019)

O grilo professor

Em tempos muito remotos, num dos mais quentes dias do Inverno, o Diretor da Escola entrou inesperadamente na sala onde o Grilo dava aos grilinhos a sua aula sobre a arte de cantar, precisamente no momento da exposição em que lhes explicava que a voz do Grilo era a melhor e a mais bela de todas as vozes, uma vez que se produzia mediante a adequada fricção das asas contra as costas, enquanto os Pássaros cantavam tão mal porque se empenhavam em fazê-lo com a garganta, evidentemente, o órgão do corpo humano menos indicado para emitir sons doces e harmoniosos. Ao ouvir aquilo, o Diretor, que era um Grilo muito sábio, assentiu várias vezes com a cabeça e retirou-se, satisfeito de que na Escola tudo continuasse como nos velhos tempos.

(MONTERROSO, Augusto) Disponível em: http://daedaluspt.blogspot.com/2008_04_01_archive.html.

O adjetivo "bela" está flexionado no grau:

a) Comparativo de igualdade.

b) Superlativo relativo de superioridade.

c) Comparativo de superioridade.

d) Superlativo absoluto sintético.

e) Normal de superioridade.

Comentário: o grau superlativo relativo indica a comparação entre um elemento e um grupo. A voz do grilo é superior a todas as vozes da cidade, então temos o **superlativo relativo de superioridade**.

5. (FCC – CÂMARA DE FORTALEZA/CE – Consultor Técnico Legislativo – 2019)

De todas as vilas e arraiais vizinhos afluíam loucos à Casa Verde. Eram furiosos, eram mansos, eram monomaníacos, era toda a família dos deserdados do espírito. Ao cabo de quatro meses, a Casa Verde era uma povoação.

Não bastaram os primeiros cubículos; mandou-se anexar uma galeria de mais trinta e sete. O padre Lopes confessou que não imaginara a existência de tantos doidos no mundo, e menos ainda o inexplicável de alguns casos. Um, por exemplo, um rapaz bronco e vilão, que todos os dias, depois do almoço, fazia regularmente um discurso acadêmico, ornado de tropos, de antíteses, de apóstrofes, com seus recamos de grego e latim, e suas borlas de Cícero, Apuleio e Tertuliano. O vigário não queria acabar de crer. Quê! um rapaz que ele vira, três meses antes, jogando peteca na rua!

— Não digo que não, respondia-lhe o alienista; mas a verdade é o que Vossa Reverendíssima está vendo. Isto é todos os dias.

— Quanto a mim, tornou o vigário, só se pode explicar pela confusão das línguas na torre de Babel, segundo nos conta a Escritura; provavelmente, confundidas antigamente as línguas, é fácil trocá-las agora, desde que a razão não trabalhe...

— Essa pode ser, com efeito, a explicação divina do fenômeno, concordou o alienista, depois de refletir um instante, mas não é impossível que haja também alguma razão humana, e puramente científica, e disso trato...

— Vá que seja, e fico ansioso. Realmente!

(ASSIS, Machado de. *O alienista*. São Paulo: Companhia das Letras, 2014, p. 24-25)

Em "e menos ainda o <u>inexplicável</u> de alguns casos" (1º parágrafo) e "Um, por exemplo, um rapaz <u>bronco</u> e vilão" (1º parágrafo), os termos sublinhados constituem

a) substantivo e adjetivo, respectivamente.

b) substantivos.

c) adjetivos.

d) adjetivo e substantivo, respectivamente.

e) advérbio e adjetivo, respectivamente.

Comentário: o termo **inexplicável** foi substantivado (repare a presença do artigo 0). **Bronco** caracteriza **rapaz** (adjetivo). Assim, a resposta correta é a letra a).

6. (FGV – PREFEITURA DE SALVADOR/BA – Professor – Português – 2019) Segundo a gramática, os adjetivos podem indicar estados, qualidades, características ou relações. A frase abaixo em que o adjetivo sublinhado indica uma relação é

a) "As borboletas mostram um voo <u>desengonçado</u>".

b) "As jabuticabas são frutas <u>brasileiras</u>".

c) "As goiabas estão nascendo <u>bichadas</u>".

d) "As nuvens estavam <u>carregadas</u>".

e) "As pitangas ficaram <u>vermelhas</u> rapidamente".

Comentário: os adjetivos de relação (muito cobrados pela FGV) indicam caracterização objetiva e derivada de um substantivo (brasileiras – Brasil). Os demais adjetivos abrem espaço para pontos de vista/opiniões. O adjetivo de relação é direto e irrefutável.

7. (FUNDEP – GESTÃO DE CONCURSOS – PREFEITURA DE ERVÁLIA/MG – Advogado – 2019)

[...]

Os pensadores que defendem que o ser humano é sempre livre sabem que existem determinações externas e internas, fatores sociais e subjetivos, mas a liberdade de decidir sobre suas escolhas é superior à força dessas determinações. Um exemplo que poderia ser dado para entendermos essa noção seria a de dois irmãos que têm a mesma origem social, mas um se torna um criminoso e o outro não.

Vejamos o que o filósofo francês Jean-Paul Sartre disse sobre isso:

"[...] Por outras palavras, não há determinismo, o homem é livre, o homem é liberdade. [...] Não encontramos diante de nós valores ou imposições que nos legitimem o comportamento. Assim, não temos nem atrás de nós nem diante de nós, no domínio luminoso dos valores, justificações ou desculpas. Estamos sós e sem desculpas.

É o que traduzirei dizendo que o homem está condenado a ser livre. Condenado porque não criou a si próprio; e, no entanto, livre porque, uma vez lançado ao mundo, é responsável por tudo o que fizer."

SANTOS, Wigvan. *Mundo Educação.*
Disponível em: https://bit.ly/2OXrrZf.
Acesso em: 21 ago. 2018. [Fragmento adaptado].

As palavras destacadas a seguir qualificam outras no trecho, exceto em:

a) "Vejamos o que o filósofo **francês** Jean-Paul Sartre disse sobre isso [...]".

b) "[...] um se torna um **criminoso** e o outro não."

c) "[...] o homem está **condenado** a ser livre."

d) "[...] sabem que existem determinações externas e **internas** [...]".

Comentário: todos os termos destacados são adjetivos, exceto **criminoso**, que aparece precedido por um artigo, logo como um substantivo.

8. (IADES – AL-GO – Revisor Ortográfico – 2019)

1	Última flor do Lácio, inculta e bela
	És, a um tempo, esplendor e sepultura:
	Ouro nativo, que na ganga impura
4	A bruta mina entre os cascalhos vela...

Amo-te assim, desconhecida e obscura,
Tuba de alto clangor, lira singela,
7   Que tens o tom e o silvo da procela,
E o arrolo da saudade e da ternura!

Amo o teu viço agreste e o teu aroma
10   De virgens selvas e de oceano largo!
Amo-te. Ó rude e doloroso idioma,
Em que da voz materna ouvi: "meu filho!"
13   E em que Camões chorou, no exílio amargo,
14   O gênio sem ventura e o amor sem brilho!

BILAC, Olavo. *Poesia*. Rio de Janeiro: Agir, 1976.

Com relação às classes gramaticais, é correto afirmar que, na terceira estrofe, os vocábulos "agreste", "selvas" e "largo" são, respectivamente,

a) adjetivo, substantivo e adjetivo.

b) substantivo, adjetivo e substantivo.

c) substantivo, adjetivo e advérbio.

d) adjetivo, substantivo e verbo.

e) advérbio, substantivo e advérbio.

Comentário: o termo **agreste** é um adjetivo, pois caracteriza o substantivo **viço**; **selvas** é um substantivo caracterizado por **virgens**; e **largo** caracteriza o substantivo **oceano.**

9. (FGV – DPE-RJ – FGV – Técnico Superior Especializado – Administração de Empresas – 2019) "O vôo de Santos Dumont foi fruto de uma idéia revolucionária, assim como os micro-computadores e a rêde que hoje chamamos de Internet". No texto 7, o segmento "ideia revolucionária" poderia ter trocado a ordem de suas palavras (revolucionária ideia) sem que isso modificasse suas classes gramaticais; a opção abaixo em que isso também ocorre é:

a) nova escultura.

b) jovem professora.

c) imigrante trabalhador.

d) velho pescador.

e) fanático marxista.

Comentário: apenas na letra a) a troca de ordem das palavras não acarreta mudança de classe de palavras – **nova** é um adjetivo e **escultura** é um substantivo, mesmo que troquem de posição. Nas demais alternativas, o termo que aparecer primeiro atuará como substantivo e o segundo, como adjetivo.

10. (EAGS – 2021) Marque a alternativa em que o adjetivo está no grau comparativo de superioridade.

a) No banquete, as frutas pareciam tão saborosas quanto as hortaliças.
b) A lembrança de Aureliano foi mais imposta do que desejada.
c) Ambas eram amicíssimas do proprietário do casarão.
d) A viúva ficou excessivamente triste com o episódio.

Comentário: Na letra a), há uma comparação de igualdade entre as frutas e as hortaliças. Em c), há apenas a intensificação do adjetivo "amigas", por meio do sufixo, constituindo o grau superlativo absoluto sintético. Em d), a intensificação de "triste" se deu pelo acréscimo de uma palavra e estabeleceu, assim, o grau superlativo absoluto analítico. Apenas em b), vemos uma comparação de superioridade da imposição em relação ao desejo.

11. (IBFC – MGS – Todos os cargos – 2017) Considere o fragmento abaixo para responder à questão.

"O homem, de barba grisalha mal-aparada, vestindo jeans azuis, camisa xadrez e jaqueta de couro, sentou-se no banquinho alto do balcão do botequim e ficou esperando sem pressa que o rapaz viesse atendê-lo."

Dentre as palavras abaixo, presentes no trecho em análise, assinale a única que NÃO pode ser classificada como adjetivo.

a) grisalha.
b) xadrez.
c) azuis.
d) jeans.

Comentário: a palavra **grisalha** apareceu caracterizando o substantivo **barba**. **Xadrez** refere-se à **camisa** e **azuis** caracteriza o substantivo **jeans**. É importante observar que, em outro contexto, a palavra **jeans** poderia caracterizar um nome, como em "Eu tenho uma calça jeans".

12. (UFMT – UFSBA – Assistente em Administração – 2017) Leia o texto a seguir para responder à questão.

Da felicidade

Quantas vezes a gente, em busca de ventura,
Procede tal e qual a vovozinha:
Em vão, por toda parte, os óculos procura,
Tendo-os na ponta do nariz!

(QUINTANA, Mário. *Poesia completa em um volume único*.
Org. Tânia Franco Carvalhal. Rio de Janeiro: Nova Aguilar, 2005.)

Assinale o adjetivo que melhor caracteriza a felicidade, do ponto de vista do eu lírico.

a) Improvável.
b) Imperceptível.
c) Impossível.
d) Instável.

Comentário: o texto associa a felicidade aos óculos de uma vovozinha, que muitas vezes o procura, mesmo quando o tem nas mãos e não percebe. Sendo assim, **imperceptível** é o adjetivo que melhor atende o ponto de vista do eu-lírico.

13. (MS CONCURSOS – PREFEITURA DE TANGUÁ/RJ – Fiscal de Tributos – 2017) Quando falamos em grau do adjetivo, queremos nos referir à dimensão da qualidade atribuída a um ser. Esse grau pode ser comparativo ou superlativo. Ao comparar dois ou mais seres, a relação entre eles poderá ser de igualdade, inferioridade ou superioridade.

O superlativo pode ser absoluto ou relativo e apresenta as seguintes modalidades:

Absoluto: Analítico e sintético.

Relativo: de superioridade e inferioridade.

Assinale a alternativa onde temos um superlativo absoluto sintético.

a) O presidente saiu humilhadíssimo.
b) Minha casa é menor que a sua.
c) Júlia é mais inteligente que Lívia.
d) Alice é muito inteligente.

Comentário: o grau superlativo absoluto é aquele em que há uma intensificação da característica. Se isso for feito pela adição de um termo intensificador, será analítico. Se for feito pela adição de um sufixo intensificador, será sintético. Exemplos: superlativo absoluto analítico – Ana é muito inteligente; superlativo absoluto sintético – Ana é inteligentíssima. Na alternativa a), humilhadíssimo é um superlativo absoluto sintético.

14. (ALTERNATIVE CONCURSOS – CÂMARA DE BANDEIRANTES/SC – Contador – 2016) O adjetivo referente à locução adjetiva DE VERÃO é:

a) Vítreo.
b) Argênteo.
c) Estival.
d) Hibernal.
e) Vulpino.

Comentário: locuções adjetivas são termos formados por duas ou mais palavras que fazem o papel de um adjetivo. Em alguns casos, as locuções adjetivas possuem adjetivos correspondentes.

Estival – de estio [verão]	Hibernal – de inverno
Vítreo – de vidro	Vulpino – de raposa

A seguir, uma lista de casos populares em provas de concursos:

de criança – pueril ou infantil	Argênteo – de prata
de estômago – estomacal ou gástrico	de enxofre – sulfúrico
de fígado – figadal ou hepático	de farinha – farináceo
de garganta – gutural	de fogo – ígneo
de guerra – bélico	de gelo – glacial
de idade – etário	de homem – viril ou humano
de intestino – celíaco ou entérico	de ilha – insular
de irmão – fraterno	de inverno – hibernal ou invernal
de lágrima – lacrimal	de lago – lacustre
de macaco – simiesco, símio ou macacal	de lobo – lupino
de memória – mnemônico ou mnêmico	de marfim – ebúrneo ou ebóreo
de monge – monacal	de mestre – magistral
de nuca – occipital	de noite – noturno
de osso – ósseo	de orelha – auricular
de outono – outonal	de ouro – áureo
de Páscoa – pascal	de ovelha – ovino
de pele – cutâneo ou epitelial	de peixe – písceo
de prata – argênteo ou argírico	de pombo – columbino
de pulmão – pulmonar	de professor – docente
de rim – renal	dos quadris – ciático
de serpente – ofídico	de rio – fluvial
de tarde – vespertino	de sonho – onírico
de terra – telúrico, terrestre ou terreno	de tecido – têxtil
de vento – eólico	de tórax – torácico

15. (ASSCONPP – PREFEITURA DE VIDEIRA/SC – Agente Administrativo – 2016) Observe as frases abaixo:

I. As mangas doces eram colhidas pelas crianças.

II. Naquela fazenda as crianças comeram muitos doces.

Pode-se afirmar que:

a) Apenas na frase I "doces" é um adjetivo.

b) Apenas na frase II "doces" é um adjetivo

c) "Doces" é um adjetivo tanto na frase I como na frase II.
d) "Doces" não é adjetivo em nenhuma das frases.
e) Nenhuma das alternativas anteriores está correta.

Comentário: doces é um adjetivo apenas quando acompanha um substantivo, indicando-lhe característica, como aconteceu no item I.

16. (COPEVE – UFAL – Auxiliar de Biblioteca – 2016) Afinidade não é o mais brilhante, mas o mais **sutil**, delicado e penetrante dos sentimentos. E o mais **independente**. Quando há afinidade, qualquer reencontro retoma a relação, o diálogo, a conversa, o afeto no exato ponto em que foi interrompido. Ter afinidade é muito raro. É conversar no silêncio, tanto das possibilidades exercidas, quanto das impossibilidades vividas.

(Disponível em: http://www.frasesfamosas.com.br/frase/. Acesso em: 27 jul. 2016.)

Dadas as afirmativas a respeito das palavras sutil e independente, destacadas no fragmento de texto:
I. Caracterizam um mesmo substantivo.
II. Classificam como adjetivos biformes.
III. Ressaltam a qualidade de um substantivo em relação a outros.
Verifica-se que está(ão) correta(s)
   a) II, apenas.
   b) III, apenas.
   c) I e II, apenas.
   d) I e III, apenas.
   e) I, II e III.

Comentário: as palavras **brilhante** e **sutil** caracterizam o mesmo substantivo – **afinidade** – e destacam sua qualidade em comparação aos demais sentimentos. Assim, I e III estão corretos. Quanto ao gênero, esses adjetivos classificam-se como **uniformes**, porque podem ser usados tanto para caracterizar nomes femininos quanto masculinos.

BIZU!

Adjetivos **uniformes** possuem apenas uma forma para ambos os gêneros. Exemplo: grande, inteligente, importante, incrível e sensacional.
Adjetivos **biformes** possuem mais de uma forma para diferenciar feminino de masculino. Exemplo: má – mau; bonito – bonita; pequeno – pequena e criativo – criativa.

17. (EEAR – 2017) Marque a opção em que o termo em destaque não modifica um substantivo.
   a) E nesse dia então/vai dar na primeira edição/cena de sangue num bar **da Avenida São João**. (Paulo Vanzolini)
   b) As margens plácidas **do Ipiranga** ouviram o brado retumbante de um povo heroico. (Joaquim Osório Duque Estrada)
   c) Alguma coisa acontece no **meu** coração/que só quando cruza a Ipiranga com a avenida São João. (Caetano Veloso)
   d) Gostava **do Ipiranga** quando ele ainda era um riacho bucólico e despoluído.

Comentário: na letra d), o termo **do Ipiranga** não acompanha, caracteriza ou restringe um substantivo. Refere-se ao verbo **gostar**, completando seu sentido.

18. (UFAC – Estatístico – 2019) O adjetivo pode mudar de significado conforme seu posicionamento em relação ao substantivo ao qual se relaciona. Aponte a alternativa em que a colocação do adjetivo antes ou depois do substantivo não altera o significado:
   a) homem grande; grande homem.
   b) velho amigo; amigo velho.
   c) passeio agradável; agradável passeio.
   d) moça pobre; pobre moça.
   e) simples relatório; relatório simples.

Comentário: **homem grande**, normalmente, refere-se ao tamanho e **grande homem**, às características da personalidade como caráter, lealdade, honra e afins. O **velho amigo** remete ao tempo de amizade, já o **amigo velho** indica que esse amigo já não é jovem. **Moça pobre** nos sugere que ela não tem recursos, enquanto pobre moça indica dó ou pena dessa mocinha. O **simples relatório** diminui a relevância do documento, já o relatório simples caracteriza o tipo de documento solicitado.

SE LIGA!
Esses significados não são fixos. Na verdade, nenhum significado é fixo. Nossa língua é viva e cada contexto pode modificar a expressão semântica de termos. Estamos trabalhando, aqui na questão, com possibilidades. A única alternativa sem possibilidade de alteração é a c).

19. (FGV – DPE-RJ – Técnico Médio de Defensoria Pública – 2019) Na tentativa de dar concisão, muitas orações adjetivas podem ser substituídas por adjetivos; a opção abaixo em que essa substituição foi corretamente realizada é:
   a) Não há bem que sempre dure/efêmero;

b) Nem tudo que reluz é ouro/iluminado;

c) Fatos que se repetem são cansativos/frequentes;

d) Sentimentos que duram pouco trazem dor/passageiros;

e) Muitas moedas que são guardadas perdem valor/resguardadas.

Comentário: essa questão trabalha conceitos semânticos. **Efêmero** é justamente aquilo que **não dura**, então não satisfaz a substituição. **Iluminado** é o que recebe luz e **reluzente** é o que possui luz (em outros contextos até servem como sinônimos, mas temos uma opção melhor para marcar). **Frequência** é bem mais vago que **repetição**. E o termo **resguardar** possui uma conotação de cuidado e proteção que não se aplica bem às moedas citadas na última frase. A melhor substituição foi a da letra d).

20. (MPE-GO – Auxiliar Administrativo – APARECIDA DE GOIÂNIA – 2019)
Aponte, dentre as alternativas abaixo o adjetivo de valor nitidamente subjetivo.

a) imprensa brasileira.

b) proposta milionária.

c) incitamento racista.

d) jovem negro.

e) brilhante futuro.

Comentário: o valor subjetivo, aqui na questão, refere-se a uma característica questionável. Isso se torna claro ao compararmos as opções de resposta. A única opção cuja veracidade pode ser relativa para quem lê é a letra e). O que me parece **brilhante** (no sentido de **promissor**) pode não parecer para você.

21. (FGV – BANESTES – Assistente Securitário – Banestes Corretora – 2018)
A frase em que a substituição dos termos sublinhados por um adjetivo é feita de forma adequada é:

a) Um beijo de minha mãe fez de mim um pintor / maternal;

b) O importante na obra de arte: o espanto / arteira;

c) Toda arte é imitação da natureza / naturalista;

d) Apreciar os defeitos do próximo é ter talento? / alheios;

e) Avalia-se a inteligência de um indivíduo pela quantidade de incertezas que ele é capaz de suportar / individualista.

Comentário: as locuções adjetivas são termos iniciados por preposição que formarão uma característica de um substantivo. Muitas locuções possuem adjetivos correspondentes, como **flexão de abdômen** pode ser tranquilamente substituída por **flexão abdominal**. Porém, os contextos **sempre** devem ser levados em consideração para isso. A única alternativa que teve o sentido original preservado foi a letra d).

22. (MS CONCURSOS – SAP-SP – Analista Administrativo – 2018) Assinale a alternativa incorreta sobre a formação do adjetivo grifado.
   a) A capa do caderno era azul. Adjetivo primitivo.
   b) Meu gato é muito preguiçoso. Adjetivo derivado.
   c) As águas claras do rio cortavam as montanhas. Adjetivo simples.
   d) Os cabelos castanho-escuros ressaltavam os olhos azuis da menina. Adjetivo simples.
   e) As cidades seriam mais limpas se os cestos de lixo fossem utilizados. Locução adjetiva.

Comentário: aproveitamos aqui para revisar! **Castanho-escuros** é uma palavra composta, pois sua formação conta com dois radicais, portanto, a letra d) é a incorreta.

23. (MS CONCURSOS – SAP-SP – Oficial Administrativo – 2018) De acordo com a norma padrão, atribua C (certo) ou E (errado) aos itens sobre o plural dos adjetivos compostos e assinale a alternativa correta.
( ) Vi um menino com cabelos castanho-escuros e olhos verde-claros.
( ) Os soldados vestiam fardas verdes-olivas.
( ) O inglês e o alemão são línguas anglos-germânicas.
( ) Os políticos precisam buscar soluções para os problemas econômicos-financeiros.
   a) C – E – E – E.
   b) E – C – C – C.
   c) C – E – C – E.
   d) C – C – E – C.
   e) C – C – C – C.

Comentário: só a primeira frase está correta quanto ao plural do adjetivo composto! Quando dois adjetivos se unem para compor um novo termo, apenas o último se flexiona. Por isso, temos **castanho-escuros** e **verde-claros** e o mesmo deveria ser aplicado em **anglo-germânicas** e **econômico-financeiros**. O termo **verde-oliva** permanece invariável, pois apareceu um substantivo (oliva) em sua composição.

24. (CRESCER CONSULTORIAS – PREFEITURA DE CACHOEIRA GRANDE/MA – Agente Administrativo – 2018) No período "Eu vi a moça triste", só NÃO existe:

a) Adjetivo.
b) Advérbio.
c) Pronome.
d) Substantivo.

Comentário: identificar as classes de palavras é uma capacidade que você precisa desenvolver! **Eu** é um pronome pessoal; **vi** é um verbo; **moça** é um substantivo e **triste** é um adjetivo. Sendo assim, não temos advérbio algum – a resposta é a letra b).

25. (FGV – AL-RO – Analista Legislativo – Redação e revisão – 2018) Assinale a opção em que o adjetivo sublinhado indica uma qualidade ou um defeito do substantivo.
a) presunto <u>francês</u>.
b) pintura <u>antiga</u>.
c) sujeito <u>desprezível</u>.
d) parede <u>descascada</u>.
e) pele <u>manchada</u>.

Comentário: a letra c) **é a única opção que apresenta uma característica que se refere a uma pessoa e assim se diferencia das demais – que caracterizam objetos. É importante observar que objetos podem ter qualidades ou defeitos também, mas isso é subjetivo demais para uma questão. A parede descascada, por exemplo, pode ser vista como defeito para a maioria das pessoas, mas em determinado contexto pode valorizar a rusticidade do imóvel para alguém (vai saber?). Por outro lado, o adjetivo desprezível** associado a um **sujeito**, irremediavelmente é um defeito. Por isso essa opção é irrefutável se comparada a outras.

26. (FGV – BANESTES – Técnico Bancário – 2018) A frase que NÃO apresenta qualquer forma de superlativação de um adjetivo é:
a) Sou extraordinariamente paciente desde que as coisas sejam feitas do meu jeito.
b) A lealdade a um partido reduz o maior dos homens ao nível mesquinho das massas.
c) O ouro é um metal amarelo ultra-apreciado.
d) Uma besteira menor, consciente, pode impedir uma besteira grande pra cachorro, inconsciente.
e) Veja o meu caso: saí do nada e cheguei à extrema pobreza.

Comentário: em **extrema pobreza** há uma intensificação, mas do substantivo pobreza. Em todas as outras, temos adjetivos modificados – **paciente, maior, ultra--preciado** e **menor.**

27. (FGV – BANESTES – Técnico Bancário – 2018) Na escrita, pode-se optar frequentemente entre uma construção de substantivo + locução adjetiva ou substantivo + adjetivo (coragem de herói = coragem heroica). O termo abaixo sublinhado que NÃO pode ser substituído por um adjetivo é:

a) A maior preocupação <u>do homem</u> é a morte.

b) A criação <u>do homem</u> é ideia de Deus.

c) A inteligência <u>do homem</u> é infinita.

d) Os amores <u>do homem</u> são passageiros.

e) É efêmera a memória <u>do homem</u>.

Comentário: a locução **do homem** sugere o adjetivo **humano** ou **humana**, mas na letra b) essa substituição modificaria o significado da frase. Daria a entender que se fala sobre a capacidade de criação dos humanos. O homem passaria a ser agente (quem cria) e não paciente (quem foi criado) como a versão original.

28. (FGV – BANESTES – Assistente Securitário – Banestes Seguros – 2018) O adjetivo *ilimitado* corresponde à locução "sem limites"; a locução com igual estrutura que NÃO corresponde ao adjetivo abaixo destacado é:

a) Os turistas ficaram <u>inertes</u> durante a ação policial/sem ação.

b) O turista <u>incauto</u> ficou assustado com a ação policial/sem cautela.

c) O vocalista da banda saiu <u>ileso</u> do acidente/sem ferimento.

d) O presidente da Coreia passou <u>incógnito</u> pela França/sem ser percebido.

e) O novo livro do autor estava ainda <u>inédito</u>/sem editor.

Comentário: a única substituição que não satisfaz o significado da frase original é a proposta pela letra e). **Inédito** seria o livro ainda não publicado.

29. (FGV – AL-RO – Analista Legislativo – Redação e revisão – 2018) Assinale a opção que apresenta a frase em que a locução adjetiva sublinhada foi corretamente substituída.

a) "Se enxerguei mais longe, foi por estar <u>de pé</u> sobre os ombros de gigantes." / ereto.

b) "Um homem <u>de espírito</u> não pode nem pensar que existe a palavra dificuldade." / espiritual.

c) "Dai-me um ponto <u>de apoio</u> e levantarei o mundo." / apoiado.

d) "Não há nenhum mal no átomo, apenas na alma <u>dos homens</u>." / masculina.

e) "O sucesso é o único critério <u>da sabedoria</u>." / sabedor.

Comentário: um homem **de espírito** seria bem substituído por **espirituoso**. Um **ponto apoiado** não sugere o alicerce assim como ponto **de apoio**. A locução **dos ho-**

mens refere-se à **humanidade** e não apenas às pessoas de sexo masculino. **Sabedor** é um adjetivo que não consegue caracterizar <u>algo</u> – como **critério** –, apenas <u>alguém</u>.

30. (FGV – AL-RO – Analista Legislativo – Taquigrafia – 2018) Entre os adjetivos abaixo, aquele que é classificado como de relação, não sofrendo modificações de grau é:

a) artista famoso.

b) bolsa cara.

c) roupa importada

d) desempenho admirável.

e) população pobre.

Comentário: adjetivos de relação são aqueles em que o significado é objetivo e que não podem ser modificados por um intensificador. O gabarito é a letra c), pois é o único adjetivo que não pode ser acompanhado, por exemplo, da palavra muito. Não dizemos "roupas muito importadas".

GABARITO

1 – A	16 – D
2 – B	17 – D
3 – C	18 – C
4 – B	19 – D
5 – A	20 – E
6 – B	21 – D
7 – B	22 – D
8 – A	23 – A
9 – A	24 – B
10 – C	25 – C
11 – D	26 – E
12 – B	27 – B
13 – A	28 – B
14 – C	29 – A
15 – A	30 – C

5 PRONOMES

Esse assunto está no Top 5 dos favoritos das bancas de concursos. As inúmeras possibilidades de abordagem e também os vários tipos e formatos em que se apresenta contribuem para isso. Procure memorizar as classificações e as funções de cada uma delas.

Pronomes são palavras que acompanham ou substituem o substantivo!

SE LIGA!

Os pronomes **sempre** se ligam ao substantivo. Podem fazer isso acompanhando ou substituindo o nome. Quando um pronome acompanha um substantivo, é chamado de pronome adjetivo. Quando um pronome substitui um substantivo, chamaremos de pronome substantivo.

Por exemplo, na letra da música "Encostar na tua", de Ana Carolina: "Eu só quero saber em qual rua minha vida vai encostar na tua".

O pronome possessivo **minha** acompanha a substantivo **vida**, então ele é um pronome adjetivo possessivo. **Já o pronome tua** substituiu a palavra **vida** (que ficou subentendida), assim, nesse caso, é um pronome substantivo possessivo.

Há seis tipos de pronomes:
1. Pessoais;
2. Possessivos;

3. Demonstrativos;
4. Indefinidos;
5. Interrogativos;
6. Relativos.

PRONOMES PESSOAIS

Substituem os nomes e indicam as pessoas do discurso.

Os pronomes pessoais dividem-se em: **pronomes pessoais retos** e **oblíquos**.

Os pronomes do caso reto funcionam como sujeito da oração; já os pronomes oblíquos funcionam como complemento e se dividem em átonos e tônicos. Os pronomes tônicos são precedidos de preposição, enquanto os átonos não.

Exemplos:

- **Reto: Eles** acordaram cedo para viajar.
- **Oblíquo:** Os professores **nos** orientaram corretamente.
- **Oblíquo átono:** Ele deu um excelente livro **a mim**.

Pronomes Pessoais

Retos	Oblíquos átonos	Oblíquos tônicos
Eu	Me	Mim, contigo
Tu	Te	Ti, contigo
Ele, ela	Se, o, a, lhe	Si, consigo
Nós	Nos	Nós, conosco
Vós	Vos	Vós, convosco
Eles, elas	Se, os, as, lhes	Si, consigo

Formas pronominais

Os pronomes O e A substituirão nomes não precedidos por preposição (no próximo módulo, chamaremos de **objeto direto**).

Podemos usar "Comprei a blusa" ou "Comprei-a".

Há dois casos especiais para essas substituições:

1. Se o verbo terminar em R, S ou Z, apagaremos a última letra e, após o hífen, usaremos LO ou LA. Então, para "Vou dividir o dinheiro", teremos "Vou dividi-lo".

Veja mais exemplos:

– Quero comprar a blusa/Quero comprá-la.

– Amamos o menino/Amamo-lo.

– Ele reduz o imposto/Ele redu-lo.

2. Se o verbo terminar em som nasal, após o hífen, usaremos NO ou NA. Assim, para "Eles deram a notícia", teremos "Eles deram-na"; para "Dão o recado", teremos "Dão-no".

SE LIGA!

Também é possível deixar o pronome antes dos verbos, desde que se respeitem as regras de colocação pronominal (que você estudará em breve).

Eu o dividirei.

Ele a comprará.

O pronome **lhe** será usado para substituir termos precedidos por preposição. Assim, para "Eu dei o recado ao aluno", poderemos ter "Eu lhe dei o recado". E, para "Isso é prejudicial ao povo", poderemos ter "Isso lhe é prejudicial".

Os demais pronomes oblíquos tônicos podem substituir tanto termos preposicionados quanto sem preposição.

Pronomes pessoais de tratamento

São usados no trato cerimonioso ou informal.

Confira uma lista dos pronomes de tratamento mais usados:

Pronome	Abreviatura	Usado para
Você	V.	Tratamento familiar
Senhor(a)	Sr. / Sra.	Tratamento respeitoso
Vossa Senhoria	V.S.ª	Pessoas de cerimônia
Vossa Excelência	V.Ex.ª	Altas autoridades
Vossa Eminência	V.Em.ª	Cardeais
Vossa Alteza	V.A.	Príncipes e duques
Vossa Santidade	V.S.	O Papa
Vossa Majestade	V.M.	Reis e rainhas

Esses pronomes são da 2ª pessoa, mas concordam com o verbo na 3ª pessoa. Exemplo: Vossa Alteza (ele) está aqui; você terá sua vez.

PRONOMES POSSESSIVOS

São aqueles que se referem às pessoas gramaticais e dão a ideia de posse. Exemplos: Não durma na **minha** casa. A **sua** cadeira quebrou novamente.

Os pronomes possessivos concordam:

a) Em pessoa, com o possuidor. Exemplo: Eu peguei meu carro.

b) Em gênero e número com a coisa possuída. Exemplo: Ela já pegou o seu carro?

Os pronomes possessivos, em certas ocasiões, podem ser substituídos por pronomes oblíquos equivalentes. Exemplo: O vinho sujou-**me** a calça (O vinho sujou a minha calça); ela roubou-**lhe** o coração (Ela roubou o seu coração ou coração dele).

PRONOMES DEMONSTRATIVOS

Indicam o tempo e o espaço em relação às pessoas do discurso.

Variáveis	Invariáveis
Este, esta, este, estas	Isto
Esse, essa, esses, essas	Isso
Aquele, aquela, aqueles, aquelas	Aquilo

Para indicar espaço, usaremos **ESTE** para nos referir a algo que está perto de quem fala, **ESSE** para o que está perto de quem ouve e **AQUELE** para o que está longe dos dois. Exemplo: **Esta** caneta aqui não presta; passe-me **essa** que está com você ou compre **aquela** que vimos na loja.

Para retomar palavras, quando houver dois nomes; usaremos **ESTE** para fazer referência ao último nome escrito e **AQUELE** para o primeiro. Exemplo: Educação e saúde são prioridades. **Esta** (saúde) para os idosos e **aquela** (educação) para as crianças.

Quando houver apenas um nome para referência, usaremos **ESTE** para anunciar palavra que ainda não foi escrita e **ESSE** para retomar um termo que já apareceu. Exemplo: **Esta** é a verdade: precisamos nos unir. **Esse** é o primeiro passo.

Para a indicação de tempo, usaremos **este** para nos referir ao momento e ao local atual. Exemplo: **Este** é o mês da nossa virada. **Esta** é a cidade da corrupção.

Há outras palavras que podem aparecer como pronomes demonstrativos: mesmo; mesma; mesmos; mesmas; tal; tais; próprio; própria; próprios; próprias; semelhante semelhantes. Exemplo: Ninguém esperava tal nota no vestibular (Tal – esta); Ele fez justamente o que não podia (O – aquilo).

https://ugr.to/1lxod

PRONOMES INDEFINIDOS

Os pronomes indefinidos são palavras que se referem à 3ª pessoa gramatical, indicando de maneira vaga quantidade ou identidade. Exemplo: **Alguém** telefonou para você. **Algumas** pessoas vieram. Ele comprou **muitas** maçãs.

Locuções pronominais indefinidas

são duas ou mais palavras com valor equivalente a um pronome indefinido. Exemplo: **Cada um** cuide do seu trabalho. **Qualquer um** pode ganhar essa luta.

PRONOMES INTERROGATIVOS

Os pronomes interrogativos são utilizados para formular perguntas diretas ou indiretas. Exemplo: Quem mexeu na minha mesa? Quanto custa este carro?

https://ugr.to/1lxoe

PRONOMES RELATIVOS

É usado para fazer referência a um termo antecedente e evitar sua repetição.

- **O qual/A qual:** coisas ou pessoas. Exemplo: A moça a qual chegou é minha amiga. O rapaz o qual está falando parece triste. Os carros os quais comprei são ótimos.

SE LIGA!

Se o verbo após o pronome exigir preposição, coloque-a na frente do pronome relativo. Exemplo: A moça em que confio chegou. A moça na qual confio chegou.

- **Que:** coisas ou pessoas. Exemplo: O aluno que chegou atrasado é meu irmão. A mochila que tenho é velha. O professor com que me desentendi ficou chateado. As botas com que sonhei são caríssimas.
- **Quem:** pessoas. Exemplo: O rapaz a quem amo viajou. A moça a quem me referi está lá fora. A engenheira de quem falei precisa de ajuda.
- **Onde/Aonde:** lugares. Exemplo: O sítio onde moro é lindo. O sítio aonde irei tem muitas árvores. O país de onde vim está em guerra.
- **Cujo(a):** ideia de posse. Exemplo: O homem cuja força está em Deus vencerá. O menino cujo pai é rico será muito feliz. Os alunos cujos materiais estão incompletos não serão liberados. O pintor de cuja obra sou fã morreu ontem. O deputado em cuja palavra eu confio terá meu voto.

https://ugr.to/1lxog

COMO VEMOS ISSO NA PROVA?

1. (EAGS – 2021) Assinale a alternativa em que há erro no emprego do pronome de tratamento.
   a) Sua Excelência discursou muito bem, em sua posse como prefeito municipal.
   b) Sua Majestade encontrou entre os plebeus sua esposa, a princesa Emiliana.
   c) Sua Reverência, o sacerdote José, celebrou com o povoado a festa de Pentecostes.
   d) O Papa visitou a cidade, e a missa foi ao ar livre. Sua Santidade elogiou o empenho de todos.

Comentário: Majestade é um tratamento dados a reis e a rainhas; para príncipes e princesas, devemos usar **Alteza**.

2. (EAGS – 2021) Em qual alternativa há erro no emprego do pronome pessoal?
   a) Foi difícil escolher entre mim e te fazer feliz.
   b) A minha mãe, nunca a vi desanimada com a vida.
   c) Ela fez-me sentar a contragosto naquele ambiente hostil.
   d) Terminou o namoro entre eu e ela por mensagem via celular!

Comentário: depois da preposição **entre**, não usaremos os pronomes EU nem TU.

3. (IBFC – POLÍCIA CIENTÍFICA-PR – Odontolegista – 2017) O pronome relativo destacado em "as operações cerebrais, **nas quais** seus instrumentos cirúrgicos deslizam" (2°§) poderia ser substituído, sem prejuízo de sentido e adequando-se à norma, por:
   a) o qual.
   b) das quais.
   c) que.
   d) as quais.
   e) em que.

Comentário: nas é a contração da preposição EM com o artigo AS (**as quais**), assim, substituindo **qual** pelo **que**, eliminaremos o artigo e só restará a preposição EM.

BIZU!

Que – o qual: a qual
De que – do qual: da qual
Em que – no qual: na qual
Com que – com o qual: com a qual

---

4. (FCC – TRT 11ª REGIÃO – AM e RR – Técnico Judiciário – Área Administrativa – 2017) Uma criança pode revelar grande interesse por uma profissão _____ os pais sonharam, mas nunca exerceram.
Preenche corretamente a lacuna da frase acima o que está em:
   a) por que.
   b) de que.
   c) à qual.
   d) na qual.
   e) com que.

Comentário: o verbo sonhar, no caso, exige a preposição COM – os pais sonham **com** uma profissão. Colocando de maneira que complete a lacuna, ou seja, de acordo com o pronome relativo QUE, termos as expressões **com a qual** ou **com que**.

5. (COSEAC – UFF – Auxiliar em Administração – 2017) A frase que corresponde, semanticamente, ao plural do pronome pessoal de primeira pessoa do singular do seguinte trecho: "Eu considerei que este é o luxo do grande artista", é:
a) Vocês consideraram que este é o luxo do grande artista.
b) Nós consideramos que este é o luxo do grande artista.
c) Todos consideram que este é o luxo do grande artista.
d) Eles consideraram que este é o luxo do grande artista.
e) Todos consideraram que este é o luxo do grande artista.

Comentário: as pessoas do discurso se referem aos pronomes pessoais do caso reto. O plural do pronome **eu** é o pronome **nós**, como a tabela abaixo esclarece. Basta, então, adequar a concordância verbal para constituir a nova frase.

Pessoa	Primeira	Segunda	Terceira
Singular	EU	TU	ELE
Plural	NÓS	VÓS	ELES

6. (MS CONCURSOS – PREFEITURA DE PIRAÚBA/MG – Agente Administrativo e Auxiliar de Saúde – 2017) Entre os pronomes pessoais, incluem-se os pronomes de tratamento, também chamados formas de tratamento, que se usam no trato com as pessoas. Dependendo da pessoa a quem nos dirigimos, do seu cargo, título, idade, dignidade, o tratamento será familiar ou cerimonioso. Então, assinale a alternativa onde haja pronome de tratamento:
a) Não há nada para eu ler.
b) Ele não é eu, eu não sou ele.
c) Entre mim e os professores da escola a relação era muito amistosa.
d) Sua Santidade está cansado.

Comentário: os pronomes de tratamento são palavras usadas para referir-se às pessoas de uma interlocução de forma mais específica ou formal. Confira, na tabela abaixo, alguns exemplos.

Pronomes de tratamento

Pronomes	Abreviações	Usados para
Vossa Majestade	V.M	Reis e rainhas
Vossa Majestade Imperial	V. M. I	Imperadores

Vossa Alteza	V. A	Príncipes e Princesas
Vossa Onipotência	Não possui	Deus
Vossa Santidade	V. S	Papa
Vossa Paternidade	V. P	Superiores de ordens religiosas
Vossa Eminência	V. Ema	Cardeais
Vossa Reverendíssima	V. Revma	Sacerdotes e bispos
Vossa Magnificência	V. Magª	Reitores de universidades
Vossa Excelência	V. Exª	Presidente. Embaixador. Ministro. Desembargador e outros...
Meritíssimo	MM.	Juízes
Vossa Senhoria	V. Sª	Outras autoridades
Senhor	Sr.	Para demonstrar respeito com pessoas de pouca intimidade
Senhorita	Srta.	Moças solteiras
Você	V.	Situações informais

BIZU!

Quando se fala diretamente com o rei – Vossa Majestade está feliz?
Quando se fala do Rei a terceiros – Sua Majestade está feliz?

7. (COPEVE-UFAL – PREFEITURA DE MACEIÓ/AL – Professor – Educação Infantil – 2017)

Os doze grandes olímpicos

Os doze grandes deuses do Olimpo eram deuses supremos que sucederam aos Titãs. Primitivamente, o Olimpo designava o cume de uma montanha, a maior montanha de maior altitude de toda a Grécia, situado no Nordeste. Até mesmo na Ilíada, **essa** ideia começa a desagregar-se para dar a noção de outro Olimpo, localizado algures num reino misterioso, em nível muito superior ao de todas as outras montanhas da Terra. [...]

HAMILTON, Edith. *Mitologia*. São Paulo: M. Fontes, 1992, p. 22.

O pronome demonstrativo presente na expressão "essa ideia" funciona como elemento de substituição, uma vez que assegura a cadeia referencial do texto. Assinale a alternativa cujo enunciado representa a ideia retomada pela referida expressão.

a) A noção de um outro Olimpo.
b) A primeira designação do Olimpo.
c) Os doze grandes deuses do Olimpo.

d) A montanha de maior altitude de toda a Grécia.

e) Os deuses supremos que sucederam aos Titãs.

Comentário: o pronome demonstrativo **essa** tem a função de retomar o termo ao qual se refere. No fragmento, a ideia que começou a se degradar equivale a tudo que foi explicado no período anterior, ou seja, a crença inicial sobre a localização do Olimpo, tal qual está sintetizado na letra b).

8. (UFMA – Analista de Tecnologia da Informação – 2019) Marque a alternativa em que há uma inadequação na colocação pronominal:

a) este livro é para mim ler.

b) aqui se estuda.

c) aqui, estuda-se.

d) não me fale asneiras, por favor

e) Deus te abençoe.

Comentário: o pronome **mim**, que é oblíquo, foi usado para a execução de uma ação – papel dos pronomes pessoais do caso reto. A correção é "Este livro é para eu ler".

9. (MPE-GO – LUZIÂNIA – Auxiliar Administrativo – 2019) Assinale a frase cujas palavras sublinhadas sejam substantivo e pronome, respectivamente:

a) A caixa de chocolate é dela.

b) O Brasil é um país muito bonito.

c) As pessoas estão animadas.

d) Os meninos não queriam sair da quadra de futebol.

e) Os blocos estão na sala.

Comentário: todas as palavras destacadas nas frases que apareceram primeiro são substantivos, mas o único pronome presente nas alternativas é **dela**. **Bonito** e **animada** são adjetivos e **da** e **na**, preposições.

10. (NUCEPE – PREFEITURA DE TERESINA/PI – Guarda Civil Municipal – 2019) Das opções abaixo, aquela cujo termo/palavra em destaque, no segmento frasal, difere morfológica e sintaticamente daqueles(as) dispostos(as) nas demais opções, é:

a) ... que podem variar de um simples roubo de dados até **os** usos inadvertidos de diversas redes privadas...

b) Pode fazer **os** faróis conversarem com os veículos para otimizar o trânsito.

c) Pode fazer os faróis conversarem com **os** veículos para otimizar o trânsito.

d) Ou estender **os** limites do nosso corpo com implantes de chips.

e) ... alguns *early adopters* já **os** utilizam para abrir portas e aposentar o crachá.

Comentário: todas as palavras destacadas antes da letra e) são artigos. Essa identificação fica clara ao percebermos que acompanham substantivos. O pronome pessoal oblíquo **os** serve para substituir um substantivo, como aconteceu na alternativa e) ... alguns *early adopters* já utilizam **alguma coisa** para abrir portas e aposentar o crachá.

11. (CETREDE – PREFEITURA DE ACARAÚ/CE – Auxiliar Administrativo – 2019) São pronomes indefinidos invariáveis:

   a) Todo – vário – qualquer.
   b) Pouco – certo – tanto.
   c) Alguém – cada – quem.
   d) Algo – qual – outrem.
   e) Que – todo – algo.

Comentário: os pronomes **alguém**, **cada** e **quem** não se flexionam em número nem gênero, por isso são chamados invariáveis. São invariáveis também **tudo** e **nada**.

12. (COPEVE-UFAL – PREFEITURA DE PORTO CALVO/AL – Analista de Controle Interno – 2019)

Uma das características mais evidentes das línguas é sua variedade. Entende-se por isso, fundamentalmente, que as línguas apresentam formas variáveis em determinadas épocas, **o** que significa que não são faladas uniformemente por todos os falantes de uma sociedade.

      M.B.M Abaurre e S. Possenti. *Língua Portuguesa*. São Paulo: Unicamp, 2002.

O elemento linguístico destacado no texto **o** tem uma função dêitica e corresponde a:

   a) artigo.
   b) pronome sujeito.
   c) pronome relativo.
   d) pronome indefinido.
   e) pronome demonstrativo.

Comentário: sempre que o pronome O aparecer junto ao **que** – pronome relativo – sua classificação será **pronome demonstrativo**. Você pode também substituir esse **o** por **aquilo/isso** ou **aquele/esse**.

13. (NC-UFPR – ITAIPU BINACIONAL – Profissional de Nível Universitário Jr – Engenharia Civil – 2019) Assinale a alternativa em que a substituição do trecho sublinhado por pronome está correta.

   a) Cabe a vocês acatar <u>as decisões tomadas na assembleia geral</u> – ... acatá-las.
   b) Denunciaram <u>o mau uso dos espaços públicos</u> – Denunciaram-nos.

c) Informei <u>os enfermeiros</u> sobre o estado da paciente – Informei-lhes.

d) Falta responder <u>o ofício pendente no sistema eletrônico</u> – ... responder-lhe.

e) Venho solicitar <u>a esse departamento</u> que providencie a atualização do sistema – ... o solicitá-lo.

Comentário: com base nas regrinhas de substituição que levam em consideração as terminações dos verbos e a função sintática dos complementos (**o/a** para objeto direto e **lhe** para objeto indireto), a correção das demais frases é a seguinte: b) Denunciaram-no; c) Informei-os; d) Respondê-lo; e) Solicitar-lhe.

14. (MPE-GO – Auxiliar Administrativo – 2019) Na frase a seguir, aponte o único pronome oblíquo que tornaria **incorreta** a regência do verbo em destaque.

O advogado _____ **informou** de que o processo seria arquivado.

a) me;

b) nos;

c) te;

d) os;

e) lhe.

Comentário: seria impossível usar o pronome **lhe** na lacuna, porque o verbo **informar**, nesse caso, é bitransitivo, ou seja, exige um complemento sem preposição (objeto direto) e outro com preposição (objeto indireto). Seguindo a lógica da frase, informa-se **alguém de alguma coisa**. O termo "de que o processo seria arquivado" cumpre o papel **de alguma coisa** – objeto indireto –, então o pronome que completar a lacuna deve fazer o papel do objeto direto. O único das opções que não o faz é o **lhe**.

15. (UNESP – Agente de Desenvolvimento Infantil – 2019) Assinale qual das alternativas abaixo está correta:

a) Tenho vários amigos cujos profissões ainda não são comuns no mercado.

b) Sabia falar o idioma que eles se expressavam.

c) Não foram poucos os perigos de que nos livramos.

d) Sou amigo de Paulo cujo pais moram em Portugal.

e) Representam os melhores dentre os quem os escolheram.

Comentário: confira a correção de cada alternativa:

a) Tenho vários amigos **cujas** profissões ainda não são comuns no mercado. O pronome **cujo** concorda em gênero e número com a palavra que vem após.

b) Sabia falar o idioma **com que/com o qual** eles se expressavam. Eles se expressavam **com** o idioma.

PORTUGUÊS PARA DESESPERADOS · QUESTÕES COMENTADAS

99

d) Sou amigo de Paulo **cujos** pais moram em Portugal. O pronome **cujo** concorda em gênero e número com a palavra que vem após.

e) Representam os melhores dentre **os que** os escolheram. O pronome relativo **quem** só aparece quando for precedido por preposição.

16. (FGR – PREFEITURA DE CABECEIRA GRANDE/MG – Auxiliar Administrativo – 2018) Leia, atentamente, a anedota.

Joãozinho chamou o táxi e perguntou:

– Moço, quanto o senhor cobra para me levar para o aeroporto?

E o taxista respondeu:

– R$15,00

– E as malas?

– As malas eu não cobro nada.

– Então leve as malas que eu vou a pé.

Na frase "Então leve as malas que eu vou a pé", podemos substituir "as malas" pelo pronome oblíquo "as". Marque a alternativa que apresenta a forma **CORRETA** desta substituição.

a) levem-nas.

b) leve-as.

c) levem-las.

d) leve-nas.

Comentário: só usamos LA ou LAS quando o verbo termina em R, S ou Z. E só usamos NA ou NAS quando o verbo termina em som nasal. Em "leve as malas" só é necessário escolher um pronome feminino e plural para substituir **malas**, portanto AS.

17. (FGV – AL-RO – Analista Legislativo – Redação e Revisão – 2018) Indique a frase em que o pronome pessoal mostra valor possessivo.

a) "Se a dor de cabeça **nos** chegasse antes da embriaguez, guardar-nos-íamos de beber demais."

b) "O silêncio eterno desses espaços infinitos **nos** assusta."

c) "Ter nascido **nos** estraga a saúde."

d) "Tem ideia de quanto mal **nos** fazemos por essa maldita necessidade de falar?"

e) "São a paixão e a fantasia que **nos** deixam eloquentes."

Comentário: sempre que você conseguir substituir um pronome oblíquo por um possessivo que mantenha o significado da frase, seu valor será de posse. A substituição da alternativa c) seria "Ter nascido estraga a nossa saúde".

https://ugr.to/1lxoi

18. (MPE-GO – ÁGUAS LINDAS – Secretário Auxiliar – 2018) Nos documentos oficiais, prioriza-se o emprego da norma culta da Língua Portuguesa. De acordo com essa norma, assinale a alternativa que preenche corretamente as lacunas dos enunciados abaixo, na ordem em que aparecem.

I. O Secretário de Diligências registrou em ata que foi autuado o estabelecimento _____ dependências se constatou toda sorte de irregularidades.

II. Foi transferido ontem o Secretário de Diligências _____ trabalho fiz alusão.

III. Serão conhecidos no próximo ano os nomes dos novos Secretários de Diligências _____ serviços o Ministério Público passará a contar.

a) nas quais – de quem – cujos os.
b) a cujas – ao qual – de cujos.
c) em cujas – a cujo – com cujos.
d) cujas as – por cujo – a cujos.
e) de cujas – de cujo – por cujos.

Comentário: nas questões com pronomes relativos é preciso que façamos a verificação da exigência ou não da preposição nas palavras que seguem o pronome. No item I, a ideia de lugar exige a preposição EM. Em II, o termo **alusão** exige a preposição A. Em III, o verbo contar, no sentido de dar apoio, exige a preposição COM.

19. (CETREDE – EMATERCE – Agente de Ater – Ciências Contábeis – 2018) Leia as afirmativas a seguir e marque a opção CORRETA em que o verbo é pronominal.

a) Eu me cortei.
b) Ele se dá ares de importância.
c) Banhou-se nas águas do rio.
d) Marília vestiu-se com capricho.
e) Eu me arrependi do que fiz.

Comentário: verbo pronominal é aquele que não se conjuga sem o pronome. É o caso do verbo arrepender-se. Confira a conjugação:

– eu **me** arrependi
– tu **te** arrependeste
– ele **se** arrependeu

– nós **nos** arrependemos

– vós **vos** arrependestes

– eles **se** arrependeram

20. (FGV – AL-RO – Analista Legislativo – Redação e Revisão – 2018) Assinale a frase em que a substituição de um termo anterior por um pronome pessoal oblíquo é feita de forma graficamente ***inadequada***:

a) "Conheceríamos muito melhor muitas coisas se não quiséssemos identificá-las com tanta precisão."

b) "Quem respeita a bandeira desde pequeno saberá defendê-la quando grande."

c) "Se eu conhecesse alguma coisa que fosse útil à minha pátria, mas prejudicial à Europa, ou que fosse útil à Europa, mas prejudicial ao gênero humano, considerá-la-ia um crime."

d) "Dou liberdade às minhas mãos errantes e deixo-las andar."

e) "Os vícios: é mais fácil desarraigá-los do que refreá-los."

Comentário: a flexão do pronome "LAS" só deve ser usada quando o verbo termina em R, S ou Z. O pronome usado deveria ser apenas AS.

21. (MS CONCURSOS – SAP-SP – Oficial Administrativo – 2018) Assinale a alternativa incorreta quanto ao emprego dos pronomes demonstrativos. Em referência ao que vai ser dito, empregamos este(s), esta(s), isto.

a) Em referência ao que já foi dito, empregamos esse(s), essa(s), isso.

b) Em referência a dois elementos anteriormente expressos, empregamos este(s), esta(s), isto em relação ao elemento mais próximo.

c) Em referência a dois elementos anteriormente expressos, empregamos aquele(s), aquela(s), aquilo em relação ao elemento mais distante.

d) Para situar uma pessoa ou coisa em um tempo distante do momento em que se fala, empregamos este(s), esta(s), isto.

Comentário: a única informação incoerente é a da letra e). Para distância, usaremos **aquele**, **aquela** ou **aquilo** e suas formas de plural.

22. (FGV – BANESTES SEGUROS – Assistente Securitário – 2018) A frase em que se deveria usar a forma EU em lugar de MIM é:

a) Um desejo de minha avó fez de mim um artista.

b) Há muitas diferenças entre mim e a minha futura mulher.

c) Para mim, ver filmes antigos é a maior diversão.

d) Entre mim viajar ou descansar, prefiro o descanso.

e) Separamo-nos, mas sempre de mim se lembra.

Comentário: como **viajar** indica uma ação a ser executada, o pronome deveria ser pessoal do caso reto (EU).

23. (CESGRANRIO – LIQUIGÁS – Profissional Júnior – Administração – 2018) O pronome relativo tem a função de substituir um termo da oração anterior e estabelecer relação entre duas orações.

Considerando-se o emprego dos diferentes pronomes relativos, a frase que está em **DESACORDO** com os ditames da norma-padrão é:

a) É um autor sobre cujo passado pouco se sabe.

b) A ficção é a ferramenta onde os escritores trabalham.

c) Já entrei em muitas livrarias, em todas por quantas passei.

d) O autor de quem sempre falei vai autografar seus livros na Bienal.

e) Os poemas por que os leitores mais se interessam estarão na coletânea.

Comentário: os pronomes relativos ONDE e AONDE só devem ser usados para indicação de lugar. Poderia ser substituído o ONDE da letra b) por COM A QUAL ou COM QUE.

24. (EAGS – 2018) Leia:

"**Muita** gente ainda **se** ofende com a insistência dos cientistas em **nos** chamarem de macacos evoluídos. Mas devíamos nos orgulhar de **nossos** antepassados, **que** encontraram meios de sobreviver em um ambiente austero e cheio de predadores."

A correta e respectiva classificação dos pronomes destacados no texto acima é

a) indefinido/reto/oblíquo átono/possessivo/interrogativo.

b) demonstrativo/reto/oblíquo tônico/demonstrativo/relativo.

c) possessivo/oblíquo átono/oblíquo tônico/demonstrativo/interrogativo.

d) indefinido/oblíquo átono/oblíquo átono/possessivo/relativo.

Comentário: MUITA é um pronome indefinido (ideia vaga de quantidade ou identidade); SE e NOS são oblíquos átonos (aqueles que não precisam ser precedidos por preposição); NOSSO é um pronome possessivo (ideia de pertencimento) e QUE, nesse caso, é um pronome relativo (retoma o termo antecedente).

25. (EAGS – 2018) Una as frases abaixo por meio de um pronome relativo e assinale a alternativa correta.

Na Finlândia, a Aurora Boreal encanta os turistas. A magia da Aurora Boreal afaga a alma.

a) Na Finlândia, a Aurora Boreal, cuja magia afaga a alma, encanta os turistas.

b) Na Finlândia, a Aurora Boreal, que a magia afaga a alma, encanta os turistas.

c) Na Finlândia, a Aurora Boreal, cuja a magia afaga a alma, encanta os turistas.

d) Na Finlândia, a Aurora Boreal, aonde a magia afaga a alma, encanta os turistas.

Comentário: a magia pertence à Aurora Boreal, então, para expressar essa ideia de posse, o pronome relativo deve ser o CUJA. É proibido inserir qualquer palavra entre o pronome CUJO (A) e o termo possuidor, sendo assim somente a letra a) está correta.

26. (EEAR – 2017) Leia:

I. Se **você** precisar, vou **te** ajudar financeiramente.

II. Trouxeram **eu** aqui para justificar as falhas cometidas.

III. Não foi comprovada nenhuma relação de parentesco entre **mim** e **ti.**

IV. Fui ao shopping e vi sua mãe. Encontrei-**a** na praça de alimentação.

De acordo com a norma padrão, o emprego dos pronomes pessoais em destaque está correto em:

   a) I – II.

   b) III – IV.

   c) II – III.

   d) I – IV.

Comentário: no item I, o pronome de tratamento (você) e o pronome pessoal (te) estão de discordância quanto à pessoa. VOCÊ refere–se à terceira pessoa e TE, à segunda. NO item II, o pronome pessoal EU está funcionando como um complemento, logo deve ser substituído pelo ME.

27. (EAGS – 2017)

"Desceram para o trapiche. A chuva entrava pelos buracos do teto, a maior parte dos meninos se amontoavam nos cantos **onde** havia telhado."

(Jorge Amado)

O termo destacado no texto acima se classifica como:

   a) pronome demonstrativo.

   b) pronome interrogativo.

   c) pronome indefinido.

   d) pronome relativo.

Comentário: o pronome relativo é um termo que retoma uma palavra da oração anterior e, normalmente, pode ser substituído por "o qual" ou "a qual" e suas variações (da qual, no qual, com a qual, por exemplo). Poderíamos substituir no fragmento da questão para verificar da seguinte forma "... cantos nos quais havia telhado".

BIZU!

Os pronomes relativos ONDE/AONDE só devem ser usados para retomar palavras que deem ideia de lugar. Exemplo: Na casa onde morei. [certo] [lugar]. Na infância onde conheci João. [errado] [tempo]

28. (EAGS – 2017) Como se classificam os pronomes destacados nos versos abaixo, na ordem em que aparecem?

essa palavra – "Liberdade **que** o sonho humano alimenta:
que não há **ninguém** que explique, e ninguém que não entenda."
(Cecília Meireles)
a) Demonstrativo, relativo e possessivo.
b) Possessivo, interrogativo e indefinido.
c) Indefinido, demonstrativo e relativo.
d) Demonstrativo, relativo e indefinido.

Comentário: ESSA é um pronome demonstrativo (marca posição de um elemento no espaço, no tempo ou no texto. QUE, no caso, é pronome relativo (retoma o termo anterior "liberdade") e NINGUÉM é um pronome indefinido (indica ideia vaga de identidade ou quantidade).

29. (EEAR – 2017) Leia:
I. Encontrei a pessoa certa.
II. Falei sobre os olhos dela.
Ao unir as duas orações, subordinando a II a I, mantendo o mesmo sentido que cada uma apresenta e usando adequadamente os pronomes relativos, tem-se:
a) Encontrei a pessoa certa sobre cujos os olhos dela falei.
b) Encontrei a pessoa certa sobre os olhos dela falei.
c) Encontrei a pessoa certa sobre cujos olhos falei.
d) Encontrei a pessoa certa cujos olhos falei.

Comentário: CUJO é um pronome relativo que, além de retomar termo da oração anterior, indica ideia de posse. Quando há o sentido de que alguma coisa pertence a alguém, o CUJO entra em ação. Na questão, os OLHOS pertencem à PESSOA e o sujeito fala SOBRE eles. Sendo assim, é necessário usar o cujo entre o possuidor e o possuído, sem esquecer da preposição que o verbo falar exigiu.

Encontrei a pessoa certa   sobre   cujos   olhos falei.
              (possuidor)   (prep.)   (pronome)   (possuído)

É proibido o uso de qualquer palavra entre o pronome CUJO e o termo "possuído".

GABARITO

1 – C	16 – B
2 – D	17 – C
3 – E	18 – C
4 – E	19 – E
5 – B	20 – D
6 – D	21 – E
7 – B	22 – D
8 – A	23 – B
9 – A	24 – D
10 – E	25 – A
11 – C	26 – B
12 – E	27 – D
13 – A	28 – D
14 – E	29 – C
15 – C	

6
COLOCAÇÃO PRONOMINAL

É a parte da gramática – campeã de audiência em concursos, especialmente os militares – que trata da correta colocação dos pronomes oblíquos átonos na frase.

Embora, na linguagem falada, a colocação dos pronomes não seja rigorosamente seguida, algumas normas devem ser observadas, sobretudo, na linguagem escrita e na hora da sua prova!

É o estudo, por exemplo, de qual seria a forma correta da frase "eu te amo" (com o pronome TE antes do verbo, construindo a próclise) ou "eu amo-te" (com o pronome TE depois do verbo, fazendo a ênclise).

Em alguns casos, a posição do pronome será obrigatória, mas em outros, não.

SE LIGA!
Os pronomes oblíquos átonos **nunca** deverão iniciar frases, então, a construção "Te amo" é incorreta.

PRÓCLISE

É a colocação pronominal antes do verbo. A próclise é obrigatória quando há uma palavra atrativa antes do pronome átono.

As palavras atrativas são os **P**ronomes **I**ndefinidos, **R**elativos, **I**nterrogativos e **D**emonstrativos. **O**rações optativas, palavras **N**egativas, **C**onjunções subordinativas e **A**dvérbios.

Para te ajudar a memorizar, una as letras destacadas e lembre que a mulher mais "atrativa" do mundo é uma **PIRIDONCA!**

Veja alguns exemplos:

a) **Palavras negativas.** Exemplo: Não <u>se</u> esqueça de mim.

b) **Advérbios.** Exemplo: Agora <u>se</u> negam a depor.

c) **Conjunções subordinativas.** Exemplo: Soube que <u>me</u> negariam.

d) **Pronomes relativos.** Exemplo: Identificaram duas pessoas que <u>se</u> encontravam desaparecidas.

e) **Pronomes indefinidos.** Exemplo: Poucos <u>te</u> deram a oportunidade.

f) **Pronomes demonstrativos.** Exemplo: Disso <u>me</u> acusaram, mas sem provas.

g) **Pronome interrogativo.** Exemplo: Quem <u>te</u> fez a encomenda?

h) **Orações que exprimem desejo (orações optativas).** Exemplo: Que Deus <u>o</u> ajude.

MESÓCLISE

É a colocação pronominal no meio do verbo. Não é muito comum ao nosso cotidiano. Será obrigatória no seguinte caso:

a) **Quando o verbo estiver no futuro do presente ou futuro do pretérito, contanto que esses verbos não estejam precedidos de palavras que exijam a próclise.** Exemplos: Realizar-<u>se</u>-á, na próxima semana, um grande evento em prol da paz no mundo. Não fossem os meus trabalhos, acompanhar-<u>te</u>-ia nessa viagem.

ÊNCLISE

É a colocação pronominal depois do verbo. A ênclise é usada quando a próclise e a mesóclise não forem possíveis:

a) **Quando o verbo estiver no imperativo afirmativo.** Exemplo: Quando eu avisar, silenciem-<u>se</u> todos.

b) **Quando o verbo estiver no infinitivo impessoal.** Exemplo: Não era minha intenção machucar-<u>te</u>.

c) **Quando o verbo iniciar a oração.** Exemplo: Vou-me embora agora mesmo.

d) **Quando houver pausa antes do verbo.** Exemplo: Se eu ganho na loteria, mudo-me hoje mesmo.

e) **Quando o verbo estiver no gerúndio.** Exemplo: Recusou a proposta fazendo-se de desentendida.

COLOCAÇÃO PRONOMINAL NAS LOCUÇÕES VERBAIS

Em alguns casos, a colocação pronominal ocorre com as locuções verbais. Vejamos:

- Quando o verbo principal estiver no infinitivo ou no gerúndio, o pronome átono pode vir antes da locução, entre o auxiliar e o principal ou depois da locução. Exemplos: Ele me está ajudando. Ele está-me ajudando. Ele está ajudando-me.
- Se houver palavra atrativa, deve-se respeitar a atração ou "esconder" o pronome após a locução, ou seja, só não se deve deixar o pronome entre os verbos auxiliar e principal. Exemplos: Ele não me está ajudando. Ele não está ajudando-me.
- Quando o verbo principal for constituído por um particípio, acontecerá de forma semelhantes, porém, **de forma alguma** o pronome ficará após a locução. Exemplos: Ele me tem ajudado. Ele tem-me ajudado. Ele não me tem ajudado.

Pronto! Essas são as regras principais. Você pode assistir à aula completa! Vamos com tudo!

https://ugr.to/1lxon

COMO VEMOS ISSO NA PROVA?

1. (IDIB – CRM-MT – Técnico em Informática – 2020) Assinale a alternativa em que a colocação do pronome átono não obedece às regras determinadas pela norma padrão culta da Língua Portuguesa.

a) Eu não me calarei diante dessas injustiças.

b) Como julgariam-na se soubessesm da sua fuga da dieta.

c) Ia-me esquecendo das prescrições sobre minha nova dieta.

d) Só quero avisá-lo sobre esses amigos que não ajudam.

Comentário: a palavra **como**, na letra b), é um advérbio (alguns gramáticos classificam-no na ideia de intensidade; outros, na ideia de modo), portanto palavra atrativa. A construção ideal é "Como a julgariam se soubesse da sua fuga da dieta".

2. (EEAR – CFS – 2021) Assinale a alternativa incorreta quanto ao que se afirma sobre a colocação dos pronomes oblíquos átonos nas frases, conforme a norma culta da língua. a) Palavras negativas como não e nunca exigem o uso da próclise.

b) Advérbios e pronomes indefinidos têm força atrativa, portanto o uso da próclise é uma exigência na frase.

c) Não se inicia uma oração com o pronome oblíquo átono, sendo assim deve-se utilizar a ênclise ou a mesóclise no lugar da próclise.

d) Deve sempre ser usada a mesóclise com verbos no futuro do presente ou do pretérito, mesmo quando houver palavras atrativas antes do verbo.

Comentário: a letra d) apresenta um equívoco quanto à mesóclise, pois **se houver** palavra atrativa, a próclise deve ser obrigatória mesmo nos casos de verbos no futuro.

3. (VUNESP – PREFEITURA DE MORRO AGUDO/SP – Médico Cardiologista – 2020) Assinale a alternativa em que a expressão entre colchetes substitui a destacada, de acordo com a norma-padrão de emprego e colocação de pronome.

a) ... parecem ser atitudes que **exigem o desafio da vontade férrea** [exigem-no]

b) Deixar que sentidos mais amplos **invadam sua percepção** [invadam-na]

c) ... um caçador coletor que **passou a vida** errando em uma pequena área [passou ela]

d) ... **analisar possibilidades** fora do que está posto [analisar-lhes]

e) **Resistir à tentação** é um desafio. [Resisti-la]

Comentário: na letra a), deveria haver próclise, tendo em vista a presença da conjunção integrante QUE. Em c), além da próclise necessária pela presença do pronome relativo, o pronome correto para a substituição deve ser o oblíquo A, uma vez que completa o sentido de um verbo. Em d), o termo substituído não apresenta preposição, então o pronome LHE não pode ser usado. E, em e), a preposição é obrigatória para essa substituição, logo "resistir-lhe" ou "resistir a ela" são as opções viáveis.

4. (VUNESP – EBSERH – Técnico em Análises Clínicas – 2020) Assinale a alternativa em que a colocação pronominal atende à norma-padrão.

a) Se anunciou pelos cartazes que estrearia uma excelente companhia dramática.

b) Tinha falado-se na vinda da companhia, mas ninguém tinha certeza disso.

c) Evidentemente certificaram-se todos de que a companhia anunciada era a melhor.

d) Ninguém dizia-se totalmente certo de que a companhia de teatro viesse à cidade.

e) Pelos cartazes impressos em letra garrafais, confirma-se a auspiciosa notícia.

Comentário: como não podemos iniciar a oração com o pronome oblíquo, a letra a) está descartada. A letra b), considerando que após a locução verbal que tem um verbo principal no particípio não pode haver ênclise, também está descartada. Quanto à letra c), a presença do advérbio **evidentemente** torna a próclise obrigatória, logo, a alternativa está invalidada. E, na letra d), o pronome indefinido **ninguém** é atrativo e deveria causar a próclise obrigatória.

5. (VUNESP – EBSERH – Assistente Social – 2020) Assinale a alternativa que atende à norma-padrão de colocação pronominal.

a) Às vezes não há como domar os pensamentos, mas as brutalidades fazem--nos recuar.

b) E às vezes também não tem-se água, mão, nem pente, gel ou xampu capazes de domá-los.

c) Os pensamentos, tendo emaranhado-se e encrespado-se, tomam direções inesperadas.

d) Se renegam alguns pensamentos a voltar ao lugar que determinamos para eles.

e) Como disciplinam-se pensamentos, sem água, mão, pente, gel ou xampu capazes de domá-los?

Comentário: dentre as opções, ignorou-se as palavras atrativas **não** (letra a) e **como** (letra e), que deveriam causar a próclise obrigatória. Na letra c), a locução verbal com o verbo principal no particípio proíbe uso da ênclise. E, na letra d), o pronome está, incorretamente, iniciando a oração.

6. (IBADE – PREFEITURA DE LINHARES/ES – Agente de Vigilância Sanitária – 2020) A alternativa em que ocorre ERRO de colocação pronominal é:

a) Diante de sua indignação, o chefe teve que contê-la.

b) Os pais dedicados preocupam-se com seus filhos.

c) Glória não lhe contou os ricos detalhes da história.

d) O rapaz, magoado, disse que nunca mais a encontrará.

e) Agora recordo-me de como transcorreu aquele desfile.

Comentário: na letra e), há o advérbio **agora**, que é uma palavra atrativa. Portanto, deveria haver próclise, ficando a frase da seguinte forma: "Agora me recordo de como transcorreu aquele desfile".

7. (VUNESP – PREFEITURA DE CANANÉIA/SP – Orientador Social – 2020) Considere as frases elaboradas a partir do texto.

Na cúpula de vidro há um botão, e o jovem imediatamente **pressiona o botão** e responde à Azuma.

Há muitas pessoas que se sentem sós, e serviços como Rent a Friend fornecem **a essas pessoas** uma companhia.

De acordo com o emprego e a colocação dos pronomes estabelecidos pela norma-padrão, as expressões destacadas podem ser substituídas por:

a) lhe pressiona; fornecem-lhes.

b) pressiona-o; lhes fornecem.

c) pressiona-o; as fornecem.

d) o pressiona; fornecem-lhes.

e) o pressiona; as fornecem.

Comentário: no primeiro item, a presença do advérbio **imediatamente** faz com que a próclise seja obrigatória. Como o termo a ser substituído é masculino, singular e não apresenta preposição, o pronome ideal é o O. No segundo item, não há palavra atrativa e o termo a ser substituído é preposicionado e plural, então usaremos LHE em próclise ou ênclise.

8. (VUNESP – PREFEITURA DE CANANÉIA/SP – Auxiliar Feminino da Casa da Criança e do Adolescente – 2020) Assinale a alternativa em que a colocação e o emprego dos pronomes estão de acordo com a norma-padrão da língua portuguesa.

a) Nos comunicaram que não há intenção de colocar-lhes numa casa de repouso.

b) Já sabe-se que lhe convidaram para a festa de 77 anos do avô dele, no próximo sábado.

c) Nunca lhe telefonaram para oferecer uma ajuda para os remédios do pai e da sogra.

d) Aqui trata-se bem o idoso, principalmente na hora de oferecê-los os alimentos e a medicação.

e) Não deve-se discriminar os idosos, mas sim aceitar- -lhes como nossos grandes educadores.

Comentário: na letra a), equivocadamente se iniciou a oração com o pronome **nos**. Nas demais opções, há palavras atrativas – **já, nunca, aqui** e **não** – então a próclise se faz obrigatória.

9. (FCC – AL-AP – Analista Legislativo – Administrador – 2020) É inegável que o século XX deixou-nos um legado de impasses, <u>a gravidade desses impasses</u> se faz sentir até hoje, uma vez que não <u>solucionamos esses impasses</u> nem mesmo amenizamos <u>as consequências desses impasses</u>.
Evitam-se as viciosas repetições da frase acima substituindo-se os elementos sublinhados, na ordem dada, por:
   a) em cuja gravidade — lhes solucionamos — suas consequências.
   b) cuja gravidade — os solucionamos — suas consequências.
   c) da qual gravidade — solucionamo-los — as consequências dos mesmos.
   d) onde a gravidade — lhes solucionamos — as próprias consequências.
   e) gravidade de cujos — os solucionamos — as consequências em si mesmas.

Comentário: como há uma indicação de posse (a gravidade pertence aos impasses), o uso do pronome **cuja** é indicado para evitar a primeira repetição (linha 1 – "É inegável que o século XX deixou-nos um legado de impasses, **cuja** gravidade..."). Para a segunda, devido à presença da palavra atrativa **não**, o pronome **os** aparece de forma proclítica (linha 2 – "... uma vez que não os solucionamos..."). Por último, para retomar a ideia das consequências, sem alteração semântica, o pronome **suas** é a melhor opção ("... nem mesmo amenizamos suas consequências.").

BIZU!
Nunca use a expressão "do mesmo" ou "da mesma" para referir-se a algo ou alguém.

https://ugr.to/1lxop

10. (IBADE – IAPEN-AC – Enfermeiro – 2020) Tratando-se de uma canção, o gênero textual exibe desvios quanto ao emprego de língua portuguesa no tocante à norma-padrão, por exemplo, em: "Por favor, me dá uma chance de viver", assinale a alternativa correta quanto ao emprego de pronome:
   a) "Te amei mais que a mim, bem mais que a mim."

b) "Deixe-me sozinho porque assim eu viverei em paz."
c) "Me liga, me manda um telegrama."
d) "Molha eu, seca eu, deixa que eu seja o céu."
e) "Aonde está você? Me chama, me chama, me chama."

Comentário: não podemos iniciar as orações com os pronomes oblíquos, então as letras a), c) e e) estão descartadas. Na letra d), o pronome reto EU está completando o sentido de verbos – o que deveria ser feito apenas por pronomes oblíquos.

11. (EAGS – 2017) Assinale a alternativa em que a colocação pronominal não obedece à Norma Culta.
   a) Deus nos dê muita saúde para que possamos assistir à nossa vitória em breve!
   b) O Reitor não se lembra dos detalhes do projeto de leitura colocados pelos professores.
   c) Em tratando-se de dúvidas sobre as normas da ABNT, procure o revisor do projeto.
   d) Ainda nos faltam os argumentos necessários para que possamos conseguir recursos para nosso novo projeto.

Comentário: expressões formadas por "**em** + verbo no gerúndio" devem apresentar o pronome antes do verbo. "Em se tratando", "em se dizendo", "em se falando", por exemplo.

12. (COPESE – UFT – Assistente em Administração – 2017) Leia a charge a seguir e responder a questão.

Fonte: VERÍSSIMO, L. F. As cobras em: Se Deus existe que eu seja atingido por um raio. Porto Alegre: L&PM, 1997. (Texto adaptado).

A charge humorística promove uma discussão a respeito do uso adequado da linguagem por meio da colocação pronominal, EXCETO:
   a) Uma das cobras sugere o emprego adequado do pronome de acordo com a norma padrão (3º quadrinho).
   b) O uso inadequado da colocação pronominal conforme a norma padrão impede a comunicação entre as cobras.
   c) A charge chama a atenção para o uso adequado da linguagem formal em relação à informal.

PORTUGUÊS PARA DESESPERADOS · QUESTÕES COMENTADAS

115

d) A cobra que dissesse: "arrasá-los", pressuporia, em seu discurso, o uso da linguagem padrão.

Comentário: o equívoco que acontece é o seguinte: muitas regras de língua portuguesa são quebradas devido à informalidade do cotidiano. É o que chamamos de desvio coloquial da língua, ou seja, o "erro de português" acontece, mas a comunicação não é prejudicada. A cobrinha errou ao utilizar o pronome, mas sua mensagem teve êxito.

13. (INSTITUTO – AOCP – EBSERH – Técnico em Radiologia – HUJB – UFCG – 2017) Assinale a alternativa correta.

a) Em "E nunca se esqueça de mastigar pelo menos cem vezes cada garfada.", o excerto poderia ser reescrito, sem comprometer as regras gramaticais, da seguinte forma: "E nunca esqueça-se de mastigar [...]".

b) Em "E uriná-los, o que consome o dobro do tempo.", o pronome "los" retoma um termo anterior, mas seu uso está inadequado no excerto, pois a colocação correta seria "E os urinar, o que consome o dobro do tempo".

c) Em "E não se esqueça de escovar os dentes depois de comer.", a colocação do pronome está inadequada, pois, da forma como o excerto está, a pronúncia soa estranha.

d) Em "[...] o que me faz pensar em quem vai cuidar delas quando eu estiver viajando", o excerto poderia ser reescrito, sem comprometer as regras gramaticais, da seguinte forma: "[...] o que faz-me pensar em quem [...]".

e) Em "A única solução que me ocorre é fazer várias dessas coisas ao mesmo tempo!", justifica-se a próclise, pois o pronome relativo "que" é atrativo.

Comentário: a letra a) apresentou um equívoco, pois a próclise é obrigatória devido à presença da palavra atrativa **nunca** (advérbio de tempo). Em b), como não há palavra atrativa, a colocação do pronome antes ou depois do verbo é irrelevante. Em c), a frase está correta pela atratividade da palavra **não**. E, em d), seria impossível reescrever da maneira proposta, pois o **que** classifica-se como pronome relativo, ou seja, uma palavra atrativa.

14. (IESES – PREFEITURA DE SÃO JOSÉ DO CERRITO/SC – Assistente Social – 2017)
"O estudo se baseia em 4.524 mensagens escritas por 19 jovens de 12 anos que não possuíam telefone celular antes do início da pesquisa."
Assinale a alternativa correta sobre a análise da colocação pronominal nesse período.

a) A preferência foi dada à próclise, mas a ênclise também estaria correta se aplicada.

b) A preferência foi dada à forma enclítica, mas a próclise também estaria correta.

c) Há a presença de palavra atrativa, o que justifica a próclise corretamente empregada.

d) Apenas a ênclise estaria correta para a correção do período em questão.

Comentário: o pronome apareceu antes do verbo, mas não há motivo que justifique alguma obrigatoriedade – a posição proclítica ou enclítica dele é indiferente à correção da frase.

15. (IESES – PREFEITURA DE SÃO JOSÉ DO CERRITO/SC – Técnica em Enfermagem – Posto de Saúde – 2017) Releia o período a seguir com atenção à colocação pronominal e assinale a única alternativa correta "Em 2006, São Tomé e Príncipe e Cabo Verde se uniram ao Brasil e ratificaram o novo acordo".

a) Há ocorrência de próclise, mas a ênclise estaria igualmente correta e de acordo com a norma padrão.

b) A próclise empregada no período é a única forma correta e aceita pela norma padrão para o período em questão.

c) A ênclise empregada no período é a única forma correta e aceita pela norma padrão para o período em questão.

d) Há ocorrência de ênclise, mas a próclise também estaria correta e de acordo com a norma padrão.

Comentário: o pronome apareceu antes do verbo, mas não há motivo que justifique alguma obrigatoriedade – a posição proclítica ou enclítica dele é indiferente à correção da frase.

16. (CESPE – SEDF – Professor de Educação Básica – Língua Portuguesa – 2017)

1 Meu querido neto Mizael,

Recebi a sua cartinha. Ver que você se tem adiantado me deu muito prazer.

4 Fiquei muito contente quando sua mãe me disse que em princípio de maio estarão cá, pois estou com muitas saudades de vocês todos. Vovó te manda muitas lembranças.

7 A menina de Zulmira está muito engraçadinha. Já tem 2 dentinhos.

Com muitas saudades te abraça a sua Dindinha e Amiga,

10 Bárbara

Carta de Bárbara ao neto Mizael (carta de 1883). *Corpus Compartilhado Diacrônico: cartas pessoais brasileiras.* Rio de Janeiro: Universidade Federal do Rio de Janeiro, Faculdade de Letras. Internet: <www.tycho.iel.unicamp.br> (com adaptações).

PORTUGUÊS PARA DESESPERADOS · QUESTÕES COMENTADAS

Julgue o item seguinte, a respeito do texto precedente.

A próclise observada em todas as ocorrências dos pronomes oblíquos átonos no texto é atestada no português brasileiro coloquial.

( ) Certo

( ) Errado

Comentário: português coloquial é aquele usado de maneira informa, ou seja, sem preocupação com a gramática ou com a estética das construções. As expressões do texto são mais parecidas com a língua falada em Portugal.

17. (MS CONCURSOS – PREFEITURA DE PIRAÚBA/MG – Enfermeiro – 2017) Sobre colocação pronominal, assinale a alternativa incorreta:

  a) Ninguém me convidou para a festa.

  b) Tudo impressionou-as no museu.

  c) Bem, vê-se que você é inteligente.

  d) Ser-me-ia bom viajar agora.

Comentário: deveria ter ocorrido a próclise, porque a palavra **tudo** é um pronome indefinido, ou seja, uma palavra atrativa. A forma corrigida seria "Tudo as impressionou no museu".

18. (EEAR – 2017) Leia:

Meteoro (Sorocaba)

Te dei o Sol Te dei o Mar

Pra ganhar seu coração

Você é raio de saudade

Meteoro da paixão

Explosão de sentimentos que eu não pude acreditar Aaaahh... Como é bom poder te

amar [...]

O trecho da canção de autoria de Sorocaba, que ficou famosa na voz de Luan Santana, está escrito em linguagem coloquial. Quanto ao uso dos pronomes oblíquos, marque a alternativa correta.

  a) Se o autor tivesse optado pelo uso do pronome de acordo com a gramática normativa, e, desse modo, tivesse realizado a colocação do pronome oblíquo após as formas verbais com que se iniciam os dois versos do início da canção, seria possível interpretações diferentes das apresentadas por conta de cacofonia (união sonora de sílabas que provoca estranheza auditiva).

  b) O fato de o texto trazer pronomes oblíquos em vez de retos acentua a ideia de precisão ao escrever de acordo com as normas estabelecidas pela gramática normativa, pois os oblíquos, de uso mais elaborado que os retos, garantem mais legibilidade ao texto escrito ou falado.

c) A opção pelo uso de pronomes oblíquos é um indício das tentativas do autor de gerar duplo sentido em seus enunciados, uma vez que nos dois primeiros versos houve ajuste preciso ao que se determina nas gramáticas de língua portuguesa.

d) Os pronomes oblíquos presentes no trecho da canção visam promover elegância e estilo, uma vez que estão estritamente de acordo com o que se preconiza nas gramáticas normativas.

Comentário: se a construção obedecesse ao padrão culto da língua, teríamos a forma "dei-te", a qual, foneticamente, é igual à forma imperativa afirmativa "deite" (uma ordem para que alguém deite o sol e o mar). Isso causaria confusão quanto ao sentido e seria muito estranho ouvir.

19. (ESCOLA NAVAL – 2017) Assinale a opção em que o uso da ênclise se dá pelo mesmo motivo observado em: "Naquela ocasião, despedia-me dos amigos de infância e da família (2°§)

a) Os Aspirantes sentiam-se orgulhosos de suas conquistas acadêmicas.

b) Aqui, instalaram-se comodamente os atletas brasileiros, durante os Jogos Olímpicos.

c) A mãe da jovem Aspirante tinha-lhe observado a importância da escolha profissional.

d) Relatou-nos, com detalhes, as aventuras e desventuras de sua última viagem de barco.

e) Os alunos não estavam gostando do livro, mas continuavam a lê-lo.

Comentário: como é proibido usar o pronome oblíquo após sinal de pontuação, a ênclise é a única construção possível para a frase do enunciado e também para a letra b).

20. (AFA – 2017) Quanto ao uso dos pronomes, assinale a opção que traz uma INFRAÇÃO à norma padrão da língua.

a) "Estou escrevendo até passar a chuva para mim ir lá no Senhor Manuel vender os ferros."

b) "Fui pedir um pouco de banha a Dona Alice. Ela deu-me a banha e arroz."

c) "... as pessoas tem mais possibilidades de delinquir do que tornar-se util a patria e ao país."

d) "É preciso conhecer a fome para saber descrevê-la."

PORTUGUÊS PARA DESESPERADOS · QUESTÕES COMENTADAS

Comentário: na letra a), não usaremos o pronome oblíquo **mim**, já que a pessoa a quem se refere pratica a ação do verbo **ir**. Neste caso, dever-se-ia usar o pronome pessoal do caso reto referente a mesma pessoa, **eu**.

21. (CESPE – ANVISA – Adaptada – 2017) Observe a frase:
"A doença se transmitia pelo ar"
O termo "se" é um pronome apassivador e, caso sua colocação fosse alterada de proclítica – como está na frase – para enclítica **– a doença transmitia-se –**, essa alteração incorreria em erro gramatical.
(   ) Certo
(   ) Errado

Comentário: a mudança de posição do pronome **se** não acarretaria problema algum, porque não há algo que justifique possível obrigatoriedade. As próximas questões tratam da colocação pronominal em frases que apresentam locuções verbais. Leia o resumo abaixo ou assista ao vídeo em que explico tudinho antes de fazê-las!

A colocação pronominal em frases que possuem locução verbal se dará de acordo com as seguintes regras:

a) Se o verbo principal estiver na forma nominal de **infinitivo** ou **gerúndio** e não houver palavra atrativa, o pronome oblíquo pode ficar:

– Antes: Ele me está ensinando.

– Entre os verbos: Ele está-me ensinando.

– Depois: Ele está ensinando-me.

b) Se houver palavra atrativa, o pronome oblíquo deve obedecer a essa atração (próclise) ou se esconder dela depois da locução verbal (ênclise):

– Antes: Ele não me está ensinando.

– Depois: Ele não está ensinando-me.

Resumindo: se houver palavra atrativa, o pronome oblíquo não poderá ficar entre os verbos auxiliar e principal. Se o verbo principal estiver na forma de particípio, em hipótese alguma poderá o pronome ficar após a locução. Sendo assim, sem palavra atrativa, o pronome pode ficar antes da locução ou entre seus verbos:

– Antes: Ele me tem ensinado.

– Entre os verbos: Ele tem-me ensinado.

Se houver palavra atrativa, a única forma correta será a próclise:

– Antes: Ele não me tem ensinado.

22. (UFMG – Técnico em Contabilidade – 2019) No registro formal de linguagem escrita, para a colocação de pronomes, as normas oficiais da gramática do português estabelecem o emprego de:

a) ênclise se a oração for subordinada expandida – por exemplo: Quero que você faça-me um favor.

b) próclise se a oração traz advérbio antes do verbo – por exemplo: Não o procurei. Aqui se faz, aqui se paga.

c) ênclise se a frase for uma interrogação direta ou indireta – por exemplo: Quanto custa me esse presente?

d) próclise se a oração é subordinada reduzida de infinitivo – por exemplo: É preciso se portar bem nas festas.

Comentário: essa questão trouxe algumas nomenclaturas incomuns, vale a pena refletir sobre esses nomes. Em a), falou-se sobre oração expandida, que é um outro nome para "desenvolvida", ou seja, uma oração subordinada não é reduzida e apresenta conjunção integrante. Como você já sabe, a Conjunção Integrante é uma palavra atrativa, então a próclise é obrigatória. Em c), o termo "interrogação direta ou indireta" camufla a nossa palavra atrativa – o pronome interrogativo, logo, a próclise também é obrigatória. E, em d), na oração reduzida de infinitivo, que ocorre quando não há conjunção e o verbo se encontra nessa forma nominal, a posição do pronome é irrelevante, já que não há palavra atrativa – isso pela regra de infinitivo e gerúndio, não pelo nome da oração. Então, fique esperto para decifrar esses enunciados e foque nas regrinhas básicas de colocação.

23. (INSTITUTO PRÓ-MUNICÍPIO – CRP – 11ª Região/CE – Psicólogo – 2019) O poema de Oswald de Andrade servirá de base para a questão:

Pronominais

Dê-me um cigarro

Diz a gramática

Do professor e do aluno

E do mulato sabido

Mas o bom negro e o bom branco

Da Nação Brasileira

Dizem todos os dias

Deixa disso camarada

Me dá um cigarro.

Sobre a colocação pronominal ocorrida no texto é correto afirmar:

a) Em, "Dê-me um cigarro", há um exemplo de próclise;

b) Em, "Me dá um cigarro", o uso da próclise está de acordo com a Gramática Normativa;

PORTUGUÊS PARA DESESPERADOS · QUESTÕES COMENTADAS

121

c) Em, "Dê-me um cigarro" há o uso obrigatório da ênclise, na norma culta;
d) O autor afirma com o poema que, na linguagem coloquial, em inícios de frases, o brasileiro costuma usar a ênclise.

Comentário: esse poema é campeão de audiência em questões sobre o assunto. Sua temática é justamente a diferença da preocupação com a colocação pronominal na linguagem coloquial e na linguagem culta ou padrão. Em "Dê-me", o pronome aparece corretamente após o verbo, sendo assim, houve a ênclise.

24. (INSTITUTO PRÓ-MUNICÍPIO – CRP – 11ª Região/CE – Técnico Contábil – 2019) A colocação do pronome átono está correta na frase:
a) Enviarei-lhe os pedidos conforme a encomenda;
b) Quando entregarem-lhes as provas, as corrijam ligeiramente;
c) Isto traz-me boas recordações;
d) Acordem-me quando chegarem.

Comentário: Em a), o verbo que inicia a frase está conjugado no futuro do presente, tornando a mesóclise obrigatória. Corrigindo, teríamos "Enviar-lhe-ei". Em b), **quando** é uma palavra atrativa, então deveria haver a próclise. O mesmo acontece em c), com a palavra **isso**.

25. (IF-MS – Técnico em Tecnologia da Informação – 2019) Leia o texto e julgue os itens levando em conta a norma-padrão da língua portuguesa quanto à colocação pronominal.

Quando o rio está começando um peixe,
Ele me coisa
Ele me rã
Ele me árvore.
De tarde um velho tocará sua flauta para inverter os ocasos.

(BARROS, Manoel. In: *O livro das ignorãnças*. São Paulo: LeYa, 2013,
p. 33).

I. Em "Ele me coisa" o poeta desobedece por completo às regras de colocação pronominal, de acordo com a norma-padrão da língua portuguesa o correto seria a construção "Ele lhe coisa".
II. Em "Ele me rã" o poeta mudou a classe gramatical da palavra rã, que de substantivo passou a funcionar como verbo.
III. Na forma verbal "está começando" nota-se um exemplo de gerundismo.
IV. Em "De tarde um velho tocará sua flauta para inverter os ocasos", de acordo com a norma padrão o pronome sua deveria ser substituído por tua, pois o velho corresponde a 2ª pessoa do singular.

V. No verso "De tarde um velho tocará sua flauta para inverter os ocasos" ocorre um cruzamento de palavras que transmitem sensações diferentes, resultando em sinestesia.

a) As alternativas II, III e IV estão corretas.
b) As alternativas II, III e V estão corretas.
c) As alternativas I, III e IV estão corretas.
d) Somente a alternativa III está correta.
e) As alternativas I, IV e V estão corretas.

Comentário: o item I é totalmente louco, pois não há problema de colocação e a troca sugerida mudaria radicalmente o sentido da frase. No item II, há coerência verificada pela estrutura da frase. Nas expressões artísticas, é comum a modificação das palavras, suas classes e seus significados. Em III, o gerúndio é nítido no verbo principal da locução – **começando**. Em IV, não há respaldo algum para a mudança sugerida, pois o sujeito é **um velho**, ou seja, terceira pessoa (ele) e não segunda (tu). Por fim, em V, houve a sinestesia em função do jogo com os significados do verbo **tocar**.

26. (UFMA – Analista de Tecnologia da Informação – 2019) Marque a alternativa em que há uma inadequação na colocação pronominal:

a) este livro é para mim ler.
b) aqui se estuda.
c) aqui, estuda-se.
d) não me fale asneiras, por favor
e) Deus te abençoe.

Comentário: nesse caso, o problema não foi a posição, mas a escolha do pronome oblíquo **mim** no lugar do reto **eu**. Corrigindo, teríamos "Este livre é para eu ler".

27. (CETREDE – PREFEITURA DE ACARAÚ/CE – Auxiliar Administrativo – 2019) Marque a opção CORRETA quanto à colocação pronominal.

a) Me ajudem, por favor.
b) O encontrarei depois do almoço.
c) Te cuida, rapaz!
d) Lhe pagaram tudo que deviam?
e) Eu lhe farei uma visita.

Comentário: nas letras a), b), c) e d) houve orações iniciadas equivocadamente por pronomes oblíquos. A construção é tão comum que vale a pena lembrar, mais uma vez, que não é correta.

PORTUGUÊS PARA DESESPERADOS · QUESTÕES COMENTADAS

28. (VUNESP – CÂMARA DE DOIS CÓRREGOS/SP – Oficial de Atendimento e Administração – 2018) O pronome em destaque está posicionado de acordo com a norma-padrão da língua na frase:

a) Ela tem dado-**nos** muitos bons conselhos para superar as tristezas.

b) Ele sugeriu que dedicássemo-**nos** a aprender com as experiências negativas.

c) Ela convida-**nos** a refletir a respeito do valor positivo das perdas.

d) Ele pediu para voltarmos ao lugar onde encontramo-**nos** pela primeira vez.

e) Ela não ofereceu-**nos** uma fórmula para resolver nossos problemas emocionais.

Comentário: na letra a), o verbo principal da locução verbal está no particípio e, quando isso acontece, a ênclise é proibida. Em b), d) e e), há palavras atrativas (conjunção integrante **que**, pronome relativo **onde** e advérbio de negação **não**), então a próclise seria obrigatória.

29. (IF-SP – Assistente em Administração – 2018) Assinale a alternativa em que, de acordo com a gramática normativa, a colocação pronominal está CORRETA.

a) Aquilo não parecia-lhes um mundo real.

b) Muitos se comprometeram, mas só alguns nos apresentaram sugestões válidas.

c) Colegas, se dirijam à Diretoria, que haverá uma pequena reunião.

d) Os operários têm revoltado-se contra a política salarial.

Comentário: na letra a), o **não** é atrativo e o pronome **lhes** deveria vir antes do verbo. Em c), após a vírgula, não deveria surgir um pronome oblíquo – a ênclise é obrigatória. E, na letra d), houve uma locução verbal com o verbo principal no particípio, ou seja, não pode haver ênclise.

30. (VUNESP – PC-SP – Auxiliar de Papiloscopista Policial – 2018) Assinale a alternativa em que em que a colocação do pronome destacado atende à norma-padrão da língua.

a) Apenas quando lembra-**se** do que lera nos jornais, o narrador compreende a razão de não haver pão.

b) Ao ouvir a história do padeiro, o narrador indigna-se com a forma como sempre tratavam-**no** nas casas.

c) O narrador relacionava a história do padeiro à sua, **se** recordando do tempo em que era um jovem escritor.

d) De tanto ouvir que não era ninguém, o padeiro já não **se** incomodava mais por ser tratado assim.

e) Para o padeiro, era natural a ideia de que ninguém reconhecia-**o** devido à natureza do seu trabalho.

Comentário: as palavras **quando**, **sempre** e **ninguém** são atrativas, então deveria haver próclise em a), b) e e). Na letra c), houve o problema de começar com pronome após a vírgula. Só a letra d) manteve a correção.

31. (VUNESP – PREFEITURA DE BARRETOS/SP – Agente Administrativo – 2018) Assinale a alternativa em que a colocação de ambos os pronomes destacados nas expressões está de acordo com a norma-padrão.

a) Nem sempre **nos** damos conta da importância de preservarmo-**nos** da exposição pública.

b) Ainda encontram-**se** pessoas dispostas a fazer amigos fora das redes sociais, atitude que traria-**lhes** mais privacidade.

c) **Nos** propomos ajudar em tudo e concentraremo-**nos** nas causas mais urgentes e humanitárias.

d) Viam-**se** pessoas revoltadas, que não tinham conformado-**se** com a perda de suas casas durante o incêndio.

e) Esforçam-**se** para que as mensagens do celular não distraiam-**nos** durante o expediente.

Comentário: na letra b), o advérbio **ainda** é atrativo, logo, deveria haver próclise. A letra c) começou erradamente com o pronome oblíquo. Em d), o verbo principal da locução está no particípio, então o pronome não pode vir depois dele. E, em e), a palavra **não**, que é atrativa, foi ignorada.

32. (VUNESP – PREFEITURA DE SÃO PAULO/SP – Engenheiro Civil – 2018) Assinale a alternativa em que a colocação dos pronomes átonos está de acordo com a norma-padrão.

a) Se tem constatado a falta de integração de serviços ao idoso.

b) A principal lei de defesa dos direitos do idoso ainda aplica-se parcialmente.

c) Se fosse feita uma pesquisa, constataria-se a visão pessimista dos idosos sobre saúde pública.

d) Nos últimos anos, tem alterado-se com frequência o Estatuto do Idoso.

e) A cultura do "envelheceu e acabou" já se encontra superada.

Comentário: na letra a), a frase foi iniciada pelo pronome oblíquo. Na b), a palavra atrativa **ainda** foi ignorada. Em c), como o verbo está no futuro do pretérito após a vírgula, a mesóclise é obrigatória. Na d), o verbo principal da locução está no particípio, então a ênclise é proibida. Só na e) houve respeito à regra de colocação quanto à presença do advérbio **já**, que é atrativo.

33. (FGR – PREFEITURA DE CABECEIRA GRANDE/MG – Auxiliar Administrativo – 2018) Leia, atentamente, a anedota.

Joãozinho chamou o táxi e perguntou:
– Moço, quanto o senhor cobra para me levar para o aeroporto?
E o taxista respondeu:
– R$15,00
– E as malas?
– As malas eu não cobro nada.
– Então leve as malas que eu vou a pé.

(Fonte: https://me.me/i/joaozinho-chamou-o-taxi-e-perguntou-moco-quanto-o-senhor-678985)

Na frase "Então leve as malas que eu vou a pé", podemos substituir "as malas" pelo pronome oblíquo "as". Marque a alternativa que apresenta a forma CORRETA desta substituição.

a) levem-nas.
b) leve-as.
c) levem-las.
d) leve-nas.

Comentário: o conectivo **então** é coordenativo, logo, não é atrativo. Dessa forma, não há obrigatoriedade de próclise. Além disso, só usaremos as flexões do pronome NA ou NAS quando verbo terminar em M. E só usaremos LA ou LAS quando o verbo terminar em R, S ou Z. A alternativa correta é a letra b).

34. (CESGRANRIO – BANCO DO BRASIL – Escriturário – 2018) O pronome destacado foi utilizado na posição correta, segundo as exigências da norma-padrão da língua portuguesa, em:

a) Quando as carreiras tradicionais saturam-**se**, os futuros profissionais têm de recorrer a outras alternativas.
b) Caso os responsáveis pela limpeza urbana descuidem-**se** de sua tarefa, muitas doenças transmissíveis podem proliferar.
c) As empresas têm mantido-**se** atentas às leis de proteção ambiental vigentes no país poderão ser penalizadas.
d) Os dirigentes devem esforçar-**se** para que os funcionários tenham consciência de ações de proteção ao meio ambiente.
e) Os trabalhadores das áreas rurais nunca enganaram-**se** a respeito da importância da agricultura para a subsistência da humanidade.

Comentário: em a), b) e e), as palavras atrativas (**quando, caso** e **nunca**) foram ignoradas. Na letra c), o verbo principal da locução está no particípio, então a ênclise é proibida. Só a letra d) ficou correta, pois, com o verbo no infinitivo, a posição é facultativa.

GABARITO

1 – B	18 – A
2 – D	19 – B
3 – B	20 – A
4 – E	21 – Errado
5 – A	22 – B
6 – E	23 – C
7 – D	24 – D
8 – C	25 – B
9 – B	26 – A
10 – B	27 – E
11 – C	28 – C
12 – B	29 – B
13 – E	30 – D
14 – A	31 – A
15 – A	32 – E
16 – Errado	33 – B
17 – B	34 – D

7

CONJUGAÇÃO VERBAL

Chegamos a um ponto muito importante da sua preparação! O estudo dos verbos pode ser cansativo, mas você precisa dar um gás a mais, porque o assunto aparece muito nos concursos atuais e mandar bem aqui vai te colocar à frente de muitos concorrentes. Dê o seu melhor, praticando a conjugação até dominar!

Verbo é a classe de palavra que mais se flexiona em nossa língua. Há variação de número, pessoa, tempo e modo (só o **gênero** fica de fora).

São três os modos verbais: INDICATIVO, SUBJUNTIVO E IMPERATIVO.

MODO INDICATIVO

É o "modo da certeza". Seu uso é comum em narrativas e relatos.

São seis tempos, que vamos organizar assim:

Linha do Tempo

AGORA	→	PRESENTE	→ Eu estudo
ONTEM	→	PRETÉRITO PERFEITO	→ Eu estudei
HÁ 10 ANOS	→	PRETÉRITO IMPERFEITO	→ Eu estudava
AINDA ANTES DISSO	→	PRETÉRITO-MAIS-QUE-PERFEITO	→ Eu estudara
AMANHÃ COM CERTEZA	→	FUTURO DO PRESENTE	→ Eu estudarei
HIPÓTESE DE AMANHÃ	→	FUTURO DO PRETÉRITO	→ Eu estudaria

Presente

Indica ação ou caracterização atual, hábito ou capacidade. Exemplos: A menina dança. Toda noite, eu saio à sua procura. Eu sou o Rio.

Pretérito Perfeito

Marca a ação concluída, terminada. Exemplos: Traí, traí, sim. O barraco desabou.

SE LIGA!

A mesma forma verbal pode indicar tempos diferentes, a depender do contexto em que estão inseridas:
– Nós estudamos na mesma escola (presente).
– Nós estudamos o conteúdo ontem (pretérito perfeito).

Pretérito Imperfeito

Sugere uma ação do passado que pode ter terminado ou não. É comum sugerir um costume ou hábito antigo. Exemplos: Eu te abraçava. Já fazia um tempo que não procurava. **Éramos nós estreitos nós**.

Pretérito-Mais-Que-Perfeito

Indica uma ação do passado que aconteceu antes de outra ação também do passado. Exemplos: Eu já estudara essa matéria quando a aula começou. Quem me dera ao menos uma vez.

Futuro do Presente

Marca uma ação teoricamente certa para o futuro. Exemplos: Viverá e verá, meu filho dará. Quem será a próxima vítima? Seremos campeões.

Futuro do Pretérito

Indica uma possibilidade futura, geralmente acompanhada de ressalva ou sugerindo situação hipotética. Exemplos: Eu faria tudo. Se espatifaria ou viveria o Espírito Santo?

SE LIGA!

Os conceitos básicos sobre os tempos verbais são importantes, mas é muito interessante também pensar os verbos em contextos da oralidade, em que a fala simplificada e despreocupada acaba mudando a função do tempo.

Por exemplo, ao ligar para um amigo, é comum flexionar o verbo no futuro do pretérito por educação. Exemplo: Alô! **Poderia** falar com o Rafael?

Ou, quando um locutor de rádio narra um jogo de futebol e deseja passar a sensação de tempo real para o ouvinte, acaba usando o tempo presente, mesmo ao se referir a algo que já aconteceu. Exemplo: De Arrascaeta **cruza** para Gabriel que **bate** direto e **é** goooooooooooool.

Então, tenha em mente a origem do uso de cada tempo, mas leve em consideração a intenção do autor ou emissor do texto.

MODO SUBJUNTIVO

Podemos dizer que sugere "dúvida", porque a flexão nesse modo indica que a ação pode acontecer ou não. São apenas três tempos e a conjugação não é direta como no Indicativo; é necessária uma palavra auxiliar.

Presente

A palavra auxiliar é **QUE**. A conjugação fica assim:

Que	eu	estude
Que	tu	estudes
Que	ele	estude
Que	nós	estudemos
Que	vós	estudeis
Que	eles	estudem

Exemplo: Desejo pra você paz e saúde e **que** o bom Deus te **ajude**.

SE LIGA!

Para ajudar a memorizar, costumo brincar que esse é o tempo do homem paumandado – aquela pessoa que faz tudo que a mulher quer. Então use a frase "Ela quer que eu ____" e complete com o verbo que deseja começar a conjugar.
Exemplos:
Ela quer que eu **busque**.
Ela quer que eu **compre**.
Ela quer que eu **estude**.

Pretérito Imperfeito

A palavra auxiliar é **SE**. As suas flexões sempre apresentam o dígrafo SS. A conjugação fica assim:

Se	eu	estudasse
Se	tu	estudasses
Se	ele	estudasse
Se	nós	estudássemos
Se	vós	estudásseis
Se	eles	estudassem

SE LIGA!

Para lembrar, pense que esse é o tempo do vacilão. Aquela pessoa que está sempre arrependida, lamentando algo que fez ou que deixou de fazer.
Exemplos:
Ah, se eu **estudasse** mais!
Se Bruna **chegasse** mais cedo, o trabalho estaria pronto.
Acho que, se **fôssemos** mais unidos, o Brasil estaria mais forte.

Futuro

A palavra auxiliar é **QUANDO** e a primeira pessoa termina em R.

Quando	eu	estudar
Quando	tu	estudares
Quando	ele	estudar
Quando	nós	estudarmos
Quando	vós	estudares
Quando	eles	estudarem

SE LIGA!

O Futuro do Subjuntivo é o tempo do prometedor! "Eu ainda não estudei, mas quando eu estudar...".

> **BIZU!**
>
> Os verbos **ver** e **vir** causam muita confusão no dia a dia, então preste atenção:
>
> – Futuro do verbo **ver**: Quando eu vir João, darei o recado.
> – Futuro do verbo **vir**: Quando eu vier à cidade, avisarei.

MODO IMPERATIVO

Esse modo é usado para dar ordens, conselhos, fazer pedidos e afins. Só possui dois tipos – afirmativo e negativo.

Imperativo afirmativo

Para montar a conjugação, as segundas pessoas são retiradas do presente do indicativo (tu e vós) sem o S, e as demais são retiradas do presente do subjuntivo. A primeira pessoa do singular (eu) fica de fora, porque, textualmente, não daríamos uma ordem para nós mesmos.

Presente do indicativo	Imperativo afirmativo	Presente do subjuntivo
Eu brinco	--------------------	Eu brinque
Tu **brincas à**	Brinca tu	Tu brinques
Ele brinca	Brinque você	Ele **brinque**
Nós brincamos	Brinquemos nós	Nós **brinquemos**
Vós **brincais à**	Brincai vós	Vós brinqueis
Eles brincam	Brinquem vocês	Eles **brinquem**

Imperativo negativo

Se origina apenas do presente do subjuntivo.

Presente do subjuntivo	Imperativo negativo
Eu brinque	-------------------------------
Tu brinques	Não brinques tu
Ele brinque	Não brinque você
Nós brinquemos	Não brinquemos nós
Vós brinqueis	Não brinqueis vós
Eles brinquem	Não brinquem vocês

SE LIGA!

Além da conjugação correta, as bancas de concursos cobram bastante a diferença entre o sujeito **tu** e o sujeito **você**. É comum encontramos os pronomes subentendidos junto aos verbos no imperativo, então é algo que você deve saber verificar.

Por exemplo, em **Pegue o brinquedo**, o pronome escondido é o **você**. Já em **Pega o brinquedo**, o pronome é o **tu**.

Essa diferença também se reflete no uso de pronomes possessivos: Pegue o seu brinquedo. Pega o teu brinquedo.

Para garantir a concordância da frase.

Outra abordagem comum das provas apresenta orações com verbos diferentes flexionados no modo imperativo. Para validar a correção gramatical dessas orações, os verbos devem estar na mesma pessoa.

Por exemplo, em "**Pegue** o livro e **estude** o conteúdo", os dois verbos estão corretamente flexionados na terceira pessoa (**você**). Não poderíamos construir "**Pega** o livro e **estude** o conteúdo", porque **pega** se refere à segunda pessoa (**tu**) e **estude**, à terceira (**você**).

Também é importante falarmos sobre as **formas nominais** dos verbos, as quais identificaremos pela terminação e função:

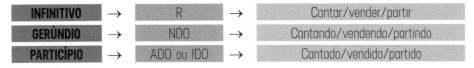

COMO VEMOS ISSO NA PROVA?

1. (EAGS – 2021) Relacione as colunas quanto à conjugação do verbo ir no indicativo. Em seguida, assinale a alternativa com a sequência correta.

1 – ia	( ) Às vezes, o menino ___ sozinho para casa. (pretérito imperfeito)
2 – foi	( ) Depois do jogo, ___ a uma boate magnífica. (pretérito perfeito)
3 – iria	( ) O mesmo rio ___ despoluído três anos atrás. (pretérito mais que perfeito)
4 – fora	( ) ___ pelo caminho mais difícil? (futuro do pretérito)

a) 1 – 2 – 3 – 4.
b) 2 – 1 – 4 – 3.

PORTUGUÊS PARA DESESPERADOS · QUESTÕES COMENTADAS

133

c) 4 – 3 – 1 – 2.

d) 2 – 1 – 3 – 4.

Comentário: **ia** – ação comum do passado – Pretérito Imperfeito; **foi** – ação concluída no passado – Pretérito Perfeito; **iria** – possibilidade futura – Futuro do Pretérito; **fora** – ênfase na anterioridade da ação no passado – Pretérito-mais-que-perfeito.

2. (EEAR – CFS-1 – 2021) Leia:

"Sentia-se cansada. A barriga, as pernas, a cabeça, o corpo todo **era** um enorme peso que lhe **caía** irremediavelmente em cima. Esperava que a qualquer momento o coração lhe **perfurasse** o peito, lhe rasgasse a blusa. Como **seria** o coração?" (Dina Salústio)

Os verbos destacados no texto acima estão conjugados, respectivamente, no

a) pretérito perfeito do indicativo – pretérito imperfeito do indicativo – pretérito imperfeito do indicativo – futuro do presente do indicativo.

b) pretérito imperfeito do indicativo – pretérito imperfeito do subjuntivo – futuro do pretérito do indicativo – pretérito imperfeito do subjuntivo.

c) pretérito–mais–que–perfeito do indicativo – pretérito imperfeito do indicativo – futuro do subjuntivo – pretérito imperfeito do subjuntivo.

d) pretérito imperfeito do indicativo – pretérito imperfeito do indicativo – pretérito imperfeito do subjuntivo – futuro do pretérito do indicativo.

Comentário: **era** e **caia** indicam a ideia de ação/estado comum no passado – Pretérito Imperfeito do Indicativo. **Perfurasse** indica que a ação poderia ter acontecido – Pretérito Imperfeito do Subjuntivo. **Seria** sugere hipótese futura – Futuro do Pretérito do Indicativo.

3. (EEAR – CFS-1 – 2019) Em qual alternativa a lacuna não pode ser preenchida com o verbo indicado nos parênteses no modo subjuntivo?

a) Era necessário que outra pessoa _____ a liderança. (assumir)

b) Saiu sorrateiramente, sem que ninguém _____ a sua ausência. (notar)

c) Acordou de madrugada, esperando que alguém lhe _____ um copo d'água. (dar)

d) O encarregado me denunciou para o patrão: disse que eu sempre _____ atrasado. (chegar)

Comentário: o Presente do Subjuntivo tem o **que** como palavra auxiliar da conjugação e costuma expressar desejos. A conjugação dele nunca é igual à conjugação do Presente do Indicativo, que usamos para afirmações e narrativas, como acontece na letra D, em que a ideia do período é "... disse que eu sempre chego atrasado".

4. (VUNESP – PREFEITURA DE MORRO AGUDO/SP – Agente de Controle de Zoonoses – 2020) Assinale a alternativa em que a forma verbal destacada está no tempo presente.

a) Um dia, uma médica **conversou** com Leila...

b) ... ainda não **conseguia** deixar de se espantar...

c) ... porque o marido **está** mais envelhecido...

d) O certo, quando o amor deixa de existir, **seria** separar-se...

e) ... para que novas histórias de amor **pudessem** nascer...

Comentário: conversou – pretérito perfeito do indicativo; conseguia – pretérito imperfeito do indicativo; está – presente do indicativo; seria – futuro do pretérito do indicativo e pudessem – pretérito imperfeito do subjuntivo

5. (FGV – IBGE – Coordenador Censitário Subárea – Reaplicação – 2020) A frase em que o emprego do gerúndio mostra adequação é:

a) Entrou na sala, sentando-se na primeira fila;

b) Nasceu em Curitiba, sendo filho de imigrantes;

c) Repreendeu a torcida, condenando as ofensas;

d) Desceu as escadas, chegando rapidamente ao térreo;

e) Saiu da festa, pegando um táxi na porta.

Comentário: o gerúndio deve ser usado para indicar ideias de ação em progresso ou de concomitância entre as ações. Na letra c), **condenando** as ofensas foi o modo como alguém **repreendeu** a torcida. As ações acontecem ao mesmo tempo.

6. (GUALIMP – PREFEITURA DE CONCEIÇÃO DE MACABU/RJ – Agente Administrativo – 2020) Na língua portuguesa, existem alguns problemas de natureza notacional que recebem a definição de erro crasso, pois referem-se a descuidados que poderiam ser, facilmente, evitados em função de hábitos de leitura e escrita. Nesse sentido, marque a alternativa em que seja possível identificar um equívoco de aplicação dos elementos estruturais da língua (em sentido morfológico e sintático), tomando como base os enunciados abaixo.

a) Faz três dias que não temos notícias do Arthur.

b) Este livro não tem nada a ver com a pesquisa que estou escrevendo para a faculdade.

c) Espero que sobre um dinheirinho para que vocês viagem no feriado.

d) A partir de hoje, todos os produtos da loja com preços a partir de R$50,00 reais.

Comentário: a flexão do verbo **viajar** será sempre escrita com J. Então teremos a correção "... para que vocês viajem no feriado". A forma **viagem** se refere ao substantivo, como em "A viagem foi maravilhosa".

7. (Avança SP – PREFEITURA DE LOUVEIRA/SP – Professor de Artes – 2020) Na oração "O território também comportava montanhas íngremes", o verbo "comportar" está conjugado no:
a) pretérito imperfeito.
b) pretérito perfeito.
c) pretérito mais-que-perfeito.
d) pretérito quase perfeito.
e) pretérito super perfeito.

Comentário: a terminação **ava** ajuda a identificar a ideia de ação comum no passado, constituindo o tempo Pretérito Imperfeito do Indicativo.

8. (PREFEITURA DE ITANHAÉM/SP – Professor de Educação Básica II – 2020) Assinale a alternativa que apresenta a correta conjugação verbal, conforme a norma-padrão da Língua Portuguesa.
a) Os alunos se proporam a chegar mais cedo na escola.
b) A professora interviu na briga entre os alunos.
c) Após o ocorrido, a sala toda manteu silêncio.
d) Os professores se dispuseram a auxiliar os alunos na recuperação.
e) Os inspetores deteram os alunos que corriam no corredor.

Comentário: segue a correção de cada opção: a) Os alunos se propuseram a chegar mais cedo na escola; b) A professora interveio na briga entre os alunos; c) Após o ocorrido, a sala toda manteve silêncio; e) Os inspetores detiveram os alunos que corriam no corredor.

BIZU!

Os verbos dessa questão derivam de outro. Sendo assim, você pode associá-los para facilitar a conjugação:
POR – propor/dispor
PUSERAM – propuseram/dispuseram
VIR – intervir
VEIO – interveio
TER – manter/deter
TEVE – manteve/deteve

---

9. (OBJETIVA – PREFEITURA DE SENTINELA DO SUL/RS – Agente Administrativo – 2020) Em "**Diga** a verdade!", a forma verbal destacada encontra-se no:
a) Gerúndio.

b) Imperativo.
c) Indicativo.
d) Particípio.

Comentário: a indicação de ordem, pedido ou conselho constitui o Modo Imperativo dos verbos.

10. (OBJETIVA – PREFEITURA DE SENTINELA DO SUL/RS – Fiscal – 2020)
Em relação às formas nominais do verbo, marcar C para as afirmativas Certas, E para as Erradas e, após, assinalar a alternativa que apresenta a sequência CORRETA:
( ) Em "<u>Pescar</u> é um ótimo divertimento.", a forma nominal sublinhada está no gerúndio, pois exprime o fato verbal em si, sem indicar seu início nem seu término.
( ) Em "Os cavalos <u>correndo</u>...", a palavra sublinhada está no gerúndio, pois exprime o fato verbal em desenvolvimento.
( ) Em "Ela já tinha <u>ouvido</u> o mesmo discurso inúmeras vezes.", a palavra sublinhada está no particípio, pois exprime o fato verbal já concluído.
a) C – C – E.
b) E – C – E.
c) C – E – E.
d) E – C – C.

Comentário: as formas nominais dos verbos são identificadas por sua terminação: infinitivo – R; gerúndio – NDO; particípio – ADO/IDO*.

BIZU!

O terminado ADO/IDO funciona para o particípio regular. As formas irregulares não possuem terminação padrão.

 ASSISTA AO VÍDEO!

https://uqr.to/1lxos

11. (PREFEITURA DE GARUVA/SC – Enfermeiro – 2020) A flexão dos verbos está corretamente identificada entre parênteses, EXCETO em:
a) "**Atire** a primeira pedra quem não reclama." (presente do subjuntivo)
b) "**Invadimos** a vida do outro como seres especiais." (presente do indicativo)

PORTUGUÊS PARA DESESPERADOS · QUESTÕES COMENTADAS

137

c) "Já **experimentou** ficar um dia inteiro sem reclamar?" (pretérito perfeito do indicativo)

d) "Para ela, os filhos, que **deveriam** ser motivos do mais puro amor [...]" (futuro do pretérito do indicativo)

Comentário: a flexão "atire" indica uma ordem ou sugestão, portanto pertence ao modo imperativo.

12. (FUNRIO – PREFEITURA DE PORTO DE MOZ/PA – Psicólogo – 2019)
Assinale a alternativa cuja forma verbal está incorreta.

a) Se o documento contivesse a cláusula correta, seria melhor o resultado.

b) No tumulto da passeata, a polícia interveio imediatamente.

c) Se você compuser canções novas, garantirá o sucesso.

d) Assim que o ver novamente, dou o seu recado.

e) Se ele vier com notícias ruins, estaremos preparados

Comentário: o verbo **ver** no futuro do subjuntivo, na primeira pessoa do singular, fica **vir**. Sendo assim, a correção da frase é "Assim que o vir novamente, darei o recado".

13. (UFRR – Técnico de Tecnologia da Informação – 2019) Marque a opção em que há erro na conjugação verbal:

a) Eu sempre medeio os conflitos familiares.

b) Ela se maquia diariamente.

c) Tu freias o carro com muita força.

d) Ela intermedeia muito bem os debates.

e) O médico reaveu o dinheiro que havia perdido.

Comentário: o verbo reaver é irregular e apresenta uma conjugação bastante fora do padrão. A frase corrigida na letra e) é "O médico reouve o dinheiro que havia perdido".

14. (NC-UFPR – PREFEITURA DE CURITIBA/PR – Analista de Desenvolvimento Organizacional – 2019) Considere o seguinte trecho:

Há quem diga que um dos sonhos das mães que têm filhos homens é poder levá-los ao altar. Dona Zenaide, porém, talvez não _____. Internada na UTI do Hospital Santa Catarina com câncer no pulmão, ela _____ ausente da cerimônia em que o filho, Marcos Zimmermann, _____ a união com Jaqueline Sadzinski.

Mas Marcos não _____ admitir que no dia de seu casamento dona Zenaide não _____ ali.

E foi assim, como o apoio de médicos, enfermeiros, que ele começou a organizar uma logística para que a mãe pudesse participar do matrimônio, que ocorreu na Paróquia São Pedro Apóstolo, no Centro de Gaspar. Deu certo. Mesmo com dificuldades por conta das questões que envolvem a saúde da mulher de 59 anos, ela entrou na igreja empurrada pela filha, e ao lado do noivo, o filho.

Assinale a alternativa que preenche corretamente as lacunas acima na ordem em que aparecem no texto.

a) conseguiria – ficaria – celebrará – podia – estivesse.
b) conseguisse – ficaria – celebraria – poderia – estivesse.
c) conseguisse – ficará – celebraria – poderia – estaria.
d) conseguiu – ficaria – celebrará – podia – estará.
e) conseguiria – ficará – celebrasse – podia – estaria.

Comentário: **conseguisse**, verbo flexionado no pretérito imperfeito do subjuntivo – assim como **estivesse** –, reforça a ideia de possibilidade junto ao advérbio **talvez**; assim como os verbos no futuro do pretérito do indicativo – **ficaria**, **celebraria** e **poderia**.

15. (NC-UFPR – PREFEITURA DE CURITIBA/PR – Professor de Educação Infantil – 2019) Considere o seguinte texto:

Você já ouviu falar que usamos apenas 10% do cérebro? Se isso _____ verdade, imagine se um dia alguém _____ usar o cérebro todo, quão desenvolvido não _____? Mas não é bem assim: todas as partes do cérebro estão trabalhando para nos fazer movimentar, sentir, emocionar, raciocinar.

Assinale a alternativa que completa corretamente as lacunas acima, na ordem em que aparecem no texto.

a) seja – conseguisse – estará.
b) fosse – conseguisse – estaria.
c) for – conseguirá – estaria.
d) fosse – consegue – esteja.
e) for – consegue – estivesse.

Comentário: a primeira lacuna exige um verbo flexionado no modo subjuntivo (inclusive está presente a palavra auxiliar **se**, portanto, **fosse** ou **for** caberiam. Na segunda lacuna, acontece a mesma coisa, logo, a letra b) se torna a única resposta possível. Para fechar, em concordância com o tom de hipótese, **estaria** – futuro do pretérito do indicativo.

16. (NC-UFPR – PREFEITURA DE CURITIBA/PR – Engenheiro Civil – 2019) Considere o excerto de texto abaixo:

PORTUGUÊS PARA DESESPERADOS · QUESTÕES COMENTADAS

139

A natureza é inexorável no momento de garantir a vida. Alguns pássaros, como o pato-la-de-pés-azuis, colocam dois ovos. Se o filhote que _____ primeiro _____ que não cresce o suficiente, seja por sua mãe não lhe dar comida ou por uma época de pouco alimento, _____ a bicadas o segundo filhote. Se _____ comida para os dois, então tudo certo.

Assinale a alternativa que completa corretamente as lacunas acima, na ordem em que aparecem no texto.

a) nasceu – vendo – matará – houvesse.

b) nascerá – vê – mata – houver.

c) nasceu – viu – matava – há.

d) nasce – vê – mata – há.

e) nasce – vir – matará – haverá.

Comentário: apesar do tom de hipótese, a sequência é narrada toda no mesmo tempo verbal. Isso só se concretiza, dentre as alternativas, na letra d), com os verbos no presente do indicativo.

17. (NC-UFPR – PREFEITURA DE CURITIBA/PR – Engenheiro Civil – 2019)

Considere o seguinte trecho:

Conseguimos tudo o que _____ neste mundial – diz o lateral Gerets, que está se despedindo da seleção – e acho que ficar entre os quatro melhores do mundial foi a nossa grande vitória. Mas não _____ decepcionar os torcedores que nos _____ durante toda a Copa. Comentários como este de Gerets tornaram-se comuns entre os jogadores. Assim que souberam da pretensão de This, eles conversaram com o técnico – todos o consideram uma pessoa aberta ao diálogo e lhe _____ vários motivos para que não _____ o seu ponto de vista.

Assinale a alternativa que preenche corretamente as lacunas acima, na ordem em que aparecem no texto.

a) queremos – deveremos – acompanharam – exporam – mantivesse.

b) queríamos – deveríamos – acompanharão – expunham – mantesse.

c) queremos – devíamos – acompanharam – expuseram – manteve.

d) queríamos – devemos – acompanharam – expuseram – mantivesse.

e) queríamos – devemos – acompanhariam – expunham – mantenha.

Comentário: na primeira lacuna, cabe o tempo verbal **queríamos** devido ao teor de despedida, ou seja, o mundial já acabou, então é normal que a referência a ele seja feita no passado. Em seguida, o tempo presente, em função da sequência nas alternativas, é o que melhor se encaixa, pois **deveremos** e **deveríamos** denotam futuro, o que não faria sentido. Assim como **acompanharão** e **acompanhariam**. Isso elimina as letras a), b), c) e e).

18. (NC-UFPR – PREFEITURA DE CURITIBA/PR – Fiscal – 2019) Considere o seguinte texto:

Se existe vida inteligente fora da Terra, deve estar muito distante – caso contrário já _____ vindo ao nosso planeta. Mas, e se já _____ visitas intergalácticas e não nos _____ conta disso? Para Stephen Hawking, a aparição de OVNIs e aliens deveria ser muita mais evidente do que sugere nossa vã ufologia – e, potencialmente, catastrófica. As chances de que formas de vida inteligente _____ espontaneamente é tão baixa que, segundo o cientista, é provável que a Terra seja o único planeta da galáxia em que isso _____. Mas nada impede que muitos outros planetas tenham vida.

Assinale a alternativa que preenche corretamente as lacunas na ordem em que aparecem no texto.

a) tinha – recebêssemos – déramos – aparecem – aconteceria.

b) teria – recebamos – damos – aparecerão – acontecerá.

c) tinha – recebemos – demos – apareceriam – acontece.

d) teria – recebêssemos – damos – aparecessem – acontecerá.

e) teria – recebemos – demos – apareçam – aconteceu.

Comentário: **teria** abre as respostas constituindo a ideia de possibilidade. Em seguida, o tempo presente do indicativo predomina em **recebemos** e **demos**. Na terceira lacuna, com a ajuda da palavra auxiliar **que** (em **as chances de que...**), o tempo **presente do subjuntivo** em **apareçam** e, por último, o pretérito perfeito do indicativo, na ideia de ação concluída, em **aconteceu**.

19. (EEAR – CFS-2 – 2018) Na sentença "As luzes se apagaram, e, paulatinamente, aquele mar de gente silenciou e aguardou... De repente, **ouve**-se um forte brado vindo do fundo do palco, que **explode** em luzes e vida junto com a multidão.", há mudança de tempo verbal: do pretérito perfeito do indicativo os verbos ouvir e explodir passam para o presente do indicativo, possibilidade que se justifica pelo seguinte motivo:

a) há a indicação de uma ação permanente, constante, que não sofre alteração.

b) há a indicação de um fato futuro, mas próximo, conforme se percebe pela sequência temporal dos fatos.

c) há a indicação de um fato habitual, ainda que este não esteja sendo exercido no momento em que se fala.

d) há a indicação de um fato já vivenciado que se atualiza no momento da narração como forma de se garantir vivacidade ao texto.

Comentário: o tempo Presente do Indicativo passou a ser usado para dar à narrativa mais emoção. Isso é comum, por exemplo, às narrações de futebol no rádio.

20. (EEAR – CFS-1 – 2018) Leia:

Amigos, um passeio numa máquina do tempo não seria divertido? Não **seria** incrível? **Imaginem** se, numa das viagens, vocês **pudessem** encontrar um personagem importante da história, como Einstein, e ajudá-lo a elaborar suas teorias! Já pensaram nisso?

As formas verbais destacadas no texto acima estão conjugadas, respectivamente, no

a) futuro do presente do indicativo/presente do subjuntivo/pretérito imperfeito do indicativo.

b) futuro do pretérito do indicativo/imperativo afirmativo/pretérito imperfeito do subjuntivo.

c) pretérito imperfeito do subjuntivo/presente do subjuntivo/pretérito perfeito do indicativo.

d) futuro do subjuntivo/imperativo afirmativo/pretérito perfeito do indicativo.

Comentário: **seria** é uma flexão que indica ação hipotética no futuro, portanto **futuro do pretérito** do indicativo; **imaginem** é uma flexão verbal que indica ordem, logo **imperativo afirmativo** e **pudesse**, junto com a palavra auxiliar **se**, é uma flexão do **pretérito imperfeito** do subjuntivo – sempre com **ss**.

21. (EEAR – CFS-2 – 2019) Leia:

"Se soubésseis o quanto era aprazível ouvir, mergulhar nas histórias de minha velha avó, _____ não só os ouvidos, mas cada centímetro do 'lado de dentro do corpo' a pulsar com tudo o que sua voz desenhava." Complete o espaço demarcado no texto com a correta conjugação do verbo pôr.

a) poriam.

b) poríeis.

c) porias.

d) poria.

Comentário: o sujeito, apesar de oculto na frase em análise, está na segunda pessoa do singular – **vós** –, portanto, **poríeis** é a forma que completa a lacuna.

22. (EAGS – 2020) Com relação ao sentido expresso pelo presente do indicativo nas frases abaixo, coloque I para validade permanente, II para verdade científica, III para ação habitual e IV para indicação de futuro. Em seguida, assinale a sequência correta.

( ) Eu sempre choro ao ver uma cena triste.

( ) A soma dos ângulos internos do triângulo é igual a 180°.

( ) Se Deus quiser, no ano que vem eu me formo.

( ) Na natureza, os animais nascem livres.

a) II – IV – I – III.
b) IV – I – III – II.
c) III – II – IV – I.
d) I – III – II – IV.

Comentário: "Eu sempre choro" é uma ação habitual; "A soma dos ângulos internos..." indica uma verdade científica; "... ano que vem, eu me formo" denota futuro e "... os animais nascem..." possui validade permanente.

23. (IESES – GASBRASILIANO – Advogado Júnior – 2018) Leia: "mesmo assim sabemos o que queremos dizer". O verbo "querer" pode assumir diferentes formas de acordo com o tempo em que estiver conjugado. Assinale a única alternativa em que esse verbo tenha sido corretamente conjugado e escrito.
   a) O professor quiz saber as razões do atraso.
   b) Seria melhor que ele queresse colaborar.
   c) Se você quizesse melhorar, poderia.
   d) A secretária quereria sair mais cedo.

Comentário: apesar de causar estranhamento, a forma **quereria** é a correta flexão do verbo querer no futuro do pretérito do indicativo. **quis** e **quisesse são escritos com s** e a forma **queresse não existe – deve ser substituída por quisesse**.

24. (INAZ DO PARÁ – DPE-PR – Administrador – 2017)

(Folha de S. Paulo, 7/7/2011.)

Em "UM PROGRAMA DE VIDA SUBMARINA **USANDO** UM PÉ DE PATO?", o termo destacado expressa:
   a) Um ato concluído no passado.
   b) Uma ação numa perspectiva futura.
   c) Uma ação imperfeita.
   d) Um processo em andamento.
   e) Um processo verbal hipotético.

PORTUGUÊS PARA DESESPERADOS · QUESTÕES COMENTADAS

143

Comentário: **gerúndio** é uma forma nominal (não se flexiona em tempo ou modo), que indica uma ação que ainda está em curso ou que é prolongada no tempo. Transmite, assim, uma noção de duração ou ação em progresso.

25. (IBFC – MGS – 2017) Na oração "O homem disse 'nada não, obrigado'", o verbo encontra-se flexionado no pretérito perfeito do modo Indicativo. Assinale a opção em que se reescreve a oração com o verbo no tempo presente do Indicativo.
   a) O homem diz "nada não, obrigado".
   b) O homem diria "nada não, obrigado".
   c) O homem dirá "nada não, obrigado".
   d) O homem dizia "nada não, obrigado".

Comentário: o pretérito perfeito indica ação concluída: **disse** – já terminou de dizer. Já o presente indica ação em progresso ou habitual: **diz** – está dizendo ou costuma dizer.

26. (FUNECE – METROFOR-CE – Assistente Operacional – Administrativo – 2017)

Carta de Ano Novo

(Emmanuel e Francisco Cândido Xavier)

Ano Novo é também renovação de nossa oportunidade de aprender, trabalhar e servir. [...] Novo Ano! Novo Dia! _____ 1 (Sorrir) para os que te feriram e busca harmonia com aqueles que não te entenderam até agora. _____ 2 (Recordar) que há mais ignorância que maldade, em torno de teu destino. Não maldigas, nem _____3 (condenar). Auxilia a acender alguma luz para quem passa ao teu lado, na inquietude da escuridão. Não te _____4 (desanimar), nem te _____ 5 (desconsolar). Cultiva o bom ânimo com os que te visitam, dominados pelo frio do desencanto ou da indiferença. Não te _____6 (esquecer) de que Jesus jamais se desespera conosco e, como que oculto ao nosso lado, paciente e bondoso, repete-nos de hora a hora:

– Ama e auxilia sempre. Ajuda aos outros, amparando a ti mesmo, porque se o dia volta amanhã, eu estou contigo, esperando pela doce alegria da porta aberta de teu coração.

(Fonte: http://rapidshare.com/files/CAMINHO_E_VIDA.rar.

Acesso em: 12 nov. 2016)

O emprego do imperativo, ao longo do texto "Carta de ano novo", indica
   a) conselho.
   b) ordem.
   c) certeza.
   d) instrução.

Comentário: o modo imperativo pode indicar conselho, ordem, instrução, pedido, sugestão e afins. No texto em análise, foi aplicado em tom de aconselhamento. São sugestões de atitudes com fins motivacionais.

27. (IBGP – CISSUL-MG – Enfermeiro – 2018) Leia este trecho:

"E este 'enorme presente' é reproduzido com perfeição técnica cada vez maior, nos fazendo boiar num tempo parado, mas incessante, num futuro que 'não para de não chegar'".

Nesse trecho, o verbo que está no presente do indicativo é

- a) fazer.
- b) boiar.
- c) parar.
- d) chegar.

Comentário: "O futuro não para" – **ele** não **para**. **Chegar** e **boiar** estão no **infinitivo** e fazendo está no **gerúndio**.

28. (INSTITUTO EXCELÊNCIA – SAAE DE BARRA BONITA/SP – Procurador Jurídico – 2017) Considere o seguinte período:

"Lembro-me da tamareira, e de tantos arbustos e folhagens coloridas, lembro-me da parreira que cobria o caramanchão, e dos canteiros de flores humildes, beijos, violetas. Tudo sumira".

Sobre a conjugação dos verbos presentes no período, assinale a alternativa CORRETA:

- a) O verbo "lembrar" está conjugado no tempo presente do modo subjuntivo, enquanto o verbo "sumir" está conjugado no tempo pretérito imperfeito do modo indicativo.
- b) O verbo "lembrar" está conjugado no tempo presente do modo indicativo, enquanto o verbo "sumir" está conjugado no tempo pretérito perfeito do modo indicativo.
- c) O verbo "lembrar" está conjugado no tempo presente do modo indicativo, enquanto o verbo "sumir" está conjugado no tempo pretérito mais-que-perfeito do modo indicativo.
- d) Nenhuma das alternativas.

Comentário: **Lembro** – tempo presente indicando capacidade ou hábito. **Sumira** – tempo pretérito-mais-que-perfeito indicando ação anterior.

29. (INSTITUTO EXCELÊNCIA – PREFEITURA DE TREMEMBÉ/SP – Oficial de Escola – 2017) Qual é a conjugação do verbo "haver" na 1° pessoa do singular no Pretérito-mais-que-perfeito? Assinale a alternativa CORRETA.

- a) Haveria.
- b) Houvera.

c) Havia.

d) Nenhuma das alternativas.

Comentário: o Pretérito-mais-que-perfeito é usado para sugerir uma ação que ocorreu antes de outra ação passada ou um acontecimento situado de forma incerta no passado. Aparece mais em exclamações (Quem me dera!), em linguagem poética ou na sua forma composta.

30. (IBGP – CISSUL-MG – Enfermeiro – 2017) No trecho:

Ando em crise, mas não é muito grave: ando em crise com o tempo. Que estranho "presente" é este que vivemos hoje, correndo sempre por nada, como se o tempo tivesse ficado mais rápido do que a vida (da maneira que seria se o tempo...).

Nesse trecho, o verbo que está no gerúndio é

a) andar.

b) viver.

c) correr.

d) ficar.

Comentário: as formas nominais dos verbos são reconhecidas por suas terminações: **infinitivo** – R – cantar; **gerúndio** – NDO – cantando; **particípio** – ADO/IDO – cantado.

GABARITO

1 – B	16 – D
2 – D	17 – D
3 – D	18 – E
4 – C	19 – D
5 – C	20 – B
6 – C	21 – B
7 – A	22 – C
8 – D	23 – D
9 – B	24 – D
10 – D	25 – A
11 – A	26 – A
12 – D	27 – C
13 – E	28 – C
14 – B	29 – B
15 – B	30 – C

8
ADVÉRBIOS

Eu costumo dizer que o **advérbio** é a classe de palavra mais "marrenta" da gramática. Isso, porque ele não concorda com ninguém – fica "sempre" no singular e no masculino e não está nem aí para o restante da frase. Em "Ela é muito bonita", **muito** é advérbio de intensidade que se refere ao adjetivo feminino **bonita**, porém sem concordar com ele, mantém-se invariável.

Os advérbios se relacionam com adjetivos, verbos ou outros advérbios indicando circunstância (tempo, modo, lugar, intensidade, causa, instrumento, entre outros). Há também as locuções adverbiais, que têm a mesma função do advérbio, mas são constituídas de, pelo menos, duas palavras e se iniciam com preposição. Assim, em "Acordei cedo", **cedo** é um advérbio de tempo. Já em "Acordei de manhã", **de manhã** é uma locução adverbial de tempo.

Confira os exemplos nas letras de música:

– **Afirmação:** "Sinto muito, é fato, **fatalmente**, terá outra em teu lugar"

– **Negação:** "**Não** me pegue, **não**"

– **Tempo:** "**Ainda** gosto de você"

– **Lugar:** "Vem **aqui**, que agora eu tô mandando"

– **Modo:** "Meu bem, não faz **assim** comigo"

– **Intensidade:** "Por isso eu corro **demais**"

Podemos encontrar vários advérbios na mesma frase. Veja:

– Ontem, o professor não agiu muito bem na escola.

A oração possui **quatro advérbios e uma locução adverbial**:

- **Ontem**: advérbio de tempo;
- **Não**: advérbio de negação;
- **Muito**: advérbio de intensidade;
- **Bem**: advérbio de modo;
- **Na escola**: locução adverbial de lugar.

As **circunstâncias** podem ser expressas por **locuções adverbiais** – duas ou mais palavras exercendo a função de um advérbio: Exemplo: Ela, **às vezes**, age **às escondidas**. A oração tem duas locuções adverbiais: às vezes, de tempo; às escondidas, de modo.

FLEXÃO DO ADVÉRBIO

O advérbio pode flexionar-se nos graus **comparativo** e **superlativo absoluto**.

a) **Comparativo de superioridade**: Felipe chegou **mais** cedo (**do**) **que** Paulo.

b) **Comparativo de igualdade**: Ele estudou **tão** bem **como** (ou **quanto**) ela.

c) **Comparativo de inferioridade**: Bruna dança **menos** bem (**do**) **que** Mariane.

d) **Superlativo absoluto sintético** (presença de *sufixo*): Levantei **cedíssimo** para estar **pertíssimo** de você.

e) **Superlativo absoluto analítico** (presença de um *advérbio de intensidade*): Levantei **muito** cedo.

SE LIGA!

Uma palavra que aparece bastante nas provas de concurso é **muito**. Ela pode ser classificada como **pronome** indefinido ou como **advérbio** de intensidade. Lembre-se de que o pronome sempre se relaciona (acompanhando ou substituindo) com o substantivo e o advérbio nunca faz isso.

Por exemplo:

Pronome – **Muito** menino (substantivo) sonha em jogar futebol.

Advérbio – Ele ainda é **muito** menino (adjetivo).

BIZU!

Advérbio e locução adverbial são classificações morfológicas dessas palavras. Sua função sintática **sempre** será **adjunto adverbial**. Então, em "eu estudei muito", a classificação morfológica de **muito** é **advérbio de intensidade** e função sintática de **muito** é **adjunto adverbial de intensidade**.

https://ugr.to/1Ixou

COMO VEMOS ISSO NA PROVA?

1. (AVANÇA SP – PREFEITURA DE LOUVEIRA/SP – Professor de Artes – 2020) São considerados tipos de advérbio, EXCETO:
   a) negação.
   b) intensidade.
   c) dúvida.
   d) tempo.
   e) certeza.

Comentário: o advérbio que fortalece ou confirma uma ideia classifica-se como **afirmação** e não como **certeza**.

2. (VUNESP – PREFEITURA DE CANANÉIA/SP – Professor – Educação em Creche – 2020) Na frase "A instrução, porém, **ainda** é **terrivelmente** falha.", os advérbios destacados expressam, respectivamente, circunstâncias de
   a) tempo e modo, definindo a educação como área livre de sérios problemas.
   b) afirmação e intensidade, ironizando a existência de problemas na educação.
   c) modo e causa, minimizando os problemas presentes na educação.
   d) afirmação e causa, reiterando a situação preocupante da educação.
   e) tempo e intensidade, enfatizando a situação problemática da educação.

Comentário: ainda indica atraso, sugerindo **tempo; terrivelmente** intensifica o adjetivo falha.

3. (VUNESP – FITO – Técnico em Gestão – Recursos Humanos – 2020) Assinale a alternativa que apresenta vocábulo em destaque que indica intensidade.

a) **Só** de "o melhor hambúrguer do mundo", consegui umas sete sugestões... (1º parágrafo)

b) ... voltei dois quilos mais gordo e, **ainda** no avião, fiz a promessa... (2º parágrafo)

c) O que de mais saboroso provei por **lá**, contudo, não foi fast-food nem era uma especialidade local. (3º parágrafo)

d) ... pensando mais na performance de seu produto **dentro** dos caminhões do que em cima dos pratos... (5º parágrafo)

e) ... e não podemos medir esforços para deixá-la **mais** doce, macia e suculenta. (6º parágrafo)

Comentário: na alternativa e) a palavra **mais** intensifica o adjetivo **doce**.

4. (IBADE – PREFEITURA DE LINHARES/ES – Agente Administrativo – 2020) No trecho "Hoje é difícil encontrar um funcionário **que nunca** tenha passado por pelo menos uma palestra...", as palavras destacadas pertencem, respectivamente, às seguintes classes gramaticais.

a) conjunção integrante/advérbio.

b) partícula de realce/interjeição.

c) conjunção explicativa/advérbio.

d) pronome indefinido/interjeição.

e) pronome relativo/advérbio.

Comentário: o **que** retoma o termo funcionário, evitando a sua repetição – "... um funcionário o qual..." e se classifica como **pronome relativo**. A palavra **nunca** é invariável e indica circunstância de **tempo** ou **frequência**. Classifica-se como advérbio.

5. (IASP – CÂMARA DE MESQUITA/RJ – Auxiliar Administrativo – 2020) São advérbios de afirmação:

a) Assim – Bem.

b) Certamente – Efetivamente.

c) Pouco – Talvez.

d) Agora – Ainda.

e) Depressa – Anteontem.

Comentário: **certamente** e **efetivamente** são advérbios de afirmação, pois confirmam e fortalecem a ideia a qual se ligam. **Assim, bem** e **depressa** indicam modo; **pouco** indica intensidade; **talvez**, dúvida; **agora, ainda** e **anteontem** indicam tempo.

PORTUGUÊS PARA DESESPERADOS · QUESTÕES COMENTADAS

6. (IBADE – PREFEITURA DE VILA VELHA/ES – Analista Ambiental – 2020)
Advérbio é a classe gramatical das palavras que indicam circunstâncias e, com isso, contextualiza o nosso entendimento do que está se querendo expressar ao usar verbos, advérbios ou de adjetivos. Assinale a alternativa cuja frase utiliza o advérbio que corresponde corretamente à classificação que a acompanha.

a) Ele é bastante discreto. Advérbio de modo.

b) Não sei o que isso quer dizer. Advérbio de dúvida.

c) Fez o exercício apressadamente. Advérbio de intensidade.

d) Sempre teremos uns aos outros. Advérbio de tempo.

e) Chegou esbaforido e nos contou as boas novas. Advérbio de afirmação.

Comentário: **sempre** sugere a ideia de **tempo**. **Bastante** indica **intensidade**; **não**, **negação**; **apressadamente**, **modo**; e **esbaforido**, **modo**.

7. (INSTITUTO AOCP – PREFEITURA DE NOVO HAMBURGO/RS – Secretário de Escola – 2020) Assinale a alternativa em que a palavra destacada seja um advérbio que indique uma circunstância de modo.

a) "Embaixo delas, está escondida a destruição como uma lembrança **dolorosa**."

b) "Sentiu uma nostalgia distante o invadir **lentamente**."

c) "As palavras estavam **caladas**."

d) "Aconteceu quando os glaciais se esvaneceram em uma queixa **interminável**..."

e) "**Trêmulo**, contemplou a semente diminuta que havia guardado tanto tempo."

Comentário: advérbio não se relaciona com substantivo, como acontece em "lembrança dolorosa", "palavras caladas", "queixa interminável" e o adjetivo "trêmulo", que caracteriza um termo oculto na frase em que apareceu.

8. (VUNESP – CRBIO – 1ª REGIÃO – Auxiliar Administrativo – 2017) Leia a crônica de Walcyr Carrasco para responder à questão.

Febre de fama

Há uma inflação de candidatos a astro e estrela. Toda família tem um aspirante aos holofotes. Desde que comecei a escrever para televisão, sou acossado por gênios indomáveis.

Dias desses, fui ouvir as mensagens do celular. Uma voz aflita de mulher:

– Preciso falar urgentemente com o senhor.

"É desgraça!", assustei-me. Digitei o número.

– Quero trabalhar em novela – disse a voz.

Perguntei (já pensando em trucidar quem havia dado o número do meu celular) se tinha experiência como atriz. Não. Nem curso de interpretação. Apenas uma certeza inabalável de ter nascido para a telinha mágica. Com calma, tentei explicar que, antes de mais nada, era preciso estudar para ser atriz. Estudar? Ofendeu-se:

– Obrigada por ser tão grosseiro! e desligou o telefone.

Incrível também é a reação dos familiares. Conheci a mãe de uma moça que dança em um dos inúmeros conjuntos em que as integrantes rebolam em trajes mínimos. Bastante orgulhosa da pimpolha, a mãe revelou:

– Quando pequena ela queria ser professora, mas escolheu a carreira artística. Ainda bem!

Comentei, muito discreto:

– É... ela vai longe...

– Nem me fale. Daqui a pouco, vai estar numa novela!

Essa febre de fama me dá calafrios. Fico pensando na reação de grandes artistas como Marília Pêra, Tony Ramos, Juca de Oliveira diante desse vale-tudo, desse desejo insano por ser famoso a qualquer preço.

(*Veja SP*, 21.10.1998. Adaptado)

Em "Preciso falar **urgentemente** com o senhor.", o termo destacado apresenta circunstância de modo, o que também ocorre em:

a) Dias desses, fui ouvir as mensagens do celular.

b) Obrigada por ser tão grosseiro! e desligou o telefone.

c) Com calma, tentei explicar que, antes de mais nada, era preciso estudar para ser atriz.

d) Bastante orgulhosa da pimpolha, a mãe revelou...

e) Daqui a pouco, vai estar numa novela!

Comentário: **com calma** é uma locução adverbial que indica o modo como "tentou explicar". Em a) e e), há indicação de tempo em **dias desses** e **daqui a pouco**. Em b), não há circunstâncias adverbiais e, em d), existe a indicação de intensidade em **bastante**.

9. (COSEAC – UFF – Técnico de Tecnologia da Informação – 2017) Na expressão "o que pensaram seres como eu em dias assustadoramente remotos", o advérbio "assustadoramente" tem a função de:

a) traduzir a negatividade do pensamento dos seres do passado.

b) atribuir uma atmosfera de medo típica da antiguidade.

c) intensificar a distância temporal entre o autor e os seres de antigamente.

d) apresentar a uniformidade do pensamento humano.

e) atrair a atenção de leitores admiradores de textos de terror.

Comentário: o advérbio **assustadoramente** intensifica o adjetivo **remotos**, dando ênfase à enorme distância entre o tempo em que o autor escreve e tempos mais antigos.

10. (FGV – ALERJ – Especialista Legislativo – Qualquer Nível Superior – 2017)
Sabemos todos que os advérbios pertencem a uma classe de palavras que não apresentam variação de gênero; a frase abaixo em que a palavra sublinhada, apesar de ser um advérbio, apresenta corretamente esse tipo de variação é:
a) a tripulação chegou toda assustada;
b) as imigrantes estavam meias entristecidas;
c) é proibida a entrada de pessoas sem camisa;
d) ela disse um "muito obrigada" bastante delicado;
e) ela mesma fez a decoração da casa.

Comentário: o advérbio de intensidade **todo/toda** é uma exceção à regra da invariabilidade. Na letra a), **toda** intensifica o adjetivo **assustada**. Poderia ser substituída por **muito assustada** ou **completamente assustada**.

11. (VUNESP – UNESP – Assistente Administrativo – 2017) Leia a tira.

(Fernando Gonsales. *Folha de S.Paulo*, 13.12.2016. Adaptado)

Nas falas do caracol, os advérbios "normalmente", "bem" e "devagar" expressam, respectivamente, circunstâncias de
a) modo, modo e modo.
b) tempo, modo e intensidade.
c) modo, intensidade e modo.
d) tempo, intensidade e modo.
e) modo, meio e causa.

Comentário: os advérbios **normalmente** e **devagar** indicam a maneira como o caracol anda. **Bem** intensifica o advérbio **devagar**.

12. (UFMT – UFSBA – Administrador – 2017) INSTRUÇÃO: Leia atentamente a crônica literária abaixo e responda à questão.

Aos poucos pesa em nosso corpo (e na alma não menos) a realidade de que o rio que empurra a vida não é miragem. Manchas, rugas, cansaço, impaciência e, sempre espiando atrás das portas, o medo: estou fora dos padrões, fora do esquadro, devo impedir isso, preciso mudar? O grande engodo da nossa cultura nos convoca: a endeusada juventude tem de ser a nossa meta. Correr para frente, voltados para trás.

Ou nascemos assim, querendo permanência e achando, infantilmente, que criança não sofre, adolescente não adoece, só na adultez e na maturidade, pior ainda, na velhice, acontecem coisas negativas. Esquecemos a solidão, a falta de afeto, a sensação de abandono, o medo do escuro ou da frieza dos adultos, tudo o que nos atormentou nesse frágil paraíso chamado infância, ainda que ela tenha sido boa.

(LUFT, Lya. *O tempo é um rio que corre*. Rio de Janeiro: Record, 2014.)

Sobre as palavras atrás (sempre espiando atrás das portas) e trás (voltados para trás.), assinale a afirmativa correta.

a) Ambas são advérbios, podem tomar o lugar uma da outra, pois são usadas de igual forma sintática.

b) Trás, advérbio de lugar, indica na parte posterior e vem sempre seguido de preposição.

c) Atrás, além de indicar lugar, como no texto, pode indicar tempo passado.

d) Atrás, advérbio, aparece sempre precedido de preposição, formando uma locução adverbial.

Comentário: no texto, a indicação foi de lugar, mas a palavra **atrás** também pode indicar tempo, como em **cheguei duas horas atrás**.

BIZU!

A palavra **trás** indica lugar e deve sempre estar precedida por preposição e a palavra **traz** é uma flexão do verbo **trazer** no modo imperativo.

---

13. (IBFC – EBSERH – Assistente Administrativo – HUGG-UNIRIO – 2017) Considere o fragmento abaixo para responder à questão seguinte.

PORTUGUÊS PARA DESESPERADOS · QUESTÕES COMENTADAS

155

"Juntando-se as duas mãos de um determinado jeito, <u>com os polegares para dentro</u>, e assoprando <u>pelo buraquinho</u>, tirava-se um silvo bonito que inclusive variava de tom conforme o posicionamento das mãos." (2°§)

Os dois termos destacados cumprem papel sintático adverbial e expressam os seguintes valores semânticos respectivamente:

- a) causa e meio.
- b) modo e meio.
- c) meio e lugar.
- d) lugar e modo.
- e) modo e lugar.

Comentário: **com os polegares para dentro** é modo como se juntavam as mãos. E **pelo buraquinho** é o lugar por onde assopravam.

14. (MS CONCURSOS – PREFEITURA DE PIRAÚBA/MG – Agente Fiscal de Posturas – 2017) Com referência às palavras "mas" (conjunção), "más" (adjetivo) e "mais" (advérbio), assinale a alternativa incorreta:

- a) A espada vence, mais não convence.
- b) Fiz tudo muito calmamente: devagar se chega mais depressa.
- c) Aquelas mulheres são más.
- d) O Sol, isto é, a mais próxima das estrelas, comanda a vida terrestre.

Comentário: a palavra **mas** deveria ter sido usada, pois trata-se de uma conjunção adversativa, que pode ser substituída por **porém**.

15. (PREFEITURA DE MARTINÓPOLIS/SP – Professor PEB I – Educação Especial – 2017) Dadas as orações abaixo:

I. A população está **meio** preocupada.

II. Comprei **meio** quilo de frango.

III. Paguei **caro** por aquele instrumento.

As palavras em destaque, são respectivamente:

- a) Adjetivo, adjetivo, adjetivo.
- b) Adjetivo, advérbio, adjetivo.
- c) Adjetivo, advérbio, advérbio.
- d) Advérbio, adjetivo, adjetivo.
- e) Advérbio, adjetivo, advérbio.

Comentário: a palavra **meio** pode ser classificada de diversas formas, dependendo do contexto em que está inserida:

a) advérbio – quando indica intensidade e se refere a um verbo, a um adjetivo ou a outro advérbio. Podemos substituir o advérbio **meio** por expressões como **mais ou menos** ou **um pouco**. Exemplo: A população está meio preocupada.

b) adjetivo – quando acompanha um substantivo e concorda com ele. Exemplo: Comprei meio quilo de frango.

c) Numeral – quando expressa ideia de quantificação evidente ou acompanha outro número. Exemplo: Comprei um metro e meio de pano.

d) Substantivo – quando aparece precedida por artigo e pode ser substituído por palavras como **maneira** ou **forma**. Exemplo: descobri o meio de sobreviver.

16. (IBADE – PC-AC – Agente de Polícia Civil – 2017) Texto para responder à questão.

O Dia da Consciência Negra

[...]

O assunto é delicado; em questão de raça, deve-se tocar nela com dedos de veludo. Pode ser que eu esteja errada, mas parece que no tema de raça, racismo, negritude, branquitude, nós caímos em preconceito igual ao dos racistas. O europeu colonizador tem – ou tinha – uma lei: teve uma parte de sangue negro – é negro. Por pequena que seja a gota de sangue negro no indivíduo, polui-se a nobre linfa ariana, e o portador da mistura é "declarado negro". E os mestiços aceitam a definição e – meiões, quarteirões, octorões – se dizem altivamente "negros", quando isso não é verdade. Ao se afirmar "negro" o mestiço faz bonito, pois assume no total a cor que o branco despreza. Mas ao mesmo tempo está assumindo também o preconceito do branco contra o mestiço. Vira racista, porque, dizendo-se negro, renega a sua condição de mulato, mestiço, *half-breed*, meia casta, marabá, desprezados pela branquidade. Aliás, é geral no mundo a noção exacerbada de raça, que não afeta só os brancos, mas os amarelos, vermelhos, negros; todos desprezam o meia casta, exemplo vivo da infração à lei tribal.

Eu acho que um povo mestiço, como nós, deveria assumir tranquilamente essa sua condição de mestiço; em vez de se dizer negro por bravata, por desafio – o que é bonito, sinal de orgulho, mas sinal de preconceito também. Os campeões nossos da negritude, todos eles, se dizem simplesmente negros. Acham feio, quem sabe até humilhante, se declararem mestiços, ou meio brancos, como na verdade o são. "*Black is beautiful*" eu também acho. Mas mulato é lindo também, seja qual for a dose da sua mistura de raça. Houve um tempo, antes de se desenvolver no mundo a reação antirracista, em que até se fazia aqui no Rio o concurso "rainha das mulatas". Mas a distinção só valia para a mulata jovem e bela. Preconceito também e dos péssimos, pois

PORTUGUÊS PARA DESESPERADOS · QUESTÕES COMENTADAS

157

a mulata só era valorizada como objeto sexual, capaz de satisfazer a consciência dos homens.

A gente não pode se deixar cair nessa armadilha dos brancos. A gente tem de assumir a nossa mulataria. Qual brasileiro pode jurar que tem sangue "puro" nas veias, – branco, negro, árabe, japonês? Vejam a lição de Gilberto Freyre, tão bonita. Nós todos somos mestiços, mulatos, morenos, em dosagens várias. Os casos de branco puro são exceção {como os de índios puros – tais os remanescentes de tribos que certos antropólogos querem manter isolados, geneticamente puros – fósseis vivos – para eles estudarem...). Não vale indagar se a nossa avó chegou aqui de caravela ou de navio negreiro, se nasceu em taba de índio ou na casa-grande. Todas elas somos nós, qualquer procedência Tudo é brasileiro. Quando uma amiga minha, doutora, participante ilustre de um congresso médico, me declarou orgulhosa "eu sou negra" – não resisti e perguntei: "Por que você tem vergonha de ser mulata?" Ela quase se zangou. Mas quem tinha razão era eu. Na paixão da luta contra a estupidez dos brancos, os mestiços caem justamente na posição que o branco prega: negro de um lado, branco do outro. Teve uma gota de sangue africano é negro – mas tendo uma gota de sangue branco será declarado branco? Não é.

Ah, meus irmãos, pensem bem. Mulata, mulato também são bonitos e quanto! E nós todos somos mesmo mestiços, com muita honra, ou morenos, como o queria o grande Freyre. Raça morena, estamos apurando. Daqui a 500 anos será reconhecida como "zootecnicamente pura» tal como se diz de bois e de cavalos. Se é assim que eles gostam!

(QUEIROZ, Rachel. O Dia da Consciência Negra. *O Estado de S.Paulo*, São Paulo, 23nov. 2002. Brasil, caderno 2, p. D16)

Vocabulário:

– *half-breed*: mestiço.

– marabá: mameluco.

– meião, quarteirão e octorão: pessoas que têm, respectivamente, metade, um quarto e um oitavo de sangue negro.

– "*Black is beautiful*": "O negro é bonito".

As palavras destacadas em "se dizem **altivamente** 'negros', quando isso não é verdade" e "**geneticamente** puros – fósseis vivos – para eles estudarem...)", acrescentam um determinado valor aos elementos a que se referem. Nos dois casos, esse valor pode ser classificado como:

a) modo.

b) intensidade.

c) afirmação

d) tempo.

e) instrumento.

Comentário: podemos substituir os advérbios por locuções, como **de maneira altiva** ou **com altivez** e **de maneira genética** ou **por meio da genética** para tornar a circunstância de modo mais evidente.

17. (EEAR – Sargento da Aeronáutica – Controle de Tráfego Aéreo – Turma 1 – 2016) Em qual das alternativas abaixo o advérbio em destaque é classificado como advérbio de tempo?

a) Não gosto de salada **excessivamente** temperada.

b) Ele **calmamente** se trocou, estava com o uniforme errado.

c) Aquela vaga na garagem do condomínio **finalmente** será minha.

d) **Provavelmente** trocariam os móveis da casa após a mudança.

Comentário: **finalmente** se refere ao momento em que a vaga do condomínio foi conseguida. **Excessivamente** indica intensidade; **calmamente** indica o modo como se trocou e **provavelmente** indica a ideia de dúvida.

18. (FGV – BANESTES – Analista Econômico Financeiro – 2018) As frases abaixo apresentam um problema em sua estruturação: o advérbio (ou locução) sublinhado já tem seu significado contido no verbo que o acompanha; assinale a exceção:

a) As crianças sorriam alegremente das brincadeiras do palhaço;

b) Os feridos arrastavam-se com dificuldade em direção ao abrigo;

c) Os automóveis voavam velozmente pela nova pista;

d) Todos decidiram, de súbito, mudar de profissão;

e) Todos os soldados vagavam sem destino após a derrota.

Comentário: o problema das frases é a redundância das expressões destacadas em relação ao verbo a que se referem. **Alegremente** indica a ideia de **modo**, que já é inerente ao verbo **sorrir**. Assim como **com dificuldade** e o verbo **arrastar**; **velozmente** e **voar** e **sem destino** e **vagar**. Diferente de **súbito** e **decidir**, pois nem todo ato de decisão acontece de repente.

19. (UNESP – Agente de Desenvolvimento Infantil – 2019) Assinale a frase incorreta.

a) Escrevi o bilhete em meia folha de papel pautado.

b) Você hoje está meia zangada.

c) Pedrinho ficou meio caído por Zilda.

d) Com meia banana e meio tomate continuaríamos com fome, você não acha?

e) A janela ficou meio aberta.

Comentário: a palavra **meio**, quando se relaciona a um verbo, a um adjetivo ou a um advérbio, será classificada também como advérbio, logo, deverá permanecer no masculino e no singular.

20. (MPE-GO – Auxiliar Administrativo – APARECIDA DE GOIÂNIA – 2019) Assinale, dentre as alternativas abaixo, aquela que contém uma frase em que o advérbio expressa simultaneamente ideias de tempo e negação.

a) Jamais acreditei que você viesse.

b) Agora seremos felizes.

c) Eles sempre chegam atrasados.

d) Falei ontem com os embaixadores.

e) Não me pergunte as razões da minha atitude.

Comentário: a palavra **jamais** (assim como **nunca**) é classificada por muito gramáticos como um advérbio de tempo, porém é inegável que a ideia de negação está inerente em seu significado.

BIZU!

Classificação morfológica é diferente de ideia. Se o enunciado restringisse o questionamento à nomenclatura ou à classe de palavra, ficaríamos presos a **tempo** apenas.

---

21. (MPE-GO – Auxiliar Administrativo – 2019) Assinale a alternativa que completa adequadamente as lacunas da frase.

A biblioteca já informou _____ vezes que, para a retirada de livros e revistas _____ de seu acervo, é _____ a apresentação de documento de identidade e de comprovante de endereço.

a) bastante – raras – obrigatório.

b) bastantes – raras – obrigatório.

c) bastante – raras – obrigatória.

d) bastantes – raros – obrigatório.

e) bastantes – raros – obrigatória.

Comentário: a palavra **bastantes** fica no plural, porque apareceu acompanhando o substantivo **vezes**. Sendo assim, sabemos que se trata de um pronome indefinido. Raros vem no plural caracterizando **livros e revistas** e o adjetivo **obrigatória** surge no singular e no feminino por se referir ao tema **a apresentação**.

22. (UFAC – Assistente de Administração – 2019) O artigo (definido ou indefinido) tem a capacidade de substantivar qualquer palavra; ou seja, transformá-la em substantivo. Indique a opção em que ocorre substantivação de um advérbio:

a) O bonito é te ver sorrir.

b) Ambas as crianças estão vestindo azul.

c) Fui falar com uma garota e recebi um não como resposta.

d) Todos os candidatos são incompetentes.

e) A Fernanda canta muito bem.

Comentário: ao ser antecedido pelo artigo **um**, a palavra **não** deixa de ser um advérbio e passa a ser um substantivo.

23. (UFAC – Economista – 2019) Somente uma das frases abaixo não apresenta dois advérbios. Assinale-a:

a) O palestrante falou claro e não deixou margens para perguntas.

b) Não sei qual a razão, mas hoje estou meio esquecido.

c) Agora expresse sua opinião humildemente.

d) Jamais diga que eles foram pouco convincentes.

e) Quero estar lá, certamente sem a sua companhia.

Comentário: em a), temos **caro** e **não**; em b), temos três advérbios e não dois – **não**, **hoje** e **meio**; em c), temos **agora** e **humildemente**; em d), **jamais** e **pouco** e, em e), **lá** e **certamente**.

24. (IBADE – SEE-AC – Professor – Língua Portuguesa – 2019) "[...] os discursos são sempre o espaço privilegiado de luta entre vozes sociais, o que significa que são **precipuamente** o lugar da contradição, ou seja, da argumentação, pois a base de toda a dialética é a exposição de uma tese e sua refutação."

O advérbio destacado, "precipuamente", poderia ser substituído, sem prejuízo de sentido, por:

a) exclusivamente.

b) consequentemente.

c) unicamente.

d) explicitamente.

e) essencialmente.

Comentário: **precípuo** é aquilo que é principal, **essencial** ou mais importante. A partir desse adjetivo, temos o advérbio **precipuamente**. A partir de **essencial**, temos **essencialmente**.

25. (VUNESP – CÂMARA DE SERRANA/SP – Analista Legislativo – 2019)

O termo "até", em destaque nas frases: "... instituições como previdência e **até** democracia representativa podem entrar em colapso." / "**Até** o começo do século 19, filhos eram um ativo econômico." expressa circunstância de

a) inclusão e de tempo, respectivamente.

b) modo, em ambas as ocorrências.

c) tempo e de modo, respectivamente.

d) inclusão, em ambas as ocorrências.

e) tempo, em ambas as ocorrências.

Comentário: o primeiro **até** pode ser substituído por **inclusive** e sugere uma ênfase na inclusão do termo **democracia representativa**. Já o segundo remete à marcação de um momento.

26. (VUNESP – UNICAMP – Profissional para Assuntos Administrativos – 2019)

Os termos destacados nas frases – "De repente, várias eras geológicas **depois**..." / "... que seja para continuar usando algo **mais** nobre..." – expressam circunstâncias, respectivamente, de

a) modo e tempo.

b) intensidade e dúvida.

c) dúvida e modo.

d) afirmação e dúvida.

e) tempo e intensidade.

Comentário: **depois** é um advérbio de tempo e **mais** apareceu intensificando o adjetivo **nobre**.

27. (VUNESP – SEDUC-SP – Oficial Administrativo – 2019)

Assinale a alternativa cujo termo em destaque intensifica o sentido da informação a que se refere.

a) do **mesmo** jeito.

b) **tudo** no computador.

c) **depois** digitar

d) **um** computador.

e) **tanto** barulho.

Comentário: a palavra **tanto** é um pronome indefinido que apareceu acompanhando o substantivo **barulho**, agregando uma ideia intensificadora. Coloquei essa questão aqui no capítulo de advérbios para lembrar que **classificação morfológica** é uma coisa e **significado** é outra. Não é um advérbio, mas também é capaz de indicar uma circunstância.

28. (VUNESP – TJ-SP – Médico Judiciário – 2019) Leia o texto:

Após avanços tecnológicos, medicina deve mirar empatia

Médicos sempre ocuparam uma posição de prestígio na sociedade. Afinal, cuidar do maior bem do indivíduo – a vida – não é algo trivial. Embora a finalidade do ofício seja a mesma, o modus operandi mudou drasticamente com o tempo.

O que se pode afirmar é que o foco da atuação médica deve ser cada vez menos o controle sobre o destino do paciente e mais a mediação e a interpretação de tecnologias, incluindo a famigerada inteligência artificial. Já o lado humanístico, que perdeu espaço para os exames e as máquinas, tende a recuperar cada vez mais sua importância.

De meados do século 20 até agora, concomitantemente às novas especialidades, houve avanço tecnológico e a proliferação de modalidades de exames. Cresceu o catálogo dos laboratórios e também a dependência do médico em relação a exames. A impressão dos pacientes passou a ser a de que o cuidado é ruim, caso o médico não os solicite.

O tema é caro a Jayme Murahovschi, referência em pediatria no país. "Tem que haver progressão tecnológica, claro, mas mais importante que isso é a ligação emocional com o paciente. Hoje médicos pedem muitos exames e os pacientes também."

Murahovschi está entre os que acreditam que a profissão está sofrendo uma nova reviravolta, quase que voltando às origens clássicas, hipocráticas: "Os médicos do futuro, os que sobrarem, vão ter que conhecer o paciente a fundo, dar toda a atenção que ele precisa, usando muita tecnologia, mas com foco no paciente."

Alguns profissionais poderão migrar para uma medicina mais técnica, preveem analistas.

Esses doutores teriam uma função diferente, atuando na interface entre o conhecimento biomédico e a tecnologia por trás de plataformas de diagnóstico e reabilitação. Ou ainda atuariam alimentando com dados uma plataforma de inteligência artificial, tornando-a mais esperta.

Outra tecnologia já presente é a telemedicina, que descentraliza a realização de consultas e exames. Clínicas e médicos generalistas podem, rapidamente e pela internet, contar com laudos de especialistas situados em diferentes localidades; uma junta médica pode discutir casos de pacientes e seria possível até a realização, a distância, de consultas propriamente ditas, se não existissem restrições do CFM nesse sentido.

Até cirurgias podem ser feitas a distância, com o advento da robótica. O tema continua fascinando médicos e pacientes, mas, por enquanto, nada de droides médicos à la Star Wars – quem controla o robô ainda é o ser humano.

(Gabriela Alves. *Folha de S.Paulo*, 19.10.2018. Adaptado)

No trecho do último parágrafo – quem controla o robô **ainda** é o ser humano –, o termo destacado apresenta circunstância adverbial de

a) afirmação, como em: "tende a recuperar **cada vez mais** sua importância".
b) tempo, como em: "pode discutir, **remotamente**, diversos casos".
c) tempo, como em: "**Hoje** médicos pedem muitos exames".
d) afirmação, com em: "progressão tecnológica, **claro**, mas mais importante".
e) intensidade, como em: "tornando-a **mais** esperta".

> **Comentário:** **ainda** é um advérbio de **tempo** assim como **hoje**.

29. (VUNESP – CÂMARA DE MONTE ALTO/SP – Auxiliar Técnico Legislativo) Assinale a alternativa em que a circunstância expressa pelo termo em destaque está corretamente identificada nos parênteses.

a) ... em anos de trato com livros, **nunca** lhe ocorrera pronunciar: "livro físico". (dúvida)
b) ... todos os livros que haviam passado por suas mãos eram **apenas** livros... (negação)
c) É claro que Daniel sabe a resposta e eu **também**. (intensidade)
d) ... **ironicamente**, passou a se chamar assim em pleno processo de extinção física... (modo)
e) ... as últimas moças que **ainda** conservarem seus empregos serão chamadas de "caixas físicas". (afirmação)

> **Comentário:** **nunca** indica a ideia de **tempo**; **apenas**, de **exclusão**; **também**, de **inclusão** e **ainda**, de **tempo**. é importante lembrar que essas ideias se estabelecem a partir do contexto em que estão inseridas.

30. (PREFEITURA DO RIO DE JANEIRO/RJ – Professor Adjunto de Educação Infantil – 2019) Está destacado um advérbio em:

a) "E até hoje continuam a brincar o <u>mesmo</u> brinquedo..."
b) "Na verdade, <u>muitos</u> dos brinquedos..."
c) "E não é esse <u>mesmo</u> jogo que faz a criança..."
d) "O professor Pardal gostava <u>muito</u> do Huguinho..."

> **Comentário:** **muito**, da letra d), é a única palavra destacada que não está ligada a um substantivo. Apareceu intensificando o verbo **gostar**, é invariável e é um **advérbio**.

GABARITO

1 – E	16 – A
2 – E	17 – D

3 – E	18 – D
4 – E	19 – B
5 – B	20 – A
6 – D	21 – E
7 – B	22 – C
8 – C	23 – B
9 – C	24 – E
10 – A	25 – A
11 – C	26 – E
12 – C	27 – E
13 – E	28 – C
14 – A	29 – D
15 – E	30 – D

9
CONJUNÇÕES

Chegamos a um dos temas mais importantes no estudo de português para concursos públicos! Além das questões isoladas sobre o assunto, que aparecem demais, todo mundo que quer escrever bem precisa estudar as conjunções.

Conjunções são palavras invariáveis que introduzem ou relacionam orações, estabelecendo relações semânticas entre elas. Quando duas ou mais palavras desempenham o papel de conjunção, recebem o nome de locução conjuntiva.

CLASSIFICAÇÃO

Para classificar as conjunções é preciso levar em conta os dois processos básicos de construção de períodos: a **coordenação** e a **subordinação**.

Conjunções coordenativas

a) *Aditivas* – relação de soma entre termos ou ideias. Conjunções: e, nem, não só... mas também. Exemplo: Marcos adora os chocolates produzidos fora do país **e** os nacionais também.

b) *Adversativas* – estabelece relação de oposição entre dois termos ou duas orações. Conjunções: mas, porém, todavia, contudo, entretanto, senão etc. Exemplo: Muita gente critica as novelas, **mas** assiste sempre que possível.

c) *Interativas* – dão ideia de alternância entre dois termos ou duas orações, pois os fatos expressos não podem acontecer ao mesmo tempo. Conjunções: ou (repetida ou não), ora... ora, quer... quer, seja... seja, já... já etc. Exemplo: Preencha este cupom **ou** ligue para 0800 1707.

d) *Conclusivas* – estabelecem uma relação de conclusão, consequência. Conjunções: logo, portanto, pois (posposto ao verbo), assim etc. Exemplo: Marta estava bem preparada para o teste, **portanto** *não ficou nervosa.*

e) *Explicativas* – relação de explicação. A segunda oração explica ou justifica a ideia expressa na primeira. Conjunções: porque, que (= porque), pois (anteposto ao verbo). Exemplo: Fique quieto, **pois** quero ver minha novela.

Conjunções subordinativas

a) *Causais* – iniciam oração que indica causa. Conjunções: porque, pois, como (=porque), que (= porque), portanto. Exemplo: Em Marte, o céu é cor-de-rosa **porque** há excessivas partículas de poeira na atmosfera.

b) *Comparativas* – iniciam uma oração que é o segundo elemento da comparação. Conjunções: como, qual, que, do que (depois de mais, menos, maior, menor, melhor e pior). Exemplo: A vida vem em ondas **como** o mar.

c) *Condicionais* – iniciam uma oração que indica condição ou hipótese para que o fato principal não se realize. Conjunções: se, caso etc. Exemplo: **Se** o mar me submergir à tua mão, me traz à tona.

d) *Conformativas* – iniciam uma oração que indica circunstância de conformidade ou acordo. Conjunções: conforme, como (= conforme), segundo, consoante etc. Exemplo: O rapaz agiu **segundo** sua consciência.

e) *Consecutivas* – iniciam uma oração que indica consequência do fato expresso na oração anterior. Conjunções: que (precedido de tal, tanto, tão ou tamanho). Exemplo: Sofreu tanta rejeição **que** desistiu da vida pública.

f) *Concessivas* – iniciam uma oração que indica contradição em relação a outro fato. Contudo, essa contradição não impede que o fato se realize. Conjunções: embora, conquanto. Exemplo: Nossa amizade, **embora** fosse profunda, não resistiu àquela mentira.

g) *Finais* – iniciam uma oração que indica finalidade. Conjunções: que (= para que), porque (= para que). Exemplo: É bom conversar **para que** as coisas sejam esclarecidas.

h) *Proporcionais* – indica um fato que foi ou será realizado ao mesmo tempo que outro. Locuções conjuntivas: à medida que, à proporção que, ao passo que, quanto mais... mais etc. Exemplo: **À medida** que passa o efeito da anestesia, a dor aumenta.

i) *Temporais* – iniciam uma oração que indica tempo. Conjunções: quando, mal, apenas etc. Exemplo: Só se dá valor à saudade **quando** se está longe.

j) *Integrantes* – iniciam uma oração que exerce função de sujeito, objeto direto, objeto indireto, predicativo, complemento nominal ou aposto de outra oração. Conjunções: que (no caso de certeza), se (quando há incerteza, dúvida). Exemplo: Gostaria de saber **se** você poderá ir à festa.

https://ugr.to/llxov

COMO VEMOS ISSO NA PROVA?

1. (COTEC – PREFEITURA DE SÃO FRANCISCO/MG – Assistente Social – 2020) Considere o trecho: "Se perdemos a cabeça e gritamos, eles nos perdoam sem pestanejar, sem nos julgar, sem guardar rancor."
A conjunção "Se", que introduz o trecho, insere nele uma ideia de
 a) causa.
 b) consequência.
 c) condição.
 d) concessão.
 e) tempo.

Comentário: a ideia introduzida é de pendência para que a próxima ação aconteça. Classificamos a conjunção **se** como **condicional**.

2. (COTEC – PREFEITURA DE BRASÍLIA DE MINAS/MG – Engenheiro Ambiental – 2020) Considere o trecho: "(...) você pode pensar que estará decepcionando não só a si próprio, mas também alguém que te apoia (...)". O termo "mas também" insere no trecho uma ideia de

a) adição.

b) adversidade.

c) concessão.

d) explicação.

e) consequência.

Comentário: as expressões "não só... mas também" indicam a inclusão de algo/ alguém, conferindo a ideia de **adição**.

3. (FUNDATEC – PREFEITURA DE SANTO AUGUSTO/RS – Auditor-Fiscal de Tributos Municipais – 2020) No fragmento textual "Muitos terapeutas utilizam a metáfora da panela de pressão, ou seja, a pressão sobe, sobe e sobe, podendo chegar a um ponto tal que estoura e joga o que está em seu interior para todos os lados de uma forma desmedida", a conjunção sublinhada inicia orações que exprimem:

a) Finalidade.

b) Concessão.

c) Condição.

d) Conformidade.

e) Consequência.

Comentário: uma ação intensificada seguida de seu resultado normalmente constitui a ideia de consequência – como aconteceu no fragmento destacado.

4. (IBFC – PREFEITURA DE VINHEDO/SP – Guarda Municipal – 2020) Em "Como não sabia falar direito, o menino balbuciava expressões complicadas, (...)", o vocábulo destacado é uma conjunção que estabelece relação entre orações no período em que está inserida e possui um valor semântico de:

a) concessão.

b) condição.

c) causa.

d) comparação.

Comentário: a ideia de **causa** fica mais evidente ao trocarmos a ordem e substituirmos o **como** pelo **porque**: "O menino balbuciava expressões complicadas, porque não sabia falar direito".

5. (CPCON – CÂMARA DE SANTA LUZIA/PB – Agente Administrativo – 2020) Alguns itens gramaticais servem de guia para a compreensão das relações de sentido expressas entre as orações que compõem um texto. Logo, constituem importante recurso de coesão. Leia, com atenção, o trecho de entrevista abaixo exposto, em que os conectores estão ausentes, e empregue-os, de modo a dar-lhe sentido.

FILOSOFIA: O que dizer sobre o futuro próximo (e o não tão próximo) das profissões?

JOÃO TEIXEIRA: Não acredito que o trabalho vai acabar. _____ ele passará por uma reconfiguração social e tecnologia drástica nas próximas décadas. [...] O trabalho está cada vez mais precarizado ou "uberizado" [...] Tudo dependerá de um cálculo de custos e benefícios. _____ a automação ainda for mais cara do que a mão de obra, ela não será implementada. Um efeito interessante da automatização será uma modificação grande na nossa cultura do trabalho. [...] Com a precarização do trabalho e a dissolução da ideia de carreira as pessoas podem enfrentar, em um futuro próximo, uma espécie de crise de identidade. _____ sempre é possível nos definirmos pelo trabalho ou pelo emprego que temos. As pessoas dizem "sou professor" ou "sou jornalista", _____, no futuro, elas não poderão mais fazer isso, pois mudarão de atividade várias vezes durante a vida [...]".

(Filosofia – Ano III, nº 150 – www.portalespaçodosaber.com.br)

Os elementos conjuntivos que preenchem adequadamente as lacunas são:

a) Mas – Enquanto – Pois – mas.
b) Porém – Se – Portanto – e.
c) Porque – Enquanto – Logo – porém.
d) Portanto – Enquanto – Pois – logo.
e) Entretanto – Enquanto – Porque – pois.

Comentário: na primeira lacuna, há a introdução de uma ideia que se opõe à anterior, então cabe uma conjunção adversativa, como **mas**, **porém** ou **entretanto**. Já na segunda, tanto **enquanto** quanto **se** manteriam a ideia de condição que a frase expressa. Na terceira, o teor causal exige **porque** ou **pois**. E, na última, mais uma vez, temos a ideia adversativa.

6. (IBADE – PREFEITURA DE SÃO FELIPE D'OESTE/RO – Agente Administrativo – 2020) "Fico me perguntando como é que vai ser daqui a um tempo, caso não se mantenha o já parco vínculo com a literatura...". A troca da conjunção não altera o sentido da oração em:

a) embora.
b) a menos que.
c) posto que.
d) porquanto.
e) ainda que.

Comentário: o conectivo **caso** indica a ideia de **condição**, assim como **a menos que**.

7. (AOCP – PREFEITURA DE NOVO HAMBURGO/RS – Assistente Administrativo – 2020) A conjunção destacada em: "Eu fiquei um pouco assustada e com receio do que viria depois, já dei um riso meio sem graça e estava procurando uma desculpa para aquela frase nada acolhedora. **Porém**, os santos do dialeto me salvaram." indica que a oração seguinte apresenta

a) algo contrário ao esperado para a situação.

b) uma explicação para o que aconteceu anteriormente.

c) uma conclusão para o fato expresso anteriormente.

d) uma comparação em relação à frase anterior.

e) a condição que potencializou o fato anterior.

Comentário: **porém** é uma conjunção coordenativa adversativa, promove, portanto, o encontro de ideias que se opõem e causam uma quebra da expectativa.

8. (GUALIMP – PREFEITURA DE QUISSAMÃ/RJ – Fiscal de Transporte Coletivo – 2020) "<u>Se</u> não chamo de volta, até <u>se</u> ofendem.". É correto afirmar sobre as palavras sublinhadas nessa frase:

a) A primeira é um pronome

b) A segunda é uma conjunção.

c) A primeira é uma conjunção.

d) Ambas são pronomes.

Comentário: a partícula **se** que aparece primeiro é uma conjunção e indica a ideia de **condição**. A segunda, é um pronome reflexivo.

9. (IBADE – IBGE – Recenseador – 2020) No fragmento: "No que tange ao desperdício de água, o Brasil, **segundo** o Ministério do Meio Ambiente, desperdiça entre 20% a 60% da água destinada ao consumo ao longo da distribuição." A palavra destacada é classificada como:

a) numeral.

b) artigo.

c) conjunção.

d) verbo.

e) pronome.

Comentário: a palavra **segundo**, quando significa "de acordo com" ou "conforme", será uma conjunção concessiva.

10. (EFOMM – 2021) "RELEVE A IMPORTÂNCIA; OS GOSTOS NÃO SÃO IGUAIS". Fazendo uso de um conectivo para ligar as orações acima, qual explicitaria corretamente as relações entre as orações?

PORTUGUÊS PARA DESESPERADOS · QUESTÕES COMENTADAS

a) Releve a importância, conquanto os gostos não são iguais.

b) Releve a importância, porquanto os gostos não são iguais.

c) Releve a importância, contanto os gostos não são iguais.

d) Releve a importância, enquanto os gostos não são iguais.

e) Releve a importância, tanto os gostos não são iguais.

Comentário: a segunda oração **explica** a instrução/ordem da primeira. Esse caso constitui a ideia da conjunção coordenativa explicativa. A única conjunção desse tipo presente nas opções é **porquanto**, que é sinônima de **porque**.

11. (ESPCEX – 2020) "Embora utilizar um canudo não seja a melhor das hipóteses, algumas pessoas ainda os preferem ou até necessitam deles...". Assinale a alternativa em que a reescrita do fragmento mantém as relações de sentido e de subordinação indicadas no texto original.

a) Utilizar um canudo não é a melhor das hipóteses, ainda que algumas pessoas os prefiram ou até necessitem deles..."

b) "Visto que a utilização de um canudo não é a melhor das hipóteses, algumas pessoas ainda os preferem ou até necessitam deles...".

c) "Mesmo que a utilização de um canudo não seja a melhor das hipóteses, algumas pessoas ainda os preferem ou até necessitam deles...".

d) Considere-se que utilizar um canudo não seja a melhor das hipóteses, porque ainda há algumas pessoas que os preferem ou até necessitam deles...".

e) Concluindo-se que utilizar um canudo não seja a melhor das hipóteses, consideremos algumas pessoas que ainda os preferem ou até necessitam deles...".

Comentário: a conjunção **embora** indica a ideia de **concessão**, assim como a expressão **mesmo que**.

12. (ESPCEX – 2019) Em "A Assembleia Geral da ONU reconheceu em 2010 **que** o acesso à água potável (...)", a palavra "QUE" encontra emprego correspondente em

a) "(...) os serviços de saneamento são prestados em caráter de monopólio, o que significa (...)".

b) "Esses planos são obrigatórios para que possam ser estabelecidos (...)".

c) "(...) o que significa que os usuários estão submetidos às atividades de um único prestador."

d) "(...) 70% da população que compõe o déficit de acesso ao abastecimento (...)".

e) "(...) e do Conselho Nacional das Cidades, que deram à política urbana (...)".

Comentário: **o que** destacado no enunciado é uma conjunção **integrante** – inicia uma oração subordinada substantiva. Assim como o **que** da letra c): "... significa **isso**".

13. (EEAR – CFS-2 – 2021) Em qual alternativa há uma oração subordinada adverbial final?

 a) Os professores, quando decidiram fazer um trabalho de reforço com os alunos, tinham a intenção de obter um resultado melhor no Exame Nacional, em relação ao ano anterior.

 b) O trabalho de reforço daqueles professores foi tão importante que o resultado no Exame Nacional, em relação ao ano anterior, foi bem melhor.

 c) Como os professores fizeram um trabalho de reforço com os alunos, o resultado no Exame Nacional, em relação ao ano anterior, foi bem melhor.

 d) Para que o resultado do Exame Nacional fosse melhor em relação ao ano anterior, os professores fizeram um trabalho de reforço com os alunos.

Comentário: a conjunção ou locução conjuntiva **final** é aquela que indica o objetivo da ação, como **para que** (alternativa d).

14. (EEAR – CFS-1 – 2021) Leia os períodos e depois assinale a alternativa que classifica, correta e respectivamente, as orações adverbiais em destaque.

1 – A filha é traiçoeira como o pai.

2 – O Chefe de Estado agiu como manda o regulamento.

3 – Como era esperado, ele negou a participação no sequestro.

4 – Como não estava bem fisicamente, não participou da maratona.

 a) Causal, comparativa, causal, comparativa.

 b) Comparativa, conformativa, causal, causal.

 c) Comparativa, conformativa, conformativa, causal.

 d) Conformativa, causal, comparativa, conformativa.

Comentário: em 1, "A filha é traiçoeira como o pai", há uma **comparação** entre a filha e o pai. Já em 2 e 3, podemos substituir **como** por **conforme**, indicando a ideia de **conformidade**. E, em 4, a ideia de **causa** fica clara ao trocarmos a ordem: "não participou da maratona, **porque** não estava bem fisicamente" (letra c).

15. (VUNESP – CÂMARA DE SERRANA/SP – Técnico Legislativo – 2019) As conjunções em destaque nas frases: **Quando** eu vejo o montante do fundo partidário, sou percorrido por uma dor muito forte. O que mais precisaria queimar no Brasil, **para que** a gente percebesse que patrimônio é algo que se vai para sempre? – assumem, respectivamente, ideia de

 a) tempo e causa.

 b) causa e consequência.

PORTUGUÊS PARA DESESPERADOS · QUESTÕES COMENTADAS

173

c) finalidade e concessão.

d) tempo e finalidade.

e) tempo e conformidade.

Comentário: **quando** marca a ideia do momento/tempo em que a ação acontece e **para que** indica o objetivo, a finalidade do questionamento anterior (letra d).

16. (VUNESP – TJ-SP – Médico Judiciário – 2019) A alternativa em que a expressão destacada estabelece relação de causa entre as ideias é:

a) No difícil processo de reintegração, a literatura pode ser um meio eficaz **visto que** devolve à sociedade uma pessoa disposta a reescrever sua história.

b) No difícil processo de reintegração, a literatura pode ser, **portanto**, um meio eficaz de devolver à sociedade uma pessoa disposta a reescrever sua história.

c) **Caso** haja um difícil processo de reintegração, a literatura pode ser um meio eficaz de devolver à sociedade uma pessoa disposta a reescrever sua história.

d) **À medida que** ocorra um difícil processo de reintegração, a literatura pode ser um meio eficaz de devolver à sociedade uma pessoa disposta a reescrever sua história.

e) A literatura pode ser, no difícil processo de reintegração, um meio eficaz **para que** se devolva à sociedade uma pessoa disposta a reescrever sua história.

Comentário: **visto que** pode ser substituído por **porque** ou **pois**. Na letra b), temos a ideia de **conclusão**. Em c), **condição**. Em d), **concessão** e, em e), **finalidade**.

17. (FUNDEP – GESTÃO DE CONCURSOS – PREFEITURA DE ERVÁLIA/MG – Advogado – 2019) Leia o trecho a seguir:

"**Assim**, não temos nem atrás de nós nem diante de nós, no domínio luminoso dos valores, justificações ou desculpas."

A conjunção destacada nesse trecho confere a ele um valor

a) explicativo.

b) temporal.

c) conclusivo.

d) adversativo.

Comentário: o termo conclui o raciocínio das orações anteriores. Poderíamos substituí-lo por **portanto, logo, dessa forma, sendo assim** e afins (letra c).

18. (UFAC – Economista – 2019) Nestas frases, as conjunções ou locuções conjuntivas estão inadequadas às relações de ideias, exceto em:

a) Embora sua bicicleta estivesse no conserto, teve que ir a pé.

b) À medida que a palestra acabou, ele saiu.

c) O filme é interessante, visto que longo demais.

d) O modo que ele se comportou nos deixou aflitos.

e) Tirou boa nota, apesar de não ter estudado muito.

Comentário: na letra e) a construção está adequada, mas as demais orações estão semanticamente prejudicadas. Confira as sugestões de correção abaixo:

a) Uma vez que (causa) sua bicicleta estava no conserto, teve que ir a pé.

b) Quando (tempo) a palestra acabou, ele saiu.

c) O filme é interessante, porém (adversidade) longo demais.

d) O modo com que (preposição + pronome relativo) ele se comportou nos deixou aflitos.

19. (FUNDEP – GESTÃO DE CONCURSOS – SAAE DE ITABIRA/MG – Advogado – 2019) Leia o trecho a seguir.

"Parece que o Ministério da Saúde está decidido a dedicar mais atenção à prevenção da gravidez na adolescência. Entre as medidas adotadas estão a preparação de profissionais para atendimento, divulgação de material educativo, acesso a métodos anticoncepcionais e aos preservativos, além do estímulo à promoção de atividades culturais e esportivas.

Embora essas intervenções sejam fundamentais, a solução do problema não é tarefa exclusiva do governo".

A conjunção destacada, pela relação que estabelece entre o parágrafo anterior e aquele que ela inicia, é denominada

a) final.

b) concessiva.

c) condicional.

d) causal.

Comentário: a ideia é de concessão (letra c). Podemos substituir o conectivo **embora** por **ainda que, mesmo que, conquanto** e afins.

20. (PREFEITURA DE LAGOA ALEGRE/PI – Engenheiro Civil Fiscal – 2019) A palavra destacada que não se classifica como conjunção encontra-se na alternativa:

a) "...**embora** represente a menor fatia de consumo...".

b) "... a água está no conflito **entre** Israel e Palestina...".

c) "**Se** nada for feito, esse número deve chegar a 3 bilhões em 20 anos."

d) "O desmatamento **e** a impermeabilização do solo nos centros urbanos...".

PORTUGUÊS PARA DESESPERADOS · QUESTÕES COMENTADAS 175

Comentário: **entre** é uma preposição. Nos casos em análise, **embora** é uma conjunção concessiva; **se** é condicional e **e**, aditiva.

21. (IBADE – PREFEITURA DE JOÃO PESSOA/PB – Agente de Controle Urbano – 2018) A opção que pode substituir a conjunção destacada em: "Até tentei levar uma caneca, **MAS** era muito pesada e ocupava muito espaço em minha bolsa." sem alteração de sentido, é:

a) entretanto.

b) por isso.

c) portanto.

d) porque.

e) por conseguinte.

Comentário: **mas**, nesse caso, é uma conjunção adversativa, assim como **entretanto** (letra a). **Porque** é **causal** ou **explicativa**. **Por isso**, **portanto** e **por conseguinte** são expressões **conclusivas**.

22. (UFMG – Auxiliar em Administração – 2018) Leia estre trecho:
Pode ser que aquelas pessoas da praia tenham conhecimento ambiental, **mas** não internalizaram os conceitos aprendidos.
Para manter o sentido original nesse trecho, o termo destacado NÃO pode ser substituído por

a) portanto.

b) porém.

c) todavia.

d) contudo.

Comentário: a única conjunção que não promove a ideia de **adversidade** é **portanto** – que indica **conclusão** (letra a).

23. (INSTITUTO AOCP – ITEP-RN – Perito Criminal – Químico – 2018) Assinale a alternativa em que o elemento sublinhado é uma conjunção integrante.

a) "No momento em que eu apenas uso o rótulo, perco a chance de ver engenho e arte."

b) "Examino a obra em si, não a obra que eu gostaria de ter feito [...]".

c) "Sociedades abertas crescem mais do que sociedades fechadas."

d) "Horácio garantia, com certa indignação, que até o hábil Homero poderia cochilar [...]".

e) "Inexiste ser humano que não possa ser alvo de questionamento."

Comentário: a conjunção **que**, na letra d), inicia a oração subordinada substantiva (aquela que podemos substituir por **isso**) e assim se classifica como **integrante**. Nas demais frases, temos **pronomes relativos** (aqueles que substituímos por **o qual, a qual, os quais, as quais**...).

24. (INSTITUTO AOCP – TRT – 1ª REGIÃO/RJ – Analista Judiciário – Oficial de Justiça Avaliador Federal – 2018) Conjunções ou locuções conjuntivas são palavras invariáveis utilizadas para ligar orações ou palavras da mesma oração. As conjunções destacadas nos trechos a seguir estabelecem determinados sentidos, introduzindo uma relação semântica entre as orações. Assinale a alternativa que apresenta, entre parênteses, a interpretação correta da conjunção destacada.

a) "(...) é a nossa consciência de ser mortais e, <u>portanto</u>, o nosso perene medo de morrer que nos tornam humanos (...)" (justificativa)

b) "(...) se, por puro acaso, nos tornássemos imortais, <u>como</u> às vezes (estupidamente) sonhamos, a cultura pararia de repente (...)" (causa)

c) "<u>Se</u> é incauto divertir-se com a possibilidade de um mundo alternativo 'sem medo', em vez disso, descrever com precisão os traços distintivos do medo na nossa época e na nossa sociedade é condição indispensável." (hipótese)

d) "(...) interminável para tornar vivível uma vida mortal. <u>Ou</u> pode-se dar mais um passo: é a nossa consciência de ser mortais (...)" (finalidade)

e) "<u>Embora</u> hoje vivamos imersos em uma 'cultura do medo', a nossa consciência de que a morte é inevitável." (consequência)

Comentário: a interpretação correta da conjunção destacada encontra-se na letra c). Em a), temos a ideia de conclusão; em b), temos conformidade; em d), alternância e, em e), concessão.

25. (PC-SP – Investigador de Polícia – 2018) No verso – Achei **que** os olhos eram muito mais velhos **que** o resto do corpo –, as conjunções destacadas funcionam, respectivamente, para relacionar a oração principal à oração

a) adverbial e introduzir oração substantiva predicativa.

b) substantiva e introduzir oração adverbial consecutiva.

c) substantiva e introduzir oração adverbial comparativa.

d) coordenada e introduzir oração adjetiva restritiva.

e) adjetiva e introduzir oração coordenada aditiva.

Comentário: o primeiro **que** é uma conjunção subordinativa integrante – que inicia as orações substantivas – e o segundo, uma conjunção subordinativa adverbial comparativa – que inicia orações classificadas com o mesmo nome.

26. (COPESE – UFT – CÂMARA DE PALMAS/TO – Assistente Administrativo – 2018) No trecho: "Tô tentando me atualizar e mexer nessa tecnologia humana.

Mas ele pede para eu colocar os arquivos na nuvem… E não tá funcionando", a palavra destacada é uma conjunção, termo invariável que tem por função ligar orações ou termos. Assinale a alternativa CORRETA, cujo(s) elemento(s) substitui(em) a conjunção e mantém o seu sentido.

a) Na medida em que.

b) Se.

c) Por que.

d) Contudo.

Comentário: **mas** está indicando oposição ou adversidade, assim como **contudo** (letra d).

27. (VUNESP – CÂMARA MUNICIPAL DE SÃO JOSÉ DOS CAMPOS/SP – Técnico Legislativo – 2018) Assinale a alternativa que reescreve o trecho destacado na passagem – "Meu filho, vem cedo, **que eu quero ver os blocos**." – empregando conjunção que expressa o sentido do original.

a) Meu filho, vem cedo, portanto eu quero ver os blocos.

b) Meu filho, vem cedo, mas eu quero ver os blocos.

c) Meu filho, vem cedo, pois eu quero ver os blocos.

d) Meu filho, vem cedo, apesar de eu querer ver os blocos.

e) Meu filho, vem cedo, quando eu quero ver os blocos.

Comentário: a oração destacada no enunciado indica a ideia de explicação, umas vez que justifica a declaração anterior. Dessa forma, a substituição possível dentro das opções é **pois**.

28. (UECE-CEV – DETRAN/CE – Assistente de Atividade de Trânsito e Transporte – 2018) Assinale a opção em que o valor semântico das conjunções destacadas está corretamente identificado.

a) "As punições estão previstas no Código de Trânsito Brasileiro (CTB) de 1997, **mas** não tinham regulamentação até então"– TEMPO.

b) "…não podem pedalar sem utilizar as mãos **nem** transportar peso incompatível"– ADIÇÃO.

c) "O pedestre que ficar no meio da rua **ou** atravessar fora da faixa…"– COMPARAÇÃO.

d) "…no mesmo sentido de circulação dos carros, **quando** a área não possuir ciclovia…"– CONCLUSÃO.

Comentário: **nem** pode ser substituído por **e + não** e indica adição de informações, conforme apontado na letra b). **Mas** indica adversidade; **ou**, alternância e **quando**, tempo.

29. (IBADE – CÂMARA DE PORTO VELHO/RO – Técnico Legislativo – 2018)
"Quando você vai andando por um lugar **e** há um bate-bola, sentir que a bola vem para o seu lado **e**, de repente, dar um chute perfeito – **e** ser aplaudido pelos serventes de pedreiro."

No trecho em destaque, o autor empregou três vezes a conjunção "e". Analisando esse emprego pode-se afirmar que:

a) O conectivo "e", quando repetido no início das orações, cria um período composto por coordenação com função alternativa.

b) repetição da conjunção, com valor consecutivo, aproxima o texto da língua oral, dando-lhe uma certa informalidade.

c) A conjunção "e" tem aí valor aditivo e sua repetição desencadeia uma sucessão de ações que, unidas, levam ao clímax.

d) O período iniciado por oração subordinada adverbial torna-se mais leve com o uso da conjunção que sugere causalidade.

e) O valor conclusivo da conjunção, ao ser repetido, confere uma complexidade às ações simples do cotidiano.

Comentário: o valor da conjunção E se manteve aditivo e sua repetição gera apenas um tom gradativo à sequência de ações (alternativa c).

30. (FGV – PREFEITURA DE NITERÓI/RJ – Analista de Políticas Públicas e Gestão Governamental – 2018) Assinale a opção que apresenta o segmento do texto em que a conjunção e mostra valor adversativo (e não aditivo).

a) "As fontes em questão são outras, estão atualmente em debate nos meios jornalísticos e legais."

b) "Contrariando a maioria, diria até a unanimidade dos colegas de ofício, sou contra este tipo de sigilo e, sobretudo, contra as fontes em causa."

c) "Tenho alguns anos de estrada, mais do que pretendia e merecia..."

d) "O sigilo das fontes beneficia as fontes, e não o jornalista."

e) "... geralmente é manipulado na medida em que aceita e divulga as informações obtidas com a garantia do próprio sigilo."

Comentário: a letra d) é a única que apresenta uma conjunção **e** que pode ser substituída por **porém**, por exemplo.

GABARITO

1 – C	16 – A
2 – A	17 – C

3 – E	18 – E
4 – C	19 – B
5 – A	20 – B
6 – B	21 – A
7 – A	22 – A
8 – C	23 – D
9 – C	24 – C
10 – B	25 – C
11 – C	26 – D
12 – C	27 – C
13 – D	28 – B
14 – C	29 – C
15 – C	30 – D

10

EMPREGO DO QUE

Escolhi esse assunto para fazer parte do livro porque, além de aparecer nas provas constantemente, ele nos dá oportunidade de revisar diversos conceitos que aprendemos, especialmente na parte de orações.

O assunto mais "bombado" é sempre a diferença da conjunção integrante para o pronome relativo. Então, vamos relembrar essa diferença e ver as principais classificações morfológicas do **que**.

A **conjunção integrante** é aquela que inicia a oração subordinada substantiva (de qualquer tipo). Podemos sempre substituir o **que** integrante + a frase que ele inicia pela palavra **isso**. Exemplos: Quero **que** você entenda – Quero isso. **Que** você se dedique é essencial – Isso é essencial.

Já o **pronome relativo** é aquele que inicia a oração subordinada adjetiva, sempre retomando um termo e lhe dando característica. Podemos substituir o pronome relativo **que** por **o qual** ou **a qual**, **dos quais**, **nas quais**, **pelas quais** e afins. Exemplos: A ideia **que** tive é boa – A ideia a qual tive é boa. Os resumos **que** eu fiz estão em casa – Os resumos os quais eu fiz estão em casa.

Além disso, a palavra **que** também pode aparecer como uma **conjunção subordinativa adverbial** ou como parte da locução conjuntiva. Exemplos: Ele correu tanto **que** caiu – consecutiva. João é mais alto **que** Pedro – comparativa. **Assim que** chegar, avise ao papai – temporal.

Quando nos referimos à própria palavra, ela será um **substantivo**. Sempre acentuada e sempre precedida por um determinante. Exemplos: Meu bem-querer tem um **quê** de pecado. Vamos iniciar o estudo do **quê**.

Pode ser também um **pronome interrogativo**, quando for diretamente responsável pela chave da resposta. Exemplos: **Que** dia é hoje? **Que** houve com a causa?

BIZU!

Só será pronome interrogativo o **que** que puxa as respostas, então, em perguntas como "Você sabe que dia é hoje?", em que a resposta seria **sim** ou **não**, não há pronome interrogativo. Temos aí uma conjunção integrante – "Você sabe isso?".

Quando vier acompanhando um adjetivo ou outro advérbio, o **que** será um **advérbio de intensidade**. Podemos substituí-lo por "quão". Exemplos: **Que** linda! **Que** incrível essa casa!

Mas se vier acompanhando um substantivo, será um **pronome indefinido**. Exemplos: **Que** maravilha! **Que** casa!

O **que** também pode ser uma **preposição**, sempre que vier entre dois verbos e puder ser substituído por **de**. Exemplos: Temos que estudar mais. Eu tive **que** sair cedo ontem.

Pode ser também uma **conjunção coordenativa explicativa**, quando inicia uma oração que justifica a declaração anterior. Exemplos: Ele chorou, **que** seus olhos estão marejados. Fique quieto, **que** quero ouvir o professor!

E ainda pode ser uma **conjunção coordenativa aditiva**, quando está entre verbos iguais. Exemplos: O bebê chora **que** chora ao longo da noite. Ela desce que **desce** até o chão.

O **que** acentuado e seguido de interrogação e/ou exclamação será uma interjeição. Exemplo: **Quê**?! Você não vem?!

Já **partícula expletiva** é aquela que pode ser removida da oração sem alteração sintática. Exemplos: Eu é **que** vou falar agora! Quero saber o **que** que você quer!

https://ugr.to/1lxoy

COMO VEMOS ISSO NA PROVA?

1. (VUNESP – CÂMARA DE PIRACICABA/SP – Jornalista – 2019) Na frase – Tem coisa **que** não pode cancelar –, o vocábulo destacado é um pronome relativo, retomando o substantivo "coisa". Assinale a alternativa em que o vocábulo em destaque também exerce função pronominal, retomando um substantivo.
   a) Ela tem uma sapucaia, **que** produz um ouriço usado no cultivo de algumas espécies.
   b) Dona Terezinha, eu vi **que** a senhora tem uma sapucaia.
   c) Mas quando é **que** vou poder colher o ouriço?
   d) No final da vida, depois de tanta filosofia, escreveu **que** o mais importante era rir.
   e) – Com o rompimento da barragem, tivemos **que** reduzir custos.

Comentário: o pronome relativo **que** sempre pode ser substituído por **o qual** ou **a qual** e suas flexões – "Ela tem uma sapucaia **a qual** produz um ouriço..." (alternativa a). Nas letras b) e d), temos conjunções integrantes – o **que** inicia orações substantivas objetivas diretas. Na letra c), a expressão "é que" é considerada **expletiva**, ou seja, ela pode ser removida da frase sem causar alteração semântica ou sintática. Em e), temos uma preposição, que pode ser substituída por **de**.

2. (IBADE – PREFEITURA DE JARU/RO – Analista Administrativo – 2019) Em "Ele disse **que** provavelmente daria certo com Física ou Astronomia.", o QUE tem o mesmo valor gramatical em:
   a) A cientista espera **que** mais mulheres concorram a esse posto.
   b) O empresário entregou o prêmio **que** lhe deram equivocadamente.
   c) **Que** maravilha a descoberta do buraco negro previsto por Einstein!
   d) Os premiados tiveram **que** sair rápido, devido ao assédio dos jornalistas.
   e) Quase **que** o Brasil perde a chance de participar desse grandioso evento.

Comentário: o valor gramatical do **que** do enunciado é de conjunção integrante, assim como na frase da letra a) "a cientista espera **isso**. Em b), temos um pronome relativo; em c), um pronome indefinido; em d), uma preposição e, em e), uma partícula expletiva.

184 CAROL MENDONÇA

3. (FUNDATEC – PREFEITURA DE GRAMADO/RS – Advogado – Adaptada – 2019) Assinale a alternativa na qual o vocábulo "que" NÃO esteja empregado como pronome relativo.

a) "os temas que fizeram nossa cabeça" (l. 08).

b) "é óbvio que nem todos os resultados surpreendem" (l. 10).

c) "aquele que aparece na frente de seu parente profissional" (l. 14).

d) "figura que também apareceu como meme do ano no buscador" (l. 40).

e) "imagens que comoveram e movimentaram o país" (l. 45).

Comentário: apenas na letra b) temos uma conjunção integrante, que inicia a oração subordinada substantiva subjetiva – "**isso** é óbvio".

4. (FUNRIO – PREFEITURA DE PORTO DE MOZ/PA – Agente Administrativo – 2019)

Texto

A delicada cesariana feita em bebê para retirar o feto "gêmeo"

1   Mônica Vega estava no sétimo mês de gestação quando o médico notou algo muito raro em um dos exames de ultrassom. As imagens mostravam dois cordões umbilicais, mas Mônica não estava grávida
5   de gêmeos. Era sua própria bebê, Itzamara, que carregava um feto no abdômen. O feto carregando um feto foi identificado em Barranquilla, na Colômbia. Especialistas calculam que a probabilidade desse tipo raro de gravidez é de um
10 a cada 500 mil nascimentos. O cirurgião Miguel Parra contou à Rádio Caracol que esse fenômeno **é conhecido como *fetus in feto* e, se não for identificado a tempo, pode colocar em risco a** gravidez. O médico explica que o irmão gêmeo se
15 desenvolve dentro do outro, em vez de crescer no útero da mãe. Esse tipo de gravidez normalmente é gerado a partir de um único zigoto, formado por um óvulo e um espermatozoide.

(Fonte adaptada: <https://g1.globo.com>.
Acesso em: 21 mar. 2019)

É correto afirmar que a partícula "que" (linha 14) exerce função morfológica de:

a) Conjunção comparativa.

b) Conjunção causal.

c) Conjunção condicional.

PORTUGUÊS PARA DESESPERADOS · QUESTÕES COMENTADAS

185

d) Conjunção integrante.

e) Pronome relativo.

Comentário: a conjunção integrante **que** inicia uma oração subordinada substantiva objetiva direta, que completa o sentido do verbo **explicar** – "O médico explica **isso**". Alternativa correta: d).

5. (COMPERVE – PREFEITURA DE PARNAMIRIM/RN – Procurador – 2019)

A procura de informações sobre sintomas e doenças na *internet* é comum e, muitas vezes, serve a propósitos úteis. **De acordo com[1]** Aiken e Kirwan (2012), a *internet* é um valioso recurso na busca de informações médicas e continuará sendo por muitos anos. Porém, a *web* possui, em paralelo, um poder potencial de aumentar a ansiedade dos sujeitos sem treinamento médico, no momento em **que[2]** estejam buscando diagnósticos em *websites*. Dessa forma, contemporaneamente, pessoas que **são[3]** excessivamente angustiadas ou muito preocupadas com a sua saúde realizam pesquisas constantes na *internet*. Porém, apenas se tornam mais ansiosas ou amedrontadas. Pense por um momento e, em sua reflexão, responda a si se nunca fez uma busca na *internet* após receber seu exame de sangue ou surgir uma mancha em alguma região do seu corpo. Esse tipo de comportamento é bem frequente, mas apenas uma minoria apresenta uma manifestação patológica (cibercondríaca) desse funcionamento.

O elemento linguístico **[2]** funciona como:

a) pronome, responsável por retomar uma informação.

b) pronome, responsável por antecipar uma informação.

c) conjunção, responsável por introduzir um adjunto adnominal.

d) conjunção, responsável por introduzir um complemento nominal.

Comentário: trata-se de um pronome relativo, que sempre retoma um termo (alternativa a). Nesse caso, o **que** relativo retomou a palavra **momento**. Podemos substitui-lo por "No momento **no qual** estejam buscando diagnósticos...".

6. (FUNRIO – PREFEITURA DE PORTO DE MOZ/PA – Psicólogo – 2019)

Analise o trecho a seguir retirado do texto para responder à questão.

"Karen Uhlenbeck recebe o Prêmio Abel 2019 por seu trabalho fundamental em análise geométrica e teoria de calibre, **que** transformou dramaticamente o cenário matemático[...]" (linhas 6 a 9)

A partícula "que" destacada introduz uma:

a) Oração subordinada substantiva completiva nominal.

b) Oração subordinada substantiva objetiva direta.

c) Oração subordinada substantiva subjetiva.

d) Oração subordinada adjetiva explicativa.

e) Oração subordinada adjetiva restritiva.

Comentário: as orações adjetivas sempre começam com um pronome relativo. – "... teoria de calibre, o qual transformou dramaticamente...". A oração adjetiva isolada por vírgulas é chamada de **explicativa**.

7. (SELECON – PREFEITURA DE NITERÓI/RJ – Guarda Civil Municipal – 2019) Com base no seguinte período, responda à questão.

"E ainda evitamos que nossos filhos tenham contatos com pessoas que não conhecemos sem a nossa presença ou de alguém da nossa confiança."

A palavra "que" é empregada, no trecho, respectivamente, como:

a) preposição/substantivo.
b) conjunção/pronome.
c) pronome/advérbio.
d) interjeição/conjunção.
e) substantivo/advérbio.

Comentário: fazendo as substituições, as classificações ficam bem claras: evitamos **isso** – conjunção integrante, que inicia uma oração subordinada substantiva objetiva direta; Pessoas **as quais** – pronome relativo, que inicia uma oração subordinada adjetiva restritiva.

8. (UFTM – Biomédico – 2019) Observe o emprego do elemento **que**, nos trechos a seguir:

I. "Nele conta-se a história de um adolescente **que** vive uma paixão impossível por uma mulher na casa dos trinta anos."

II. "Como evitar **que** jovens vulneráveis o cometam?"

III. "Estima-se **que** o número de tentativas de suicídio supere o de suicídios em pelo menos dez vezes."

IV. "Perfeccionismo e autocrítica exacerbada, problemas na identidade sexual, bem como bullying, são outros fatores **que** se combinam para aumentar o risco."

V. "A prevenção do suicídio, ainda **que** não seja tarefa fácil, é possível."

Assinale a alternativa que aponta os trechos em que o elemento **que** exerce função diferente da que desempenha em "...o vazio e a falta de sentido fomentam ainda mais o sofrimento, fechando-se assim um círculo vicioso **que** pode conduzir à morte":

a) I, III e V.
b) I, II e IV.
c) III e IV.
d) II, III e V.

Comentário: o **que** em análise é um pronome relativo, assim como em I e IV. Em II e III, temos conjunções integrantes e, em V, o **que** faz parte da locução conjuntiva adverbial concessiva.

9. (INSTITUTO AOCP – PC-ES – Escrivão de Polícia – Adaptada – 2019) Em "Que tragédia!", o "Que" tem função de:

a) advérbio.
b) substantivo.
c) pronome.
d) conjunção integrante.
e) interjeição.

Comentário: apesar de intensificar a ideia, o **que** acompanha um substantivo, então não pode ser um advérbio. A única classificação possível é a de pronome indefinido.

10. (CETREDE – PREFEITURA DE FORQUILHA/CE – Guarda Municipal – 2018) Em qual das alternativas o **que é pronome interrogativo?**

a) Os que chegaram com atraso serão eliminados.
b) Quem pode garantir que ele mentiu?
c) É esse o livro que me prometeste?
d) Tens tudo que almejas?
e) Se não és nosso amigo, que vieste fazer aqui?

Comentário: para ser classificado como pronome interrogativo, o **que** precisa ser a base da resposta que se quer obter. Em "Que vieste fazer aqui?", a resposta genérica é "algo". É a única opção em que o **que** é o responsável pela resposta. As demais questões terão respostas curtas como "sim" ou "não".

11. (UFTM – Engenheiro – Engenharia da Computação ou Engenharia da Produção – 2018) O pronome relativo é assim chamado porque se refere, de regra geral, a um termo anterior – o antecedente, ou seja, o substitui, evitando repetições desnecessárias. Assinale a alternativa em que a palavra sublinhada tem função de pronome relativo:

a) "Tampouco acredito numa sociedade em que a igualdade seja plena..."
b) "...a classe operária quem produz a riqueza, enquanto o capitalista nada mais faz que explorar o trabalho alheio e enriquecer".
c) "Isso não significa, porém, que o capitalismo de repente tornou-se bom e justo...".
d) "É evidente que isso depende de uma série de fatores e condições, que não se encontram em todos os países".

Comentário: a palavra **que** retoma **sociedade** e pode ser substituída por **na qual**. Na letra b), temos uma conjunção comparativa. E, nas demais, as ocorrências são de conjunções integrantes.

12. (COLÉGIO PEDRO II – Professor de Português – 2018)

"O profissional de Letras enquanto *aprende a aprender* sobre os fatos da língua não deve limitar-se a preencher suas lacunas de conhecimento do padrão culto da gramática tradicional escolar (nem se esquecer de preenchê-las)."

(BARBOSA, Afrânio Gonçalves. "Saberes gramaticais na escola". In: BRANDÃO, Silvia Figueiredo; VIEIRA, Silvia Rodrigues (Org.). *Ensino de gramática.* Rio de Janeiro: Contexto, 2011)

Levando-se em consideração a morfossintaxe da gramática tradicional, algumas palavras podem apresentar uma variedade de classificações. Observe as classificações dadas ao vocábulo **que** nos trechos do Texto I a seguir:

I. "Era uma vez um jovem casal **que** estava muito feliz» (linha 1) – *pronome relativo*

II. "**Que** felicidade ter um computador como filho!" (linha 4) – *advérbio de intensidade*

III. "[...] julgavam **que** uma memória perfeita é o essencial para uma boa educação" (linhas 7-8) – *conjunção integrante*

IV. "De tudo o **que** você memorizou qual foi aquilo que você mais amou?" (linha 35) – *pronome interrogativo*

V. "É **que** tais respostas não se encontram na memória" (linhas 44-45) – *partícula de realce.*

Estão corretas:

   a) I, II e IV.

   b) I, II e V.

   c) I, III e IV.

   d) I, III e V.

Comentário: em II, o **que** é um pronome indefinido, pois acompanha o substantivo **felicidade** e, em IV, temos um pronome relativo que retoma o demonstrativo **o** – "De tudo aquilo o qual você memorizou...". Os demais itens apresentam classificações corretas.

13. (OBJETIVA – CÂMARA DE CAXIAS DO SUL/RS – Contador – 2018) Considerando-se as normas da língua portuguesa, analise os itens abaixo:

I. A oração sublinhada em "... veículos <u>movidos a diesel</u> como caminhões e ônibus, são responsáveis por cerca da metade da concentração de compostos tóxicos na atmosfera." é classificada como oração subordinada explicativa.

II. A oração sublinhada em "Os pesquisadores destacam <u>que é um valor muito alto</u>." possui valor de objeto direto do verbo da oração principal.

III. No trecho "O pesquisador ressalta <u>que</u> existem filtros <u>que</u> eliminam 95% das emissões de ônibus.", as duas palavras sublinhadas são conjunções.

Está(ão) CORRETO(S):

PORTUGUÊS PARA DESESPERADOS · QUESTÕES COMENTADAS

189

a) Somente o item I.

b) Somente o item II.

c) Somente os itens I e III.

d) Somente os itens II e III.

e) Todos os itens.

Comentário: no item I, não há destacada uma oração; apenas a caracterização do vocábulo **veículos** e, no III, o primeiro **que** é uma conjunção integrante, porém o segundo é um pronome relativo. Apenas o item II apresenta a classificação correta, pois destaca a oração subordinada substantiva objetiva direta.

14. (FUNDATEC – CÂMARA MUNICIPAL DE ELDORADO DO SUL/RS – Técnico Legislativo – 2018) Assinale a alternativa na qual NÃO há ocorrência do pronome relativo "que".

a) "O alerta vale especialmente para os homens, já **que** o estudo analisou 1.222 participantes do sexo masculino".

b) "O estilo de vida estressante pode ter se sobreposto a qualquer benefício da intervenção **que** fizemos."

c) "A equipe **que** foi monitorada de perto apresentou, inicialmente, melhora na saúde cardiovascular."

d) "o pessoal com maior probabilidade de perder a vida eram aqueles **que** trabalhavam muito e descansavam pouco"

e) Os resultados mostram que os homens que haviam tirado três semanas ou menos de férias durante o ano tinham um risco 37% maior de morrer em comparação aos **que** descansaram por mais tempo.

Comentário: na letra a), o **que** trata-se de uma locução conjuntiva (já que) que introduz a ideia de causa à oração anterior.

15. (UFTM – Técnico em Anatomia e Necropsia – 2018) Observe o emprego do elemento **que** destacado no trecho "Com um agravante: aqui no Brasil há uma tradição **que** sempre põe o 'mal' no outro" e, depois, assinale a alternativa em que esse elemento exerce a mesma função, em relação à norma culta:

a) "Waack pode até ser brilhante, mas cometeu mais do **que** um deslize numa conversa privada, sem saber que se tornaria pública."

b) "Ignora-se, assim, um complexo sistema de opressão, **que** nega direitos essenciais aos negros."

c) "E mais: o privilégio do homem branco é tamanho **que**, nos EUA ou em países da Europa, ele teria sido demitido e processado..."

d) "Chama a atenção **que** só colegas brancos tenham reagido em defesa do jornalista.

Comentário: o termo **que** do enunciado é um pronome relativo – "...uma tradição a qual sempre põe...", assim como em "...opressão, a qual nega diretos...". Diferente da letra a), em que temos um **que** comparativo; da letra c), em que há um **que** consecutivo e, de d), em que há uma conjunção integrante.

GABARITO

1 – A	9 – C
2 – A	10 – E
3 – B	11 – A
4 – D	12 – D
5 – A	13 – B
6 – D	14 – A
7 – B	15 – B
8 – D	

11

ANÁLISE SINTÁTICA

ANÁLISE SINTÁTICA DO PERÍODO SIMPLES

Neste capítulo, veremos questões sobre funções sintáticas, o estudo da função que cada termo ou palavra pode ter dentro de um contexto frasal específico.

Essa parte da matéria é bastante importante em nossos estudos, pois costuma ser bem cobrada em prova. Para entender melhor esse tema, é essencial, no meu ponto de vista, que você já esteja dominando morfologia (classes das palavras, suas flexões e usos).

Separei questões sobre **termos essenciais** (sujeito, predicado e predicativos), **termos integrantes** (objeto direto, objeto indireto, complemento nominal e agente da passiva) e **termos acessórios** (adjunto adnominal, adjunto adverbial, aposto e vocativo).

Vamos lá?

Termos essenciais

1º) Sujeito

É o termo de quem se fala.

Tipos de sujeito determinado

a) Simples, claro ou explícito: quando possui somente um núcleo. Exemplo: "**Carolina** é uma menina bem difícil de esquecer";

b) Composto: quando possui mais de um núcleo. Exemplo: "**Ela, o namorado dela, eu e minha namorada** saímos pela madrugada";

c) Oculto, implícito, elíptico ou desinencial: quando, embora não esteja escrito, a identificação de um dos pronomes pessoais EU, TU, ELE, NÓS ou VÓS seja possível. Exemplo: "**(EU)** Vou te pegar na tua casa, deixa **(TU)** tudo arrumado, **(EU)** vou te levar comigo".

Sujeito indeterminado

Existem duas formas de se indeterminar o sujeito:

1ª) Com o verbo na terceira pessoa do plural, sem sujeito identificado. Exemplo: "**(ELES)** Perguntaram pra mim se ainda gosto dela";

2ª) Com verbo na terceira pessoal do singular + pronome se, quando a ação do verbo não é atribuída a ser algum. O pronome se é classificado como índice de indeterminação do sujeito. Obs.: O verbo não poderá ser VTD. Exemplo: "**Precisa-se** de gente com amor no coração".

Oração sem sujeito ou sujeito inexistente

Quando a informação expressa pela ação verbal não se refere a nenhum ser. Nesse caso o verbo é impessoal.

Casos de oração sem sujeito:

– Verbos que indicam fenômenos da natureza. Exemplo: "Chove o lá fora";

– Verbo haver no sentido de existir. Exemplo: "Não há Deus maior";

– Verbos ser, estar, fazer e haver indicando tempo cronológico ou climático. Exemplos: "Ainda é cedo", "Está frio sem você", "Faz tempo" e "Há horas"

– Verbo chegar e bastar transmitindo ideia de parar. Exemplo: "Chega de mentiras".

2º) Predicado

É o que **sobra** ao removermos o sujeito. Os predicados sempre apresentarão um verbo – se esse verbo for significativo, será núcleo do predicado. Caso o verbo seja de ligação, o núcleo do predicado será o predicativo (a característica). Se aparecer um verbo significativo e também um predicativo, os dois serão núcleos do predicado.

Tipo de predicado

a) Nominal: possui verbo de ligação e característica do sujeito (que chamaremos de predicativo). Exemplo: Ana estava animada.

b) Verbal: possui verbo de ação (significativo) e não apresenta predicativo. Exemplo: Ana dançava muito.

c) Verbo-Nominal: possui verbo que indica ação e também predicativo. Exemplo: Ana dançava animada.

3º) Predicativos

Atribui uma característica ao sujeito ou ao objeto, assim se caracterizando:

- **Predicativo do sujeito:** indica qualidade ou estado do sujeito. Exemplo: **Mônica** está **triste**.
- **Predicativo do objeto:** indica qualidade ou estado do objeto. Exemplo: Eles julgaram **o criminoso culpado**.

SE LIGA!

O predicativo do sujeito pode ser uma característica fixa ou ocasional do sujeito. Exemplos: João é estudioso. João está estudioso.

Já o predicativo do objeto **não** pode ser uma característica fixa do objeto. Trata-se de característica que o objeto passou a ter pelo contexto da frase, opiniões de alguém sobre o objeto, alcunhas etc. Exemplo: O professor deixou João estudioso. O pai considerou João estudioso. O mestre chamou João de estudioso.

Termos integrantes

Os termos integrantes da oração são os complementos dos verbos (objeto direto e objeto indireto), os complementos nominais e o agente da passiva.

Objeto direto

Completa o sentido do verbo transitivo direto, ou seja, o verbo em cujo complemento não há exigência de preposição.

Exemplo: "Você **desperdiçou o amor**".
　　　　　　　　VTD　　　　OD

Objeto indireto

Completa o sentido do verbo transitivo indireto, ou seja, aquele que exige preposição no complemento.

Exemplo: "Você não **gosta de mim**".
　　　　　　　　　　VTI　　OI

Além dos objetos direto e indireto, há alguns casos especiais sobre eles:

Objeto direto preposicionado

Acabamos de definir o objeto direto como aquele que **não** tem preposição, mas existem três casos em que, mesmo sem **obrigatoriedade**, é possível usar a preposição.

a) Estilo ou cerimônia: por parecer mais elaborado ou mais bonito, usou-se preposição nos complementos dos verbos que não exigiam isso. Exemplos: Nós amamos **a Deus**. Eu escolhi **ao João**.

b) Parte: para enfatizar a ideia de parte, pedacinho, experimentação e afins, usou-se preposição. Exemplos: Beberemos **deste vinho**. Eu soube **da confusão**.

c) Ambiguidade: para evitar a ambiguidade sobre quem seria o sujeito das ações, usou-se preposição. Exemplos: O tigre **ao João** matou. Convenceu **ao pai** o filho mais velho.

SE LIGA!

Para verificar se o objeto é indireto ou direto preposicionado, remova a preposição. No objeto indireto, ela será essencial e fará muita falta. Por exemplo, em "Preciso de ajuda", teríamos "preciso ajuda", isto é, não funcionaria, então é um objeto indireto. Já em "Eu comi do bolo", teríamos "Eu comi o bolo". Funciona, então essa preposição não é obrigatória, logo temos objeto direto preposicionado.

Objeto pleonástico

Quando se quer dar ênfase à ideia, o objeto direto aparece repetido na oração por meio de um pronome. Exemplos: Este livro, **eu o comprei ontem**. Da Maria, eu gosto dela.

Objeto direto interno

Quando o núcleo do objeto pertence ao mesmo campo semântico do verbo. Muitas vezes, com radicais parecidos. Sempre acompanhados de uma característica. Exemplos: Ela vive a vida intensa. O alunou chorou um choro sincero.

Complemento nominal

É o termo preposicionado que completa o sentido de substantivos abstratos, adjetivos e advérbios. Exemplos: Tenho certeza **do fim**. A tua piscina está cheia **de ratos**. Fique longe **de mim**.

Agente da passiva

É o termo preposicionado que pratica a ação do verbo, mas não é o sujeito da oração. Exemplos: **Você foi escolhido** por Deus – o sujeito é **você**, mas quem praticou a ação de escolher foi **Deus.** De chocolate **o amor é feito** – o sujeito é **o amor**, mas quem praticou a ação de fazer foi **chocolate**.

Termos acessórios

Adjunto adnominal

É a única função sintática que fica dentro de outra função sintática. Quando aparece uma classe de palavra do **NAPAL** (**n**umeral, **a**rtigo, **p**ronome, **a**djetivo ou **l**ocução adjetiva), acompanhando um substantivo núcleo, teremos um adjunto adnominal. Exemplo: **O meu** amigo **querido** comprou **dois** carros **de luxo**. O sujeito da frase é "o meu amigo querido". **Amigo** é o núcleo do sujeito e os termos que o acompanham são adjuntos adnominais – O (artigo), MEU (pronome), QUERIDO (adjetivo). O termo "um carro de luxo" é o objeto direto do verbo comprar. **Carro** é o núcleo do objeto e as demais palavras são adjuntos adnominais: DOIS (numeral) e DE LUXO (locução adjetiva).

Adjunto adverbial

É o termo da oração que indica uma **circunstância** (dando ideia de tempo, lugar, modo, causa, finalidade e afins). **Modifica** o sentido de um **verbo**, de um **adjetivo** ou de um **advérbio**. Exemplos: Ela <u>dança</u> **muito**. Ela é **muito** <u>linda</u>. Ele dormiu **muito** <u>bem</u>.

> **SE LIGA!**
> Os mesmos termos serão chamados de **advérbio/locução adverbial** e de **adjunto adverbial**. **Advérbio** e **locução são classes morfológicas e adjunto adverbial** é a função sintática.
> Então em "**Acordei cedo**", se a banca te perguntar qual a classe de palavra ou classificação morfológica da palavra destacada, a resposta será **advérbio de tempo**. Mas se perguntarem sobre a função sintática da mesma palavra, a resposta passa a ser **adjunto adverbial de tempo**.

Aposto

É um termo de natureza substantiva que explica, esclarece ou especifica outro substantivo. Vem separado dos demais termos da oração por vírgula, dois-pontos ou travessão. Exemplo: Ontem, **segunda-feira**, passei o dia com dor de cabeça.

Tipos de aposto
   a) **Explicativo:** O Brasil, país em crescentes conflitos internos, precisa de ajuda.
   b) **Enumerativo:** A felicidade se constitui de muitas coisas: **amor, trabalho, saúde**.
   c) **Resumitivo ou recapitulativo:** Joias, casas, carros – **nada** satisfazia Ana.
   d) **Aposto especificativo:** O rio **Amazonas** é enorme.

Vocativo

É um termo que não possui relação sintática com outro termo da oração. Serve para chamar, invocar ou fazer referência à pessoa com quem se fala. Exemplo: **Princesa,** por favor, volte pra mim.

> **SE LIGA!**
> Não confunda o vocativo com o sujeito. Sujeito é **de quem** se fala. Vocativo é **com quem** se fala.

COMO VEMOS ISSO NAS PROVAS?

1. (EEAR – CFS-2 – 2020) Identifique a alternativa em que não há sujeito simples.
   a) Dos doces da vovó Pedro gosta muito.

b) Choveu muito durante o inverno.
c) Eu não serei o algoz de mim mesmo.
d) Nós temos muita pena de crianças abandonadas.

Comentário: **chover**, no caso, é um verbo que indica fenômeno da natureza, por isso não há sujeito na oração.

2. (EAGS – 2020) Assinale a alternativa em que o sujeito está corretamente destacado.
   a) "**O trovão** ribombava de instante a instante." (C. Soromenho)
   b) "Nem o pranto **os teus olhos** umedece Nem te comove a dor da despedida." (Olavo Bilac)
   c) "**Aqui e além, recantos e arvoredos** sugestionavam trágicos segredos." (Conde de Monsaraz)
   d) "Doiravam-lhe **o cabelo** claros lumes Do sacrossanto esplendor antigo." (Cruz e Sousa)

Comentário: na letra b), o termo **os teus olhos** é o objeto direto do verbo **umedecer**. Na c), o sujeito é apenas o termo **recantos** e **arvoredos**. E, na d), o sujeito do verbo **doirar** é **claros lumes do sacrossanto esplendor antigo**. Coloque sempre as frases na ordem direta para facilitar a identificação dos termos!

3. (EEAR – CFS-2 – 2020) Em qual alternativa há predicado nominal?
   a) A canoa virou.
   b) Virou a cama no quarto.
   c) A moto virou à esquerda.
   d) A escada virou uma bancada para pintura da parede.

Comentário: o predicado nominal **sempre** apresentará um verbo de ligação, como é o caso de **virar**, com sentido de se tornar, em "a escada virou uma bancada".

4. (EAGS – 2020) Leia:
I. O atleta ficou emocionado com o carinho dos torcedores.
II. Houve uma pequena queda no desemprego no primeiro semestre.
III. Os turistas consideraram as paisagens da África lindas.

Os predicados das orações classificam-se, respectivamente, como

a) nominal, verbo-nominal e verbal.

b) verbo-nominal, verbal e nominal.

c) verbal, verbo-nominal e nominal.

d) nominal, verbal e verbo-nominal.

Comentário: em I, o verbo **ficar** é de ligação, portanto, predicado nominal. Em II, o verbo **haver** é de ação (VTD) e não há predicativos, sendo, assim, predicado verbal; e, em III, temos o verbo de ação **considerar** e também o predicativo **lindas**, logo, predicado verbo-nominal.

5. (EEAR – CFS-2 – 2020) Em qual alternativa o nome Maria não é um vocativo?

a) "Maria, o teu nome principia Na palma da minha mão".

b) "É o tempo, Maria Te comendo feito traça Num vestido de noivado".

c) "João amava Teresa que amava Raimundo que amava Maria que amava Joaquim que amava Lili".

d) "E agora, Maria? O amor acabou a filha casou O filho mudou".

Comentário: vocativo é o termo com quem se fala. Em "João amava Teresa que amava Raimundo que amava Maria que amava Joaquim que amava Lili" não há um diálogo, apenas narrativa em terceira pessoa.

6. (EAGS – 2020) Em qual alternativa o predicativo está mal-empregado, permitindo que o texto tenha dupla interpretação?

a) O sucesso tornou a cantora antipática.

b) Os candidatos consideraram fácil a prova.

c) Os colegas de classe o consideram inteligente.

d) A embarcação retornou para a aldeia destruída.

Comentário: em "A embarcação retornou para a aldeia destruída", não está claro se o termo **destruída** se refere à embarcação ou à aldeia.

7. (EAGS – 2020) Considere a classificação dos termos destacados:

I. Objeto indireto: "O rico não distingue o supérfluo **do essencial**: é essencial o que lhe garante o lucro." (Murilo Mendes)

II. Objeto indireto: "Os ventos brandamente respiravam, / **Das naus as velas côncavas** inchando." (Camões)

III. Objeto direto: "Eu não sei evitar numa reminiscência longínqua **a saudade violeta de certa criaturinha indecisa** que nunca tive." (Mário de Sá Carneiro)

A classificação está correta

a) nos três casos.

PORTUGUÊS PARA DESESPERADOS · QUESTÕES COMENTADAS

199

b) em II e III.

c) em I e III.

d) em I e II.

Comentário: em I, o verbo **distinguir** tem dois complementos – um direto (o supérfluo) e um indireto (do essencial). Em II, o termo destacado indica a ideia adverbial de lugar – de onde respiravam. Em III, o termo em destaque completa, sem preposição, o sentido do verbo **evitar**.

8. (EAGS – 2020) Assinale a alternativa em que o termo destacado não é complemento nominal.

a) Sua opinião é favorável **à minha permanência**.

b) Ela é capaz de tudo **para conseguir seus objetivos**.

c) Este é um tema relacionado **com o assunto da aula**.

d) É preciso manter-se obediente **aos preceitos de boa conduta**.

Comentário: o termo destacado na letra b) apresenta um verbo (conseguir), portanto, é uma oração, no caso subordinada adverbial final, e não um termo da oração simples.

9. (EEAR – CFS-2 – 2019) Nos versos "Tu és mulher pra homem nenhum/Botar defeito, por isso **satisfeito**/Com você eu vou dançar", a correta classificação sintática do termo em destaque é

a) complemento nominal.

b) predicativo do sujeito.

c) predicativo do objeto.

d) adjunto adnominal

Comentário: o adjetivo **satisfeito** caracteriza o pronome **eu** – sujeito da oração "Com você eu vou dançar".

10. (ESPCEX – 2019) "Desde 2007, quando foi criado o Ministério das Cidades, identificam-se avanços importantes na busca de diminuir o déficit já crônico em saneamento".

As expressões sublinhadas acima desempenham, respectivamente, as funções sintáticas de

a) sujeito paciente e objeto direto.

b) sujeito agente e sujeito paciente.

c) objeto direto e sujeito paciente.

d) objeto direto e objeto direto.

e) sujeito paciente e sujeito paciente.

Comentário: os dois termos destacados são sujeito de seus verbos (respectivamente, **criar** e **identificar**) e os dois não praticam, mas sofrem a ação que esses verbos indicam.

11. (ESPCEX – 2019) "Mais da metade da população não tem acesso à coleta de esgoto". No fragmento, é correto afirmar que há

a) sujeito simples e predicado nominal.

b) verbo intransitivo e predicado verbal.

c) verbo transitivo e objetos direto e indireto.

d) sujeito composto e objeto indireto.

e) sujeito simples e complemento nominal.

Comentário: o sujeito simples da oração é "Mais da metade da população". Em seguida, há um VTD (**tem**) e o objeto direto **acesso**. Por fim, o complemento nominal **à coleta** – termo preposicionado que completa o sentido do substantivo abstrato **acesso**.

12. (ESPCEX – 2018) Em "A população manifesta muito mais prazer no massacre **contra o preso**", o termo destacado tem a função de:

a) Adjunto Adnominal.

b) Agente da Passiva.

c) Objeto Direto.

d) Objeto Indireto.

e) Complemento Nominal.

Comentário: contra o preso é um termo preposicionado que completa o sentido do substantivo abstrato (nome) **massacre**.

13. (FGV – PREFEITURA DE SALVADOR/BA – Professor – Português – 2019)

"A banalização das artes e da literatura, o triunfo do jornalismo sensacionalista e a frivolidade da política são sintomas de um mal maior que afeta a sociedade contemporânea: a ideia temerária de converter em bem supremo nossa natural propensão a nos divertirmos".

Mário Vargas Llosa, *A civilização do espetáculo.*

No texto há cinco termos precedidos da preposição de; assinale a opção em que os dois termos destacados desempenham a mesma função.

a) **das** artes/**de** um mal maior.

b) **da** literatura/**do** jornalismo.

c) **das** artes/**do** jornalismo.

d) **da** política/**da** literatura.

e) **de** um mal maior/**da** política.

Comentário: os termos preposicionados e suas funções são: **das artes e da literatura** – Complemento nominal; **do jornalismo** – adjunto adnominal; **da política** – adjunto adnominal; **de um mal maior** – adjunto adnominal; **de converter em bem supremo nossa natural propensão...** – oração subordinada substantiva completiva nominal.

14. (FGV – PREFEITURA DE SALVADOR/BA – Guarda Civil Municipal – 2019)

"Muito se tem falado de conservação do meio ambiente, mas não se criou ainda a consciência de que o planeta precisa urgentemente de nossos cuidados."

(Brasil Escola)

Assinale a opção que indica os termos que, nesse segmento do texto, desempenham a mesma função sintática.

a) de conservação/do meio ambiente.
b) de que o planeta precisa urgentemente/de nossos cuidados.
c) de conservação/de nossos cuidados.
d) de que o planeta precisa urgentemente de nossos cuidados/do meio ambiente.
e) de conservação/de que o planeta precisa.

Comentário: o termo "de que o planeta precisa urgentemente de nossos cuidados" é uma oração subordinada adverbial completiva nominal, pois completa o sentido do substantivo abstrato **consciência**. O termo "do meio ambiente" não é uma oração, mas também completa o sentido de um substantivo abstrato – **conservação** –, portanto, é um complemento nominal.

15. (ITAME – PREFEITURA DE AVELINÓPOLIS/GO – Psicólogo – 2019) Em:

Precisa-se de técnicos em informática. O sujeito:

a) está elíptico no contexto.
b) está na voz passiva sintética.
c) trata-se de uma oração sem sujeito.
d) é indeterminado no contexto da frase.

Comentário: sujeito indeterminado pela presença de verbo (que não é VTD) flexionado na terceira pessoa do singular + SE.

16. (UFMA – Analista de Tecnologia da Informação – 2019) Observe os enunciados abaixo e, em seguida, marque a opção que traz as funções sintáticas dos termos destacados:

I. O homem **nervoso** entrou no banco.
II. O homem, **nervoso**, entrou no banco.

202

a) complemento nominal, aposto.
b) complemento nominal e predicativo do objeto.
c) adjunto adnominal, aposto.
d) adjunto adnominal, adjunto adnominal.
e) adjunto adnominal, predicativo do sujeito.

Comentário: no item I, o sujeito da oração é **o homem nervoso** – seu núcleo é **homem** e as demais palavras são adjuntos adnominais. No item II, as vírgulas mostram que o termo **nervoso** está deslocado. Arrumando a frase, teremos "O homem entrou no barco nervoso", portando, esse termo exerce função de predicativo do sujeito.

17. (UFGD – Administrador – 2019) Assinale a alternativa que identifica corretamente a função sintática relativa aos termos destacados no texto.

No mundo todo (1). o principal componente do shoyu, condimento fundamental da culinária asiática, é a soja. **No Brasil (2).** é diferente. Aqui, muitas empresas substituem, ou trocam, a soja pelo milho. A conclusão é de um grupo de pesquisadores do Centro de Energia Nuclear na Agricultura (Cena) e da Escola Superior de Agricultura Luiz de Queiroz (Esalq), ambos da Universidade de São Paulo (USP), que analisou a composição química de 70 amostras de shoyu de marcas comercializadas no país. **Em países como Japão, China e Coreia do Sul (3)**, o molho shoyu é feito de soja com proporções pequenas de outros cereais como trigo ou cevada. "O que a indústria brasileira oferece ao consumidor não é shoyu propriamente dito, é um molho escuro e salgado elaborado a partir de milho, que deveria ter outro nome", destaca a bióloga Maristela Morais, uma das coordenadoras do grupo, ao lado do engenheiro agrônomo Luiz Antonio Martinelli.

Disponível em: http://revistapesquisa.fapesp.br/2018/04/24/shoyu-produzido-no-brasil-e-feito-a-base-de-milho/.
Acesso em: 20 fev. 2019. (Excerto).

a) Objeto indireto.
b) Adjunto adnominal.
c) Adjunto adverbial.
d) Objeto direto.
e) Complemento nominal.

Comentário: os termos indicam a circunstância de lugar, exercendo a função de adjuntos adverbiais.

18. (CETREDE – PREFEITURA DE QUIXERÉ/CE – Agente Administrativo – 2018) Marque a opção cuja oração tem predicado verbo-nominal.
a) Elisabete é linda!

PORTUGUÊS PARA DESESPERADOS · QUESTÕES COMENTADAS

b) A casa de Jussara sofreu reforma geral.

c) As crianças chegaram cansadas.

d) Os chuchus parecem murchos.

e) A borboleta morreu.

Comentário: para haver o predicado verbo-nominal é preciso um verbo de ação e um predicativo (do sujeito ou do objeto), como ocorreu em "As crianças chegaram (verbo intransitivo) cansadas (característica das crianças)".

19. (FGV – AL-RO – Analista Legislativo – Redação e Revisão – 2018) Assinale a opção que apresenta a frase em que o termo sintático sublinhado tem função sintática diferente das demais.

a) "Toda a sabedoria consiste em desconfiar dos nossos sentidos."

b) "O modo mais correto de esconder dos outros os limites do próprio saber é não ultrapassá-los jamais."

c) "Quem não tem necessidades próprias dificilmente se lembra das alheias."

d) "Pode-se prescindir de tudo. Desde que não se deva."

e) "Deus nunca perturba a alegria dos seus filhos."

Comentário: todos os termos destacados são complementos verbais com preposições obrigatórias (**objetos indiretos**), menos o temos **dos seus filhos**, que completa o sentido de um nome (**alegria**) e não de um verbo – é um **complemento nominal**.

20. (FGV – AL-RO – Analista Legislativo – Redação e Revisão – 2018)

"A música talvez seja o único exemplo do que poderia ter sido – se não tivessem existido a invenção da linguagem, a formação das palavras, a análise das ideias – a comunicação das almas".

Sobre os termos sintáticos sublinhados, assinale a afirmativa correta.

a) Todos exercem a função de complemento nominal.

b) Todos exercem a função de adjunto adnominal.

c) O primeiro e o último termo exercem funções sintáticas distintas.

d) O segundo termo exerce função sintática distinta dos demais.

e) Os dois últimos termos exercem a mesma função sintática.

Comentário: o primeiro termo – **da linguagem** – exerce função de complemento nominal (termo paciente em relação à ação de inventar). O último – **das almas** – exerce a função de adjunto adnominal (termo agente da ação de comunicar).

https://ugr.to/1lxp2

21. (PR-4 – UFRJ – Assistente Social – 2018)
Texto 3
Não somos escravos de nenhum senhor
Dríade Aguiar

"(...) Como editora da Mídia NINJA, não sei colocar em palavras a dor que sentia a cada vez que entrava na página e via o post fixado com a foto de um rapaz negro com a Máscara de Flandres, uma cena tão antiquada quanto torturosamente atual. Esse post chegou a mais de 130 mil compartilhamentos, mais de 15 milhões de pessoas alcançadas – o alcance de quem fura a bolha ao focar sua linguagem para mais de 50% dos brasileiros, a população negra.

Alegorias, fantasias, décimos e quesitos à parte, a agremiação de São Cristóvão, o quilombo da favela, termina aclamada como Campeã do Povo. (...)"

O trecho sublinhado aparece isolado entre vírgulas, porque se trata de:
a) um aposto recapitulativo ou resumidor.
b) uma locução adverbial.
c) um vocativo.
d) um aposto
e) locução verbal.

Comentário: temos em destaque um termo de natureza substantiva que esclarece outro substantivo, sempre isolado por pontuação. Essa função é chamada de **aposto explicativo**.

22. (NUCEPE – SEDUC-PI – Professor Temporário – Língua Portuguesa – 2018) Entreveros familiares sempre existiram e existirão, mas, na atualidade, os laços familiares andam frágeis, porque qualquer motivo à toa já basta para que surjam picuinhas, hostilidades, distanciamento, raiva, mágoa etc. Será que estamos a assumir que, de fato, "parente é serpente"?

Considerando o aspecto que diz respeito às relações sintáticas, assinale a opção que apresenta uma afirmação INCORRETA em relação ao termo em destaque.
a) "... os laços familiares andam **frágeis**, ..." (Predicativo do sujeito "os laços familiares").
b) "... mas, **na atualidade**, os laços familiares andam frágeis, ...". (Complemento verbal de "andam").

PORTUGUÊS PARA DESESPERADOS · QUESTÕES COMENTADAS

205

c) "... qualquer motivo à toa já basta para que surjam **picuinhas**, ...". (Complemento verbal de "surjam").

d) "porque qualquer motivo à toa já basta para que surjam picuinhas, ...". (Complemento circunstancial de "motivo").

e) Será que estamos a assumir que, de fato, "**parente é serpente**"? (Do ponto de vista sintático, esse termo poderia ser substituído por "isso", retirando-se "que, de fato").

Comentário: **na atualidade** é um termo que marca o momento. Apareceu isolado por vírgulas devido ao deslocamento na frase e exerce função de adjunto adverbial de tempo.

23. (CETREDE – PREFEITURA DE AQUIRAZ/CE – Agente Administrativo – 2017) Analise os termos destacados nas frases.

I. Tenho saudades **de Teresa**.

II. Edite desconfia **de tudo**.

III. Comprei **todos os melões do supermercado**.

Marque a opção CORRETA.

a) Em I e II temos objeto indireto.

b) Em III temos complemento nominal.

c) Em I e III temos objeto direto.

d) Há complemento nominal em I.

e) Há complemento verbal em I, II e III.

Comentário: o termo, em I, **de Teresa**, completa o sentido do substantivo **saudades**, exercendo a função de complemento nominal. Em II, **de tudo**, é um objeto indireto, que completa o sentido do verbo **desconfiar** e, em III, **todos os melões do supermercado** é um objeto direto, que completa o sentido do verbo **comprar**.

24. (CESPE – CGE-CE – 2019 – Adaptada) No texto, o sujeito da oração "Era custoso acreditar que morasse alguém naquele cemitério de gigantes" (l.5) é

a) o segmento "acreditar que morasse alguém naquele cemitério de gigantes" (l. 5 e 6).

b) o trecho "alguém naquele cemitério de gigantes" (l.6).

c) o termo "custoso" (l.5).

d) classificado como indeterminado.

e) oculto e se refere ao período "Nem o ar tinha esperança de ser vento" (l. 4 e 5).

Comentário: substituindo o termo "acreditar que morasse alguém naquele cemitério de gigantes" por **isso** e organizando a estrutura, será mais simples verificar que toda a oração é o sujeito do verbo ser – **isso** é custoso.

25. (NUCEPE – PREFEITURA DE TERESINA/PI – Professor de Educação Básica – Língua Portuguesa – 2019) Em "A doença é transmitida **por animais contaminados e comentários e postagens nas redes sociais...**", o termo destacado tem a função sintática de

a) adjunto adverbial, indica circunstância à ação verbal.

b) agente da passiva, pratica a ação verbal na voz passiva.

c) complemento nominal, pois completa o adjetivo "transmitida".

d) objeto indireto, completa do sentido do verbo com o auxílio da preposição.

e) sujeito, pratica a ação de "transmitir" expressa na oração de ordem inversa.

Comentário: o termo destacado é quem pratica a ação do verbo **transmitir**, porém, não é o sujeito (o sujeito é o termo **a doença**). Aparece preposicionado e é chamado de **agente da passiva**.

26. (CCV-UFC – Técnico – 2019 – Adaptada) Assinale a alternativa em que o termo grifado funciona como objeto direto.

a) "que foi transmitida naturalmente às novas gerações" (linhas 13-14).

b) "Assim nasceu a linguagem de sinais da Nicarágua" (linhas 15-16).

c) "onde já existe uma linguagem de sinais reconhecida" (linha 17).

d) "a língua é uma verdadeira Babilônia" (linhas 19-20).

e) "há alguma relação entre a linguagem de sinais e a língua falada?" (linha 2)

Comentário: a melhor maneira de resolver questões que falam de objetos é organizando a frase. Primeiro, identifique o sujeito das orações – em b) e c), a ordem está invertida para os termos grifados parecerem objetos, quando, na verdade, são sujeitos de seus verbos (A linguagem de sinais nasceu na Nicarágua e Uma linguagem de sinais reconhecida já existe). Na letra a), foi grifado um adjunto adverbial de afirmação e, na letra d), um predicativo do sujeito.

27. (CEV-URCA – PREFEITURA DE MAURITI/CE – Conhecimentos Básicos – Nível Superior) *Os homens e mulheres do Nordeste foram protagonistas de mais outras tantas obras dos contemporâneos de Graciliano Ramos.*

O termo em destaque é classificado como:

a) Objeto indireto.

b) Objeto direto.

c) Predicativo do objeto.

d) Complemento nominal.

PORTUGUÊS PARA DESESPERADOS · QUESTÕES COMENTADAS

e) Adjunto adnominal.

Comentário: o termo destacado é preposicionado e completa o sentido do adjetivo **protagonistas**, exercendo assim a função de complemento nominal.

28. (CS-UFG – IF GOIANO – Assistente de Administração – 2019)
Cuitelinho

(canção popular divulgada por Paulo Vanzolini,
Pena Branca e Xavantinho e Almir Sater)

Cheguei na beira do porto
Onde as onda se espaia
As garça dá meia volta
E senta na beira da praia
E o cuitelinho não gosta
Que o botão de rosa caia, ai, ai

Quando eu vim
da minha terra
Despedi da parentália
Eu entrei no Mato Grosso
Dei em terras paraguaia
Lá tinha revolução
Enfrentei fortes batáia, ai, ai

A tua saudade corta
Como aço de naváia
O coração fica aflito
Bate uma, a outra faia
E os óio se enche d'água
Que até a vista se atrapáia, ai...

(Disponível em: https://www.vagalume.com.br/pena-branca/cuitelinho.html.
Acesso em: 15 dez. 2018.)

No verso "Bate uma, a outra faia", ocorre o emprego da elipse por duas vezes. A palavra ocultada nas duas situações é "batida". As funções sintáticas de cada elipse são, respectivamente:

a) objeto direto e adjunto adnominal.

b) sujeito e adjunto adnominal.

c) sujeito e objeto indireto.

d) objeto direto e sujeito.

Comentário: reescrevendo o período destacado e inserindo o termo elíptico, teremos "Bate uma batida, a outra batida faia". No primeiro caso, **uma batida** é o objeto direto do verbo **bater** e, no outro, é o **sujeito** de "faiar".

29. (IBADE – SEE-PB – Professor de Educação Básica 3 – 2018)

O amor romântico prega coisas mentirosas, diz psicanalista

Hamurabi Dias

O amor. Um dia ele chega para todo mundo, acredite você leitor (leitora), ou não. Na contemporaneidade, o sociólogo polonês Zygmunt Bauman, em seu livro "O Amor Líquido", transforma a célebre frase marxista – "tudo que é sólido se desmancha no ar" – em ponto de partida para debater a fragilidade dos laços humanos e lançar o conceito de "líquido mundo moderno". Em síntese, o autor traz uma reflexão crítica de como esse mundo "fluido", uma das principais características dos compostos líquidos, fragilizou os relacionamentos humanos. O sociólogo observa que o amor tornou-se, na sociedade moderna, como um passeio no shopping Center – ícone do capitalismo – e como tal deve ser consumido instantaneamente e usado uma só vez, sem preconceito. É o que considera a sociedade consumista do amor. Pois bem, é nesta linha fluida, sem preconceito e destarte liberal, com frases como "Ter parceiro único pode se tornar coisa do passado" e "Variar é bom, todo mundo gosta", que a psicanalista e escritora Regina Navarro Lins, crítica do que considera "amor romântico", lança os dois volumes do "O Livro do Amor".

(...)

Disponível em: http://www.bomdiafeira.com.br/noticias/palcocultural/ 9534/ 0+amor+rom%C3%A2ntico+prega+coisas+mentirosas,+diz +psicanalista&gt. Acesso em: 23 out. 2017. (Adaptado).

Em uma das alternativas a seguir, o termo destacado da primeira parte do primeiro parágrafo do texto funciona como objeto direto da oração a qual pertence. Assinale-o.

a) "a célebre frase marxista"

b) "contemporaneidade"

c) "sólido"

d) "o autor"

e) "esse mundo 'fluido'"

Comentário: **a célebre frase marxista** aparece como complemento do verbo **transformar** na linha 3. **Contemporaneidade** é uma marca de tempo; **sólido** é um predicativo do sujeito; **o autor** é sujeito do verbo **trazer** e **esse mundo fluido** é sujeito do verbo **fragilizar**.

PORTUGUÊS PARA DESESPERADOS · QUESTÕES COMENTADAS | **209**

30. (COPEVE-UFAL – PREFEITURA DE BARRA DE SÃO MIGUEL/AL – Assistente Social – 2017) Será um grande prazer recebê-**los** aqui em casa! Sangue bom, boas atitudes e bons momentos são virtudes que só existem em bons amigos. Abraços fraternos.

No plano sintático, o pronome em destaque funciona como

a) objeto direto.

b) objeto indireto.

c) adjunto adverbial.

d) adjunto adnominal.

e) complemento nominal.

Comentário: sempre que precisar encontrar a função sintática de um pronome pessoal, vale a pena substituí-lo por um substantivo masculino para observar a presença ou ausência da preposição junto dele. Por exemplo, aqui trocaríamos "recebê--los" por "receber os alunos" e ficaria claro que se trata de um **objeto direto**.

GABARITO

1 – B	16 – E
2 – A	17 – C
3 – D	18 – C
4 – D	19 – E
5 – C	20 – C
6 – D	21 – D
7 – C	22 – B
8 – B	23 – D
9 – B	24 – A
10 – E	25 – B
11 – E	26 – E
12 – E	27 – D
13 – E	28 – D
14 – D	29 – A
15 – D	30 – A

12

CONCORDÂNCIA VERBAL

O tema deste capítulo apresenta muitas regrinhas e é necessário paciência para memorizá-las.

É muito importante que você leia cada tópico, assista à aula em vídeo e resuma com suas próprias palavras os casos mais comuns, para que consiga compreendê-los completamente.

Note que o assunto é muito importante tanto para as redações quanto para as questões isoladas nas provas.

Vamos com tudo!

O primeiro passo é saber: **o que é concordância verbal?**

É o estudo da relação entre o verbo e o sujeito da oração. De maneira geral, vamos estudar as situações em que o verbo simplesmente concorda em número (singular ou plural) com o núcleo do sujeito da sua frase e seus (muitos) casos especiais.

Estudaremos observando, inicialmente, o tipo de sujeito:

SUJEITO SIMPLES

a) O verbo concorda em número e pessoa com o núcleo do sujeito simples.

Exemplo:

Assim <u>eles</u> não **furam** mais...

núcleo do
sujeito simples
(3ª pessoa do plural)

verbo
(3ª pessoa do plural)

b) Quando o sujeito simples for representado por um substantivo coletivo, o verbo concorda normalmente com o núcleo do sujeito.

Exemplo:

A boiada atravessou o lago.

   ↓
núcleo do   verbo
sujeito simples   (3ª pessoa do singular)
(3ª pessoa do singular)

c) Quando o sujeito é expresso por expressões partitivas, como **uma porção de**, **a maioria de**, **um grupo de**, o verbo fica no singular (concordando com a expressão partitiva) ou pode ficar no plural (concordando com o substantivo plural). Exemplos: **Uma porção de** pessoas **estava** na manifestação – Uma porção de **pessoas estavam** na manifestação. **A maioria** dos alunos **participou** da gincana – A maioria **dos alunos participaram** da gincana.

d) Quando o sujeito é representado por expressões aproximativas (**cerca de**, **perto de**, **menos de**), o verbo concorda com o substantivo determinado por essas expressões. Exemplos: Cerca de trinta **trabalhadores foram** demitidos. Menos de quinze **pacientes são** atendidos diariamente naquele hospital.

e) Quando o sujeito é introduzido pela expressão **mais de**, o verbo deve concordar com o numeral que vem em seguida. Exemplos: **Mais de um** político **foi** investigado. **Mais de quinhentos** políticos foram investigados.

SE LIGA!

Quando a expressão **mais de um** estiver repetida ou associada a um verbo exprimindo ação recíproca, o verbo vai para o plural.
Exemplos: **Mais de um** ator **compareceram** à exposição daquele artista. **Mais de um** casal **abraçaram-se** no cinema.

f) Quando o sujeito é formado por locuções pronominais no plural (**alguns de**, **muitos de**), seguidas dos pronomes pessoais **nós** e **vós**, o verbo pode concordar com o primeiro pronome ou com o pronome pessoal. Exemplos: **Alguns** de nós **praticam** exercícios regularmente. Alguns de **nós praticamos** exercícios regularmente.

> **SE LIGA!**
> Se o primeiro pronome estiver no singular, o verbo também ficará no singular.
> Exemplo: **Algum** de nós **será** gravemente punido.

g) Quando o sujeito for formado pelas expressões **um dos...que**, **uma das...que**, o verbo vai para o plural. Exemplo: Breno foi **uma das** pessoas **que** me ajudaram financeiramente.

> **SE LIGA!**
> Quando se deseja enfatizar apenas um dos elementos do grupo, o verbo permanece no singular.
> Exemplo: Foi **um dos** seus primos que **roubou** minhas joias.

h) Quando o pronome relativo possuir função de sujeito, o verbo concordará com o termo antecedente. Exemplos: Os **animais que foram** resgatados receberam cuidados especiais. Somos **nós que iremos** viajar a trabalho.

i) Caso o sujeito seja representado pela palavra **quem**, o verbo fica na 3ª pessoa do singular, ou pode concordar com seu antecedente. Exemplos: Fomos **nós quem trouxe** esses relatórios. Fomos **nós** quem **trouxemos** esses relatórios.

j) Quando o sujeito é formado por numeral que indica porcentagem, o verbo pode concordar com o numeral ou com o substantivo determinado pelo numeral. Exemplos: No Brasil, 30% da população **gostam** de música clássica. No Brasil, 30% da **população gosta** de música clássica.

> **SE LIGA!**
> Se o numeral indicativo de porcentagem estiver antecedido de determinante no plural, o verbo irá para o plural.
> Exemplo: **Esses 20%** do eleitorado não **compareceram** nas eleições.

k) Quando o sujeito for um nome próprio no plural, a concordância verbal pode ocorrer de duas maneiras:
  – Precedido de artigo no plural, o verbo irá para o plural. Exemplo: **Os Estados Unidos tiveram** bom resultado nas olimpíadas.

– Precedido de artigo no singular ou sem artigo, o verbo fica no singular. Exemplo: **Estados Unidos é** um país desenvolvido.

SUJEITO COMPOSTO

a) Quando o sujeito composto estiver anteposto ao verbo, este irá para o plural.

Exemplo:

<u>Os jogadores e o juiz</u> **voltaram** ao campo.

       sujeito composto   verbo(3ª pessoa do plural)

b) Quando o sujeito composto for constituído de duas pessoas gramaticais distintas, a concordância poderá ocorrer de duas formas:

1ª) Se houver a 1ª pessoa (eu/nós), o verbo irá para a primeira pessoa do plural. Exemplo: Eu e você **visitaremos** aqueles pontos turísticos (= Nós **visitaremos** aqueles pontos turísticos).

2ª) Se não houver a 1ª pessoa, o verbo poderá ser flexionado na 2ª ou na 3ª pessoa do plural. Exemplos: Tu e os vendedores **sereis** promovidos (= Vós **sereis** promovidos). Tu e os vendedores **serão** promovidos (= Vocês **serão** promovidos).

c) Quando o sujeito composto for constituído por palavras sinônimas, o verbo pode ficar no singular ou no plural. Exemplos: Seu medo, sua ansiedade, seu tormento **deixava** os pais entristecidos. Seu medo, sua ansiedade, seu tormento **deixavam** os pais entristecidos.

d) Quando o sujeito composto estiver depois do verbo, a concordância pode ocorrer de duas maneiras:

1ª) O verbo ficará no plural.

Exemplo:

Chegaram <u>a carta e a encomenda</u>.

    verbo   sujeito composto
   (plural)   posposto ao verbo

2ª) O verbo concordará com o núcleo mais próximo.

Exemplo:

Chegou a carta e a encomenda.

verbo   núcleo mais próximo
(singular)   (singular)

Outros casos

a) Caso o sujeito seja ligado pela preposição **com**, o verbo fica na 3ª pessoa do plural. **Exemplo:** O pai **com** seus filhos **foram** ao cinema.

b) Caso o sujeito esteja ligado pelo conectivo **ou**, a concordância pode ocorrer de duas formas:
   - O verbo vai para o plural quando o fato puder ser atribuído a todos os sujeitos. Exemplo: Frutas **ou** verduras **fazem** muito bem à saúde.
   - O verbo fica no singular se o fato expresso por ele só puder ser atribuído a um dos sujeitos, ou seja, quando há ideia de alternância. Exemplo: Marlon ou Itamar **conseguirá** a vaga nesta empresa.
   - Se os núcleos designarem pessoas gramaticais diferentes ou a conjunção indicar retificação, probabilidade, o verbo concorda com o núcleo mais próximo.

   Exemplo:

   Carla ou **eu filmarei** a festa de formatura.

   núcleo   núcleo   verbo (1ª pessoa do singular)
   do sujeito   do sujeito
   (3ª pessoa)   (1ª pessoa)

c) Com sujeito constituído pela expressão **um e outro**, o verbo pode ficar no singular ou no plural.

   Exemplos: Um e outro professor **explicou** esse conteúdo. Um e outro professor **explicaram** esse conteúdo.

d) Com sujeito constituído pelas expressões **um ou outro** ou **nem um nem outro**, o verbo fica no singular. Exemplos: Um ou outro médico **irá** atendê-lo. Nem um nem outro telefonista **foi** educado com o cliente.

e) Quando o sujeito é seguido de aposto resumitivo (**tudo, nada, todos**), o verbo concordará com o aposto. Exemplo: Crianças, adolescentes, adultos, idosos, **todos precisam** de assistência do governo.

f) Quando o verbo da oração é constituído pela partícula **se**, a concordância pode ocorres de duas formas:
   - Se (índice de indeterminação do sujeito): o verbo fica na 3ª pessoa do singular. Os verbos, nesses casos, são intransitivos, transitivos indiretos ou de ligação. Exemplo: **Necessita-se** de novas máquinas de costurar.
   - Se (pronome apassivador): o verbo concorda com o sujeito paciente. Os verbos, nesses casos, são transitivos diretos ou transitivos diretos e indiretos, estando na voz passiva sintética.

   Exemplo:

   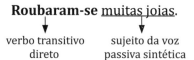

g) Quando o sujeito é representado por verbos no infinitivo, a concordância pode ocorrer de três formas:
   - Caso não haja determinante no sujeito, o verbo fica no singular. Exemplo: "**Olhar e ver** era para mim um ato de defesa." (José Lins do Rego)
   - Quando há determinante anteposto aos infinitivos, o verbo irá para o plural. Exemplo: **O** lutar e **o** conseguir constituem nossas metas.
   - Caso o sujeito seja representado por infinitivos que indiquem ideias contraditórias, o verbo fica no plural. Exemplo: **Comer e dormir** influenciam o ganho de peso.

h) A concordância do verbo *parecer* seguido de infinitivo ocorre da seguinte forma: ou se flexiona o verbo parecer ou o infinitivo. Exemplos: Aqueles homens **parecem cantar** bem. Aqueles homens **parece tocarem** bem.

i) Quando o verbo da oração é impessoal, flexiona-se na 3ª pessoa do singular. São verbos impessoais:
   - Aqueles que indicam **fenômenos da natureza**. Exemplo: **Ventava** bastante durante a celebração do casamento.
   - **Fazer** e **estar** indicando tempo decorrido ou meteorológico. Exemplos: **Faz** anos que não nos falamos. **Está** muito calor no Nordeste.
   - **Haver** usado com sentido de "existir" ou indicando tempo decorrido. Exemplos: **Havia** quartos disponíveis naquele hotel. Há meses que espero por essa promoção.

BIZU!

Nas locuções verbais compostas pelo verbo **haver**, a impessoalidade desse verbo é transferida para o verbo auxiliar.

Exemplos: **Deve haver** longas filas de espera nos bancos hoje. **Pode haver** muitas falhas nessa investigação.

---

j) A concordância do verbo **ser** requer um pouco mais de atenção. Veja como ela pode acontecer:
   - Quando indica hora, data ou distância, o verbo ser concorda com a expressão a que se refere, mesmo sendo impessoal. Exemplos: **São duas horas** da tarde. Daqui até Ilha Grande **são trezentos quilômetros**. Hoje **são vinte** de julho.
   - Na estrutura **sujeito** (**tudo, quem, isso, aquilo**) + verbo **ser** + predicativo do sujeito, o verbo pode ficar no plural ou no singular. Exemplos: "Tudo **são** sonhos dormidos ou dormentes" (verbo concorda com o predicativo "sonhos dormidos ou dormentes"). Aquilo **era** flores (verbo concorda com o sujeito "aquilo").

SE LIGA!

Se o sujeito for representado por uma pessoa, o verbo concorda com o sujeito, independentemente do número em que se encontra o predicativo.

Exemplo:

Fernando **era** as esperanças da família.

sujeito [singular]   verbo [singular]   predicativo do sujeito [plural]

   - Se o sujeito for expressão numérica e o predicativo indicar suficiência, insuficiência ou excesso, o verbo **ser** concorda com o predicativo. Exemplos: Cinco quilos de arroz é **suficiente** para alimentar aquela família. Quinhentos reais é pouco para sustentar uma família.
   - A concordância do verbo **ser** prevalecerá com o predicativo singular quando o sujeito plural não estiver antecedido de artigo ou pronome demonstrativo. Exemplo: **Dias quentes é** sinal de chuva.

- Os verbos **dar**, **soar** e **bater** indicando horário concordam com as horas. Exemplos: **Deu** uma hora da madrugada. **Bateram** cinco horas. **Soaram** três horas da tarde.

COMO VEMOS ISSO NA PROVA?

1. (ESPCEX – 2020) No excerto "A maioria das pessoas não <u>pensa</u> nas consequências que o simples ato de pegar ou aceitar um canudo plástico tem em suas vidas", o verbo sublinhado está no singular porque o autor

a) quis colocar-se como o único que pensa nas consequências da utilização de canudos plásticos.

b) preferiu a concordância enfática com a ideia de pluralidade sugerida pelo sujeito.

c) efetuou a concordância erroneamente, já que o núcleo do sujeito anteposto está no plural.

d) optou por uma concordância ideológica, já que se refere a um número pequeno de pessoas.

e) efetuou a concordância estritamente gramatical com o coletivo singular.

Comentário: a palavra **maioria** sugere quantidade relevante, mas se encontra flexionada no singular. A concordância está correta dessa forma, como também estaria correta se o verbo estivesse no plural, concordando com **pessoas**.

2. (EEAR – CFS-2 – 2020) Em qual alternativa a concordância verbal está de acordo com o padrão culto da língua portuguesa?

a) Todos sabemos que existe, no passado daquela família tradicional, fatos que ninguém quer relembrar.

b) Haviam pessoas no teatro que abandonaram o local antes do término do espetáculo.

c) A atitude dos alunos daquelas universidades públicas comoveram os jornalistas.

d) Desconheciam-se os motivos pelos quais o marido havia abandonado a família

Comentário: atenção às alternativas corrigidas:

a) Todos sabemos que <u>existem</u>, no passado daquela família tradicional, fatos que ninguém quer relembrar. O sujeito do verbo **existem** é **fatos**, por isso deve ficar no plural.

b) <u>Havia</u> pessoas no teatro que abandonaram o local antes do término do espetáculo. O verbo **haver** com sentido de **existir** fica sempre no plural.

c) A atitude dos alunos daquelas universidades públicas <u>comoveu</u> os jornalistas. O sujeito de **comoveu** é **a atitude**, portanto, no singular,

d) Desconheciam-se os motivos pelos quais o marido havia abandonado a família. O sujeito de **desconheciam** é **motivos**, o plural está correto.

PORTUGUÊS PARA DESESPERADOS · QUESTÕES COMENTADAS   **219**

3. (FCC – TRF – 4ª REGIÃO – Analista Judiciário – Oficial de Justiça Avaliador Federal – 2019) O verbo indicado entre parênteses deverá flexionar-se numa forma do singular na frase:

a) Nem ao sonho, nem à realidade (caber) fazer restrições, uma vez que ambos sempre se compuseram em nossas experiências.

b) Sempre (haver) de precipitar-se desavenças inúteis e inconsequentes entre os idealistas puros e os realistas radicais.

c) Não (constar) em nosso passado de civilizados incongruências fatais entre sonhos e desejos possíveis.

d) É comum que mesmo numa relação familiar (atingir) uma proporção inaudita as desavenças entre idealistas e realistas.

e) Não deixa de ser uma ironia que a idealistas e realistas (poder) eventualmente contrapor-se os indiferentes ao destino humano.

Comentário: o sujeito composto cujos núcleos são ligados por "**nem... nem**" leva o verbo para o singular (conforme consta na alternativa a). Nas demais opções, os verbos vão para o plural para concordar com seus respectivos núcleos dos sujeitos – **desavenças** na letra b), **incongruências** na c), **desavenças** na d) e **indiferentes** em e).

4. (VUNESP – PREFEITURA DE IBATÉ/SP – Telefonista – 2019) Mesmo trabalhando em casa, quase sempre_____ regras que_____ a produção a ser realizada. Na verdade, o empregador acaba sendo_____ já que deixa de arcar com os custos_____ para a manutenção do espaço destinado à realização das atividades. Assinale a alternativa que preenche, correta e respectivamente, as lacunas do texto.

a) existem ... determina ... os maiores beneficiados ... necessário.

b) há ... determinam ... o maior beneficiado ... necessários.

c) há ... determina ... o maior beneficiado ... necessários.

d) existem ... determina ... os maiores beneficiados ... necessário.

e) existe ... determinam ... o maior beneficiado ... necessário.

Comentário: tanto **há** quanto **existem** completam a primeira lacuna (o verbo haver sempre no singular quando é sinônimo de existir). Na segunda lacuna, o plural é obrigatório, uma vez que o pronome relativo retoma **regras,** que vai funcionar como sujeito de **determinam**. Em seguida, o sujeito é **o empregador**, sendo assim **o maior beneficiado** no singular para que concordem. Por último, o adjetivo **necessários** concorda com o substantivo **custos** no plural.

5. (MPE-SC – Promotor de Justiça – Vespertina – 2017) Examine as frases abaixo para responder à questão.

a) Viveríamos bem melhor se não houvessem conflitos.

b) Os deputados haviam abandonado a sala.

c) Nossos alunos se houveram bem neste concurso público.

d) Até hoje houve duas guerras mundiais.

e) Deve haver muitas pessoas interessadas neste parecer.

Em e), a locução verbal **Deve haver** poderia ser substituída por **Devem existir** e a frase continuaria gramaticalmente correta.

a) Certo.

b) Errado.

Comentário: **certo**. O verbo **existir** é um verbo normal. A regra do singular se refere apenas ao verbo haver com sentido de **existir**. Sendo assim, a locução deve concordar com o sujeito **muitas pessoas interessadas** no plural.

6. (VUNESP – CÂMARA DE PIRACICABA/SP – Jornalista – 2019) A frase com a concordância correta, de acordo com a norma-padrão da língua portuguesa, é:

a) Restam-nos muito pouco tempo para viver, não é mesmo?

b) Casos e histórias é que animavam a conversa, pausada.

c) Música, canto, arte, tudo isso são essenciais à vida.

d) Nesses tempos urgem a revitalização da região de Inhotim.

e) Assim como ocorreram com outras artes, cortaram gastos com música.

Comentário: na letra a), o sujeito é **muito pouco tempo**, então o verbo **restar** deveria estar no singular. Em c), há uma expressão resumitiva (tudo isso) que obriga o verbo a permanecer no singular. Em d), o núcleo do sujeito é **revitalização**, no singular, então a forma correta do verbo seria **urge** e, em e), o verbo **ocorrer** é impessoal, não se refere a sujeito algum, logo, deveria estar no singular.

7. (VUNESP – CÂMARA DE PIRACICABA/SP – Jornalista – 2019) Assinale a alternativa correta quanto à concordância, de acordo com a norma-padrão da língua portuguesa.

a) Temia-se que a distância entre os países ricos e os países pobres aumentassem.

b) A verdade é que passou a existir fortunas enormes devido à informática.

c) Com smartphones e tablets, foi posto nas mãos de bilhões a conectividade.

d) Milhares de Davis estão aprendendo o que lhes devem ser necessário.

e) Convém reduzir as distâncias criadas pelo poder e pela riqueza de poucos.

Comentário: a opção correta é a e). Observe as demais frases corrigidas e o destaque dado ao verbo e ao núcleo do sujeito com o qual deve concordar:

a) Temia-se que a distância entre os países ricos e os países pobres aumentasse.

b) A verdade é que passaram a existir fortunas enormes devido à informática.

PORTUGUÊS PARA DESESPERADOS · QUESTÕES COMENTADAS

c) Com smartphones e tablets, <u>foi posta</u> nas mãos de bilhões a <u>conectividade</u>.

d) Milhares de Davis estão aprendendo <u>o</u> que lhes <u>deve ser</u> necessário.

Na letra d), pode-se substituir o pronome **o** por **aquilo**, para visualizar com mais clareza.

8. (CEV-URCA – PREFEITURA DE MAURITI/CE – Conhecimentos Básicos – Magistério – Nível Superior – 2019) Marque a opção em que o uso do "há" está incorreto:

a) Há mais de oito décadas que Vidas Secas foi publicado.

b) Há muitos livros de temática regionalista.

c) Paula chegará há hora prevista.

d) Há muito tempo e perspectivas de estudo.

e) Li Vidas Secas há muitos anos.

Comentário: na indicação de horas, devemos usar apenas a preposição A e não o verbo **haver**. A correção da alternativa c) é "Paula chegará à hora prevista". O verbo **haver**, na indicação de tempo cronológico, sempre se refere a tempo decorrido.

9. (IBADE – PREFEITURA DE JARU/RO – Analista Administrativo – 2019) Todas as alternativas abaixo apresentam a concordância verbal de acordo com a norma culta da língua, EXCETO em:

a) Fomos nós quem avisou ao diretor o horário do evento.

b) Os Estados Unidos valorizam, em seu país, o estudo científico.

c) Do lado de fora do espetáculo ouvia-se os aplausos da multidão.

d) Um ou outro cientista ganhará o prêmio tão esperado.

e) Mais de um pesquisador representou o Brasil naquele acontecimento.

Comentário: o verbo transitivo direto + a partícula **se** indicam que há um sujeito na oração e o verbo deve concordar com ele. No caso da letra c), o sujeito é **aplausos da multidão**, no plural, então a forma do verbo deveria ser **ouviam**-se.

10. (FUNRIO – PREFEITURA DE PORTO DE MOZ/PA – Agente Administrativo – 2019) Assinale a oração em que a concordância verbal está incorreta.

a) "Assim como todos, nós sabemos a dor de uma saudade."

b) "Nenhum de nós sabemos..."

c) "Quantos dentre vós tomareis parte da passeata?"

d) "Qual de nós pode ser acusado de traição?"

e) "Cerca de cem pessoas foram ao espetáculo teatral."

Comentário: quando o sujeito é formado por um pronome indefinido **no singular** + um pronome pessoal, o verbo deverá ficar no singular também. Assim, a correção da frase constante na alternativa b) é "Nenhum de nós sabe".

11. (FCC 19 – SEMEF MANAUS/AM – Programador – 2019) O verbo flexiona-do no plural e que também pode ser corretamente flexionado no singular, sem que nenhuma outra modificação seja feita na frase, está em:

a) Hoje as forças da criação de riqueza já não favorecem a expansão da privaci-dade...

b) Não existiam expectativas de que uma porção significativa da vida...

c) ... as normas, e eventualmente os direitos, de privacidade vieram a surgir.

d) Como nossas experiências com a mídia social têm deixado claro...

e) ... a maior parte das pessoas obtiveram os meios financeiros para controlar o ambiente físico...

Comentário: a resposta correta é a letra e). As expressões que indicam grupo ou parte geralmente são construídas por um termo no singular (parte ou maioria, por exemplo) e, quando na sequência aparece um termo no plural especificando essa expressão, podemos deixar o verbo no singular ou no plural. Então podemos dizer "a maior parte das pessoas obtiveram" (concordando com pessoas) ou "a maior parte das pessoas obteve" (concordando com parte).

12. (FCC – SEMEF MANAUS/AM – Técnico em Web Design da Fazenda Municipal – 2019) O verbo indicado entre parênteses deverá flexionar-se numa forma do plural para compor adequadamente a frase:

a) Não se (impor) aos velhos relógios a obrigação de funcionarem com toda a regularidade.

b) A muitos de nós (causar) espanto se os velhos relógios funcionassem como os novos.

c) Tudo o que ainda nos (conceder) nossos velhos relógios deve ser visto como um bônus.

d) O que mais nos (chamar) a atenção nos velhos relógios são aqueles trabalha-dos ponteiros.

e) Aos grandes colecionadores não (costumar) faltar critério na avaliação de velhos relógios.

Comentário: para resolver essa questão, é necessário identificar o sujeito de cada verbo. Na letra a), o sujeito de **impor** é a oração "a obrigação de funcionarem com toda a regularidade" – sempre que o sujeito for uma oração, o verbo ficará no singu-lar. O mesmo raciocínio se aplica à letra b), em que o sujeito é a oração "se os velhos relógios funcionassem como os novos" – você pode substituir as duas oração por **isso** – **Isso** causa espanto a muitos de nós/**Isso** não se impõe aos velhos relógios. Na letra d), o papel de sujeito é feito pelo pronome demonstrativo O – **aquilo** nos chama atenção. E, na letra e), "critério na avaliação de velhos relógios" é o sujeito do

PORTUGUÊS PARA DESESPERADOS · QUESTÕES COMENTADAS

verbo **costumar** – é o que não costuma faltar. Apenas na letra c) temos um sujeito no plural – "Nossos velhos relógios".

13. (CETAP – PREFEITURA DE ANANINDEUA/PA – Técnico Municipal – Administração Básica – 2019) Leia a frase seguinte: "Boa parte das alunas sai daqui no fim da tarde e vai se prostituir, logo ali." A outra possibilidade correta de concordância verbal seria:

a) saem – vão.
b) sairá – foi.
c) saem – vai.
d) sairiam – iria.

Comentário: a resposta correta encontra-se na alternativa a). Como a expressão indica parte/grupo (boa parte) e é seguida por termo no plural (das alunas), temos as opções de manter os verbos no singular, como na frase em análise, ou flexioná-los no plural, concordando com **alunas**.

14. (IBADE – 2019 – IABAS – Enfermeiro – 2019) Observe os itens abaixo:

I. A maioria das pessoas não se preocupa com o lixo.
II. Pesquisa-se meios de combater a infestação.
III. O presidente, junto com alguns ministros, compareceu à solenidade de posse do governador.
IV. Houveram motivos para o crescimento do número de escorpiões.

Pode-se afirmar que a concordância verbal está correta em:

a) II, III e IV.
b) I, II e III.
c) I e II.
d) I e IV.
e) I e III.

Comentário: apenas I e III estão corretos. No item II, o núcleo do sujeito é **meios**, então o verbo **pesquisar** deveria estar no plural: Procuram-se meios. Em IV, o verbo **haver** possui sentido de **existir**, portanto é impessoal e deve ficar no singular: Houve motivos.

15. (INSTITUTO AOCP – PC-ES – Escrivão de Polícia – 2019) Assinale a alternativa em que a conjugação e a grafia dos verbos completam adequadamente todas as lacunas da seguinte frase.

"Se algum órgão da comunidade _____ o programa "Papo de Responsa", os policiais _____ o local e_____ o projeto.

a) convocam – visitarão – realizam.

b) convocasse – visitão – realizarão.

c) convocar – visitariam – realizão.

d) convocão – visitam – realizarão.

e) convoca – visitam – realizam.

Comentário: a conjugação e a grafia dos verbos está correta na letra e). O primeiro verbo fica no singular, concordando com o núcleo **órgão**. Os demais vão para o plural para concordar com **policiais**.

16. (FCC – BANRISUL – Escriturário – 2019) Há pleno atendimento às normas de concordância verbal na frase:

a) O tempo de antes de nascer e o de depois de morrer constitui incógnitas indevassáveis à percepção humana.

b) A imensidão do universo, com suas incontáveis estrelas, aturdem e atemorizam a muitos de nós, sejam crentes ou ateus.

c) Caso lhes faltasse a imaginação, não teriam os homens qualquer preocupação com a vastidão do espaço que alcançam perceber.

d) Milhares ou milhões de anos pouco, de fato, representa para aquele que tira os olhos do universo e os interiorizam em si mesmos.

e) Fôssemos todos imortais e provavelmente haveria de experimentarmos o tédio de não sentir o limite das grandes aventuras.

Comentário: na letra a), o sujeito é composto – "O tempo de antes de nascer e o de depois de morrer" –, então, o verbo **constituir** deveria estar no plural. Na letra b), o sujeito é apenas o termo "A imensidão do universo", de núcleo **imensidão**, no singular; logo, o verbo **aturdir** deveria estar no singular também. Em d), o verbo **representar** deveria concordar, no plural, com o sujeito composto de núcleos no plural – **milhares ou milhões**. E, em e), a flexão deve acontecer com o verbo **haver** (que não é impessoal nessa frase). A letra c) está correta.

17. (NC-UFPR – ITAIPU BINACIONAL – Profissional de Nível Universitário Jr. – Engenharia Civil – 2019) Assinale a alternativa em que as formas verbais estão grafadas corretamente:

a) Nem todos os armários contém livros; alguns só armazenam papéis avulsos.

b) Diversas iniciativas de edições colaborativas compõe um cenário novo no mercado editorial.

c) Não são muitos os estudantes que retém as informações apenas ouvidas e não visualizadas.

d) O aparelho mantem o usuário conectado por horas, de forma prejudicial à saúde.

e) Os especialistas veem com bons olhos a iniciativa de jogos terapêuticos.

Comentário: apenas a letra e) apresentou uma frase em que o verbo **veem** concordou com o núcleo **especialistas**. Observe as demais frases corrigidas abaixo, com destaque ao verbo alterado e ao núcleo do sujeito com quem deve concordar:

a) Nem todos os <u>armários</u> **contêm** livros; alguns só armazenam papéis avulsos.
b) Diversas <u>iniciativas</u> de edições colaborativas **compõem** um cenário novo no mercado editorial.
c) Não são muitos os <u>estudantes</u> que **retêm** as informações apenas ouvidas e não visualizadas.
d) O <u>aparelho</u> **mantém** o usuário conectado por horas, de forma prejudicial à saúde.

BIZU!

Para relembrar a regrinha de verbos derivados de **ter** e **vir**, que sinalizam sua flexão para o meio da acentuação.

https://ugr.to/1lxp6

---

18. (VUNESP – PREFEITURA DE MORRO AGUDO/SP – Agente de Controle de Zoonoses – 2020) Considerando a norma-padrão da língua portuguesa, assinale a alternativa que preenche, correta e respectivamente, as lacunas da frase a seguir.

Se os pais dele _____ evitar, certamente não _____ contariam os motivos da separação do casal. Mas é impossível poupá-lo _____ uma conversa tão séria.

a) podiam ... o ... a
b) podem ... lhe ... com
c) poderiam ... o ... por
d) pudessem ... lhe ... de
e) puder ... o ... para

Comentário: a ideia da primeira lacuna é de hipótese, portanto, completá-la-emos com **pudessem**. A segunda lacuna se refere ao filho, que é terceira pessoa, pois não participa da conversa. Completaremos, então, com **lhe**. E, por fim, a regência do verbo **poupar**, que exige o complemento com **de**. A resposta correta é a d).

19. (EEAR – CFS-1 – 2020) Identifique a alternativa em que há erro de concordância verbal.

 a) Não conseguiu empréstimo nos bancos o pai e as filhas.
 b) O conflito, a luta e a guerra interior aumentava-lhe a vontade de viver.
 c) O respeito à Instituição, a carreira, o salário, tudo faziam-no lutar por uma vaga no concurso.
 d) Durante a partida de futebol, uma e outra jogada foi determinante para a consolidação do placar.

Comentário: quando há um aposto resumitivo, o verbo concorda com ele. No caso da letra c), o aposto é a palavra **tudo**. Assim, a correção da frase é "...tudo fazia-o lutar por uma vaga no concurso".

20. (EAGS – 2020) Assinale a frase correta quanto à concordância verbal.

 a) Ficou muito claro as suas boas intenções.
 b) O conceito dos alunos sobre essas questões resultou em equívocos.
 c) As marcas daquela tragédia evitável continuou registrada de forma inapagável.
 d) Os personagens de uma cena marcante permanecerá em nossa mente para sempre.

Comentário: apenas a letra b) está correta. A dica para resolver a questão é colocar as frases na ordem direta (primeiro o sujeito e depois o verbo), para que fique mais claro o fato de que, em a), c) e d) temos sujeitos com núcleos no plural – **intenções**, **marcas** e **personagens**. Portanto, os verbos deveriam estar também no plural – **ficaram**, **continuaram** e **permanecerão**.

GABARITO

1 – E	11 – E
2 – D	12 – C
3 – A	13 – A
4 – B	14 – E
5 – A	15 – E
6 – B	16 – C
7 – E	17 – E
8 – C	18 – D
9 – C	19 – C
10 – B	20 – B

13

CONCORDÂNCIA NOMINAL

Neste capítulo, vamos conhecer algumas estruturas comuns nos concursos quanto ao questionamento da concordância entre singular, plural, masculino e feminino. Vamos revisar alguns conceitos sobre classes de palavra também. Separei as principais regrinhas e pegadinhas para você arrebentar nas provas!

REGRA GERAL

O artigo, o adjetivo, o numeral e o pronome concordam em gênero e número com o substantivo. O adjetivo, quando exerce função sintática de adjunto adnominal de dois ou mais substantivos, pode concordar de diversas formas:

a) Com substantivos do mesmo gênero: o adjetivo pode ficar no singular ou no plural. Exemplos: Falou com **paixão** e **sabedoria incrível**. Falou com **paixão** e **sabedoria incríveis**.

b) Com substantivos de gêneros diferentes: o adjetivo concorda com o mais próximo ou vai para o masculino plural. Exemplos: Convidamos o rapaz e **a moça animada**. Convidamos **o rapaz e a moça animados**.

c) Com adjetivo anteposto a dois ou mais substantivos: a concordância ocorre com o mais próximo. Exemplos: Caminhei por **belas trilhas** e bosques. Caminhei por **belos bosques** e trilhas.

SE LIGA!
Caso o adjetivo se refira a nomes de pessoas, deverá ir para o plural.
Exemplo: Estudamos os célebres Machado de Assis e Carlos Drummond de Andrade.

d) Com vários adjetivos referindo-se a um substantivo:
 – coloca-se o substantivo no plural. Exemplo: Ela fala fluentemente **as línguas inglesa e francesa**.
 – coloca-se artigo antes do adjetivo e o substantivo no singular. Exemplo: Ela fala fluentemente **a língua inglesa e a espanhola**.
e) Com adjetivo na função sintática de predicativo do sujeito composto, concorda com o gênero dominante dos núcleos do sujeito. Exemplos: **As blusas e as calças** estavam **rasgadas**. **O calor e a chuva** estavam **intensos**.

CASOS ESPECIAIS QUE MAIS APARECEM NAS PROVAS

Há alguns casos especiais que determinam outras regras de concordância nominal. Vamos a eles!

1º) Obrigado, mesmo, próprio: concordam com o substantivo ou com o pronome a que se referem, ou seja, se o substantivo for feminino plural, usam-se mesmas, próprias e obrigadas.

Cuidado: quando a palavra **mesmo** significar **realmente**, ficará invariável.

Exemplos: Elas mesmas disseram, em coro: Muito obrigadas, professor. Os próprios funcionários reconheceram o erro. As meninas trouxeram mesmo o ator famoso.

2º) Só, sós: essas palavras concordarão com o elemento a que se referem, quando significarem **sozinho, sozinhos, sozinha, sozinhas**; ficarão invariáveis quando significarem **apenas, somente**. A locução **a sós** é sempre invariável. Exemplos: Só as garotas queriam andar sós. Os meninos queriam a companhia delas. Gosto de estar a sós.

3º) Quite, anexo, incluso: esses três elementos concordam com o substantivo a que se referem. Exemplos: Deixarei as promissórias quites, para não ter problemas. Anexas, seguem as fotocópias dos documentos solicitados. Estão inclusos o café da manhã e o almoço.

4º) Meio: concordará com o elemento a que se referir quando significar **metade**; ficará invariável quando significar **um pouco, mais ou menos**. Quando formar substantivo composto, ambos os elementos variarão. Exemplos: Era meio-dia e meia. Ela estava meio nervosa. Os meios-fios foram construídos em lugar errado.

5º) Muito, bastante: quando modificarem **substantivo**, concordarão com ele; quando modificarem **verbo, adjetivo** ou **outro advérbio**, ficarão invariáveis, por serem advérbios. **Bastante** também será adjetivo, quando significar **o que basta** ou **o que é suficiente**. Exemplos: Bastantes funcionários ficaram bastante revoltados com a empresa. Há provas bastantes de sua culpa.

6º) Possível: em frases com expressões como **o mais, o menos, o melhor, o pior, as mais, os menos, os piores, as melhores**, a palavra **possível** concordará com o artigo. Exemplos: Visitei lugares o mais interessantes possível. Visitei cidades as mais interessantes possíveis.

7º) Expressões um (a) e outro (a), num (a) e noutro (a): o substantivo fica no singular e o adjetivo no plural. Exemplos: Jonas resolveu um e outro **caso difíceis**. Colocamos os bolos numa e noutra **mesa grandes**.

8º) Expressão tal qual: "tal" concorda com o antecedente; "qual" concorda com o consequente. Exemplos: Os meninos são educados **tais qual** a mãe. As meninas são vaidosas **tais quais** as avós.

9º) Verbo de ligação + Predicativo do sujeito: quando o sujeito for tomado em sua generalidade, sem qualquer determinante, o verbo ser – ou qualquer outro verbo de ligação – ficará no singular e o predicativo do sujeito no masculino, singular. Se o sujeito vier determinado por qualquer palavra, a concordância do verbo e do predicativo será regular, ou seja, concordarão com o sujeito em número e pessoa. Exemplos: Caminhada é bom para a saúde – Esta caminhada está muito boa. É proibido entrada – Está proibida a entrada.

10º) Menos, alerta: essas palavras são sempre invariáveis. Exemplos: Houve menos reclamações dessa vez. Estamos alerta.

COMO VEMOS ISSO NA PROVA?

1. (EEAR – 2017) Assinale a alternativa que não apresenta falha na concordância.

a) Ainda que sobre menas coisas para nós, devemos ir.

b) As peças não eram bastante para a montagem do veículo.

c) Os formulários estão, conforme solicitado, anexo à mensagem.
d) Neste contexto de provas em que vocês se encontram, está proibida a tentativa de cola.

Comentário: na letra a), foi usado o termo "menos", que é invariável, ou seja, nunca sofrerá alteração de gênero ou número. Em b), a palavra "bastante" foi usada com sentido de "suficiente", isso indica que se trata de um adjetivo e o adjetivo deve concordar com o substantivo a que se refere, logo, a correção seria "As peças não eram bastantes para a montagem do veículo". Em c), o adjetivo "anexo" deveria concordar com o substantivo "formulários", ou seja, deveria estar no plural. A letra d) não apresenta falha de concordância.

2. (EAGS – 2017) Leia: São quatro cachorras muito amáveis, cada qual com suas peculiaridades. Rose é uma cachorrinha arteira e serelepe, com seu pelo e unhas pretas. Ciça é pacata e sorrateira, sempre atenta com seus olhos e orelhas amarelos. Vilma, por sua vez, apresenta bastante habilidades para vigiar a casa; atira-se em qualquer um que vê. E Ruth é meio sossegada e faz amizades facilmente à primeira vista.
Há um erro de concordância nominal na descrição de uma das cachorras. Qual?
a) Rose.
b) Ciça.
c) Vilma.
d) Ruth.

Comentário: houve um erro de concordância da descrição de Vilma, pois o termo "bastante" apareceu acompanhando o substantivo "habilidades", logo, se trata de um pronome indefinido e deve concordar com o nome a que se refere.

BIZU!

A palavra **bastante** pode ter três classificações morfológicas:
1º] Advérbio de intensidade – quando acompanha um adjetivo, um verbo ou outro advérbio. Exemplo: Ele é bastante medroso.
2º] Pronome indefinido – quando acompanha um substantivo. Exemplo: Ele tem bastante medo.
3º] Adjetivo – quando acompanha um substantivo e significa "suficiente".
Exemplo: Ele tem medo bastante para se esconder.

---

3. (EAGS – 2017) Assinale a alternativa em que a concordância nominal está incorreta.

a) No jardim encantado de Branca de Neve, havia perfumado lírio e rosa.
b) No jardim encantado de Branca de Neve, havia rosa e lírio perfumados.
c) No jardim encantado de Branca de Neve, havia perfumados lírio e rosa.
d) No jardim encantado de Branca de Neve, havia lírio e rosa perfumada.

Comentário: quando um adjetivo aparece anteposto a dois substantivos, devemos fazer a concordância com aquele que estiver mais próximo do adjetivo (exceto se a função sintática do adjetivo for predicativo, caso em que haverá a concordância com todos os substantivos). Sendo assim, na letra c), a correção seria "... havia perfumado lírio e rosa".

4. (IESES – CEGÁS – Analista de Gestão – Advogado – 2017) Assinale o erro de concordância nominal:
a) Já era meio-dia e meia quando ela percebeu meio desconfiada a presença de alguém.
b) As responsáveis pelo projeto afirmaram que ficaram muito obrigadas à comunidade.
c) Foram precisas muitas horas de trabalho para concluir o relatório.
d) A porta estava todo aberta quando a secretária, ainda meia confusa, chegou.

Comentário: o erro ocorreu quanto à flexão da palavra **meio**, na letra d). Como se trata de um advérbio de intensidade, não deve haver variação de gênero ou número. A frase corrigida é "A porta estava todo aberta quando a secretária, ainda meio confusa, chegou".

BIZU!

A palavra **meio** pode ser classificada como:
a) Adjetivo – quando acompanha um substantivo. Exemplo: Eu comi meio pote de doce.
b) Advérbio – quando significa "mais ou menos" e não acompanha um substantivo. Exemplo: Ela ficou meio chateada.
c) Numeral – quando indica expressivamente uma quantificação. Exemplo: Ele tem um metro e meio de altura.
d) Substantivo – quando aparece precedida por artigo. Exemplo: Encontrei o meio de resolver a questão.

---

5. (CONSULPLAN – TRF 2ª REGIÃO – Analista Judiciário – Contadoria – 2017) Em qual frase a seguir NÃO se cometeu erro de concordância nominal?

a) Os alunos acabam sendo bastantes estimulados a não seguirem regras.

b) Em determinados casos as punições deveriam ser o mais duras possíveis.

c) Descobriram várias firmas fantasma na metrópole que incitavam o racismo.

d) Nas sociedades antigas olhos verde-claro eram mais aceitos do que olhos negros.

Comentário: em a) ocorreu um erro quanto à flexão de "bastante". Como está ligado a um adjetivo, trata-se de um advérbio e os advérbios são invariáveis. Já em b) o erro foi mais específico – a expressão "o mais... possível" deveria concordar da seguinte forma: "...as punições deveriam ser as mais duras possíveis" – o adjetivo "possíveis" concorda com o artigo "as", o qual concorda com o nome "punições". E, em d), a concordância do adjetivo composto deveria ser "olhos verde-claros".

6. (IESES – PREFEITURA DE SÃO JOSÉ DO CERRITO/SC – Assistente Social – 2017) Assinale a alternativa em que a concordância nominal esteja ERRADA de acordo com a norma padrão da língua portuguesa.

a) É permitido permanecer nessa vaga por apenas quinze minutos.

b) Salsa é boa como tempero.

c) Qualquer leitura é boa para o intelecto.

d) É precisa a permanência de um acompanhante.

Comentário: para fazer a correta concordância de certos adjetivos, é necessário observar se o termo a quem se referem aparece acompanhado de determinante (artigos, numerais ou pronomes, por exemplo). Se houver um determinante, o adjetivo concordará com ele. Se não houver, o adjetivo ficará no masculino. A correção da letra b) é "Salsa é bom como tempero" ou "A salsa é boa como tempero".

7. (IESES – PREFEITURA DE SÃO JOSÉ DO CERRITO/SC – Bioquímico Farmacêutico – 2017) Assinale a alternativa em que a flexão nominal esteja correta.

a) Qualquer viagem é ótimo para descansar.

b) Maçã é boa para a digestão.

c) Proibida a entrada.

d) Permitida passagem de bicicletas.

Comentário: seguindo a mesma lógica da resolução da questão anterior, se há determinante, concordaremos. Se não há, o adjetivo ficará invariável – teremos as seguintes correções:

a) Qualquer viagem é ótima para descansar.

b) Maçã é bom para a digestão.

d) Permitido passagem de bicicletas.

PORTUGUÊS PARA DESESPERADOS · QUESTÕES COMENTADAS

8. (MPE-GO – LUZIÂNIA – Auxiliar Administrativo – 2019) Assinale a alternativa em que a frase apresenta um equívoco de concordância nominal:
a) A menina estudiosa passou no vestibular.
b) A faca e o garfo dourado estão na gaveta.
c) Ela ficou animada com a notícia.
d) Há bastantes alunos interessados na palestra.
e) Carlos está quites com o colégio.

Comentário: a palavra **quite** é um adjetivo e deve concordar normalmente com o substantivo ao qual se refere. Na frase em análise, **Carlos** é um indivíduo (singular) e **quite** deve concordar com ele.

9. (VUNESP – CÂMARA DE MONTE ALTO/SP – Auxiliar Técnico Legislativo – 2019) Assinale a alternativa em que a redação está em conformidade com a norma-padrão de concordância da língua portuguesa.
a) Já haviam alguns anos que a venda de livros físicos vinha sendo prejudicada pelo surgimento dos livros eletrônicos.
b) Atualmente, quase já não se encontram mais filmes no formato DVD ou músicas arquivadas em CD.
c) Muitos clássicos da literatura mundial estão sendo disponibilizado também em formato de arquivo digital.
d) Os livros eletrônicos apresentam características muito diferente das encontradas nos livros impressos.
e) A opção de realizar pagamentos de compras em supermercados usando apenas o celular já são uma realidade.

Comentário: na letra a), o verbo **haver** deveria estar no singular, uma vez que indica tempo decorrido. Na c) e na d), os adjetivos **disponibilizado** e **diferente** deveriam estar no plural. E, na e), o verbo **ser** deveria estar no singular.

10. (MPE-GO – APARECIDA DE GOIÂNIA – Auxiliar Administrativo – 2019) Observe a concordância do(s) adjetivo(s) e assinale a alternativa incorreta.
a) Em cada vaso da sala, ela arranjou vermelhos cravos e rosas.
b) Em cada vaso da sala, ela arranjou cravos e rosas vermelhas.
c) Em cada vaso da sala, ela arranjou vermelhos rosas e cravos.
d) Em cada vaso da sala, ela arranjou rosas e cravos vermelhos.
e) Em cada vaso da sala, ela arranjou cravos e rosas vermelhos.

Comentário: com o adjetivo (vermelho) anteposto aos substantivos que determina, a concordância deve ser atrativa, ou seja, ele deve concordar com o termo mais próximo, que no caso é **rosa**. Assim, na letra c), a grafia correta seria no feminino: "**vermelhas** rosas e cravos".

https://ugr.to/llxp7

11. (IESES – CEGÁS – Analista de Gestão – Administrador – 2017) Assinale o erro de concordância nominal:
a) Foram precisas muitas horas de trabalho para concluir o relatório.
b) As responsáveis pelo projeto afirmaram que ficaram muito obrigadas à comunidade.
c) A porta estava todo aberta quando a secretária, ainda meia confusa, chegou.
d) Já era meio-dia e meia quando ela percebeu meio desconfiada a presença de alguém.

Comentário: a palavra **meia** é um advérbio de intensidade na letra c), portanto, é invariável (deveria estar no masculino).

12. (VUNESP – CÂMARA DE COTIA/SP – Contador – 2017) Assinale a alternativa correta quanto à concordância nominal.
a) Notícias falsas sempre circularam. Sobretudo nas camadas menas expostas ao jornalismo.
b) Basta recordar os persistente mitos relativo à falsidade das viagens tripuladas pelo homem à Lua.
c) A rapidez e a instantaneidade da circulação de informações, próprio desse meio, propiciam a formação de ondas de credulidade.
d) As redes sociais da internet se mostram o veículo ideal para a difusão de bastante notícias falsas.
e) Essas ondas conferem escala e velocidade inéditas à tradicional circulação de boatos.

Comentário: na letra a), a palavra correta seria **menos** (o termo **menas** não é reconhecido por dicionário algum). Em b), **persistente** deveria estar no plural, concordando com **mitos**. Em c), **próprio** deveria estar no feminino, concordando com o substantivo mais próximo a que se refere (instantaneidade). Em d), o pronome **bastante** deveria concordar com **notícias** no plural.

13. (FGV – ALERJ – Especialista Legislativo – Registro de Debates – 2017)
Considerando a concordância nominal, a frase correta é:

PORTUGUÊS PARA DESESPERADOS · QUESTÕES COMENTADAS

235

a) A professora mesmo advertiu o aluno;

b) Os uniformes das garçonetes eram cinzas;

c) Foi muito comentado pelos jornais a fala do Presidente;

d) Os imigrantes trabalharam bastante dias na obra;

e) A cor rosa-clara da parede ficou bem.

Comentário: em a), o pronome **mesmo** deve sempre concordar com o substantivo, que pode ser substituído por **próprio** ou **própria**. Assim, deveria estar no feminino concordando com **professora**. Em b), sempre que uma cor é o nome de algo (cinza, rosa, laranja, vinho, abóbora etc.), essa palavra ficará invariável (singular). Na letra c), o termo **comentado** se refere à **fala** (feminino), deveria, portanto estar flexionado no feminino. Em d), **bastante** apareceu junto a um substantivo (**dias**) e deve, então, concordar com ele no plural. A alternativa e) é a opção correta.

14. (EEAR – CFS-1 – 2020) Assinale a alternativa que completa adequadamente as lacunas na frase abaixo. A bibliotecária reservou _____ livros e enciclopédias _____ para consulta, mas salientou que é _____ entrada no recinto de pessoas trajando roupas inadequadas.

a) bastante – raras – proibido.

b) bastantes – raras – proibida.

c) bastante – raros – proibida.

d) bastantes – raros – proibido.

Comentário: a palavra **bastante**, quando ligada a um substantivo, é um pronome e concorda com ele. Portanto **bastantes livros**. O adjetivo posposto a dois substantivos pode concordar com o último ou com os dois, então poderíamos ter **raras** ou **raros** na segunda lacuna. Por último, "é proibido entrada", uma vez que não há determinante antes de **entrada**. A alternativa d) é a correta.

15. (EAGS – 2021) Observando a concordância, assinale a alternativa que traz a correta disposição dos termos que completam as lacunas do texto abaixo:

Novamente, no país, as secretarias de saúde _____ , _____ e o Ministério da Saúde mobilizam-se para a vacinação contra a gripe influenza. Haverá _____, a fim de que _____ a campanha e o seu resultado.

a) municipal – estadual – bastante profissionais envolvidos – seja vitoriosa.

b) municipais – estaduais – bastantes profissionais envolvidos – seja vitoriosa.

c) municipais – estaduais – bastante profissionais envolvidos – sejam vitoriosos.

d) municipal – estadual – bastante profissional envolvido – sejam vitoriosos.

Comentário: a correta disposição dos termos encontra-se na letra b). Os adjetivos **municipais** e **estaduais** concordam com o substantivo **secretarias**. A palavra

bastantes aparece ligada a **profissionais**, logo, é um pronome e concorda com o substantivo. E, na última lacuna, **seja vitoriosa** fica no singular para concordar com **a campanha**.

16. (ESPCEX – 2019) Marque a alternativa na qual a palavra destacada funciona como adjetivo.
   a) Os canudos poluem **bastante**.
   b) Ações individuais são **bastante** significativas.
   c) Algumas pessoas preferem ou necessitam **bastante** dos canudos.
   d) Foi encontrada uma lista **bastante** grande de espécies afetadas.
   e) Não há atitude **bastante** para resolver o problema.

Comentário: a palavra **bastante** será um adjetivo quando estiver ligada a um substantivo e pudermos substituí-la por **suficiente**. Na questão proposta, essa substituição é possível na letra e).

17. (EEAR BCT – 2018) Em relação à concordância nominal, assinale a alternativa que completa, correta e respectivamente, as lacunas.
I. Seguem _____ as faturas do empréstimo imobiliário.
II. Para conquistar os objetivos, é _____ paciência.
III. É _____ a entrada de estranhos no recinto.
   a) inclusas – necessário – proibida.
   b) inclusos – necessária – proibido.
   c) inclusas – necessária – proibida.
   d) inclusos – necessário – proibido.

Comentário: o adjetivo **inclusas** concorda com o substantivo **faturas**. O adjetivo **necessário** se mantém no singular, porque **paciência** apareceu sem determinantes. E, por último, **proibida** concorda com o substantivo **entrada**, que está acompanhado do artigo **a**. Sendo assim, alternativa correta: a).

18. (FUNRIO – PREFEITURA DE PORTO DE MOZ/PA – Psicólogo – 2019) Assinale a alternativa que preenche corretamente as lacunas.

Os enfeites ____ do baile foram aprovados por frequentadores e mães ____ com as condições de higiene ____ .
   a) azuis-piscinas – preocupados – os mais perfeitas possíveis.
   b) azuis-piscina – preocupadas – o mais perfeitas possível.
   c) azul-piscinas – preocupadas – o mais perfeita possível.
   d) azuis-piscina – preocupados – as mais perfeitas possíveis.
   e) azul-piscina – preocupados – as mais perfeitas possíveis.

PORTUGUÊS PARA DESESPERADOS · QUESTÕES COMENTADAS

237

Comentário: a alternativa e) é correta. O termo **azul-piscina** é uma adjetivo em cuja composição aparece um substantivo (piscina) e, sempre que isso acontecer, todo o termo permanecerá invariável. Na segunda lacuna, poderíamos completar com **preocupadas**, concordando com o termo **mães**, que está mais próximo, ou **preocupados**, concordando com os dois termos. Por último, **as mais perfeitas possíveis**, concordando com **condições** no plural e no feminino.

19. (CETREDE – PREFEITURA DE PACUJÁ/CE – Fiscal de Tributos – 2019)
Assinale a opção em que a afirmativa apresenta um erro de concordância nominal.
   a) Os filhos são tais quais os pais.
   b) Os torcedores eram bagunceiros e foram punidos como tal.
   c) O vaidoso, mesmo derrotado, é orgulhoso.
   d) Eles só fizeram isto.
   e) Nós moramos junto há muito tempo.

Comentário: a palavra **tal** deve concordar com o termo ao qual se refere. Na letra b), a forma correta seria **tais**, no plural, concordando com **bagunceiros**.

20. (NC-UFPR – PREFEITURA DE CURITIBA/PR – Fiscal – 2019) Assinale a alternativa escrita de acordo com a norma padrão.
   a) As articulações são mais suscetíveis aos sangramentos porque são áreas mais instáveis e estão mais expostos a traumas.
   b) As regulagens das fileiras segunda e terceira de assentos são feitas também eletricamente, por meio de botões posicionados na lateral do porta-malas.
   c) Na aplicação de uma pequena voltagem de estimulação no cérebro, quando feito durante o sono de jovens adultos saudáveis, é possível ver a ampliação das ondas cerebrais, dobrando os benefícios na retenção de memória e aprendizado.
   d) Embora um ou outro conselho tenham melhorado a sua transparência e disposto algumas coisas a mais no site, nós vemos que ainda há muitas informações que ainda não está presente.
   e) No cardápio é possível encontrar um delicioso menu que prestigia as comidas mexicana e árabe, garantindo ainda um verdadeiro toque brasileiro, que deixam os pratos ainda mais saborosos.

Comentário: na letra a), o termo **expostos** deveria estar no feminino, para concordar com **articulações**. Em c), **feito** deveria estar também no feminino, concordando com **aplicação**. Na d), **presente** deveria estar no plural, em acordo com **informações**. E, em e), o verbo **deixam** deveria estar no singular concordando com seu sujeito **toque**.

21. (UNESP – Agente de Desenvolvimento Infantil – Adaptada – 2019) Assinale a alternativa correta gramaticalmente:
   a) Vocês tiveram a coragem de permanecer só, em meio a tantos perigos?
   b) Agora eu estou quites com o serviço militar; aqui está meu certificado de reservista.
   c) Eu e meu primo fomos convocados. Agora estamos quites com o serviço militar.
   d) Paguei os impostos atrasados, e agora estou quites com a Receita Federal.

Comentário: na letra a), o adjetivo **sós** deveria estar flexionado no plural para concordar com **vocês**. Na b), **quite** se refere ao pronome **eu**, então deveria estar no singular, assim como em d). A alternativa que não carece de correção é a c).

22. (VUNESP – CÂMARA DE SERTÃOZINHO/SP – Escriturário – 2019) Assinale a alternativa em que a redação escrita a partir do texto está correta quanto à concordância das palavras, de acordo com a norma-padrão da língua portuguesa.
   a) Os oceanos podem ser contaminado por determinadas tarefas, como a lavagem de roupas de tecidos sintéticos.
   b) Os membros do Parlamento apresentou pesquisas sobre as fibras de tecidos sintéticas que são expelidas das roupas ao serem lavadas em máquinas de lavar.
   c) Ocorrerão a conservação dos oceanos se as autoridades criarem regulamentações para os fabricantes.
   d) Uma boa desculpa, com todas as indicações propostas pelo autor, é a lavagem de roupas com menos frequência.
   e) Também é necessário a compra de menos roupas sintética para reduzir a poluição por plástico nos ambientes.

Comentário: na letra a), **contaminado** deveria estar no plural, pois concorda com **oceanos**. Na letra b), o verbo **apresentou** deve concordar com **membros**, no plural. Em c), **a conservação** dos oceanos **ocorrerá** é a flexão correta e, em e), **a compra é necessária** – no feminino. Está correta a alternativa d).

23. (FCC – PREFEITURA DE RECIFE/PE – Assistente de Gestão Pública – 2019) Atende às regras de concordância da norma-padrão a seguinte frase:
   a) Os cidadãos são bombardeado com notícias falsas com o propósito de dissuadi-las de vacinar suas crianças.
   b) Notícias falsas é o que tem deixado alarmado⋅ quanto à vacinação grande parte da população.
   c) As pessoas tornam improdutivo o esforço governamental de proteger os brasileiros de doenças evitáveis.

d) Quando a criança não é vacinada contra determinada doença, sua saúde fica gravemente comprometido.

e) Nos últimos anos, tem sido registrado uma queda na cobertura vacinal de crianças menores de dois anos.

Comentário: a alternativa c) está correta. Abaixo, observe as demais alternativas corrigidas – sublinhadas as palavras que foram alteradas e em itálico aquelas com as quais devem concordar:

a) Os *cidadãos* são <u>bombardeados</u> com notícias falsas com o propósito de dissuadi-<u>los</u> de vacinar suas crianças.

b) Notícias falsas é o que tem deixado <u>alarmada</u> quanto à vacinação grande parte da *população*.

d) Quando a criança não é vacinada contra determinada doença, sua *saúde* fica gravemente <u>comprometida.</u>

e) Nos últimos anos, tem sido <u>registrada</u> uma *queda* na cobertura vacinal de crianças menores de dois anos.

24. (VUNESP – UNICAMP – Profissional para Assuntos Administrativos – 2019) Assinale a alternativa que preenche, correta e respectivamente, as lacunas do texto a seguir, conforme a norma-padrão da língua portuguesa.

Relacionamentos na terceira idade são _____, pois afastam a solidão, um dos principais _____ da velhice. Participar de grupos e atividades e ter relacionamentos é fundamental. Os relacionamentos afetivos _____ um capítulo _____ parte porque reavivam as pessoas.

> (*Revista Exame*. Disponível em: https://exame.abril.com.br/negocios/%20dino/
> idosos-apostam-na-tecnologia-para-se-relacionar-e-%20-abandonar-a-solidao/.
> Acesso em: 16 nov. 2018. Adaptado)

a) importantíssimos ... problema ... é ... a
b) importantíssimo ... problemas ... são ... à
c) importantíssimos ... problemas ... são ... à
d) importantíssimo ... problema ... são ... a
e) importantíssimos ... problemas ... é ... a

Comentário: **importantíssimos** concorda com **relacionamentos**; **problemas** deve aparecer no plural, pois seu determinante **principais** assim também apareceu; o verbo **são** concorda com seu sujeito **os relacionamentos afetivos,** no plural, e a preposição **a** recebe o acento grave por compor uma locução adverbial feminina em **à parte**. Resposta: c).

25. (IF-MS – Técnico em Tecnologia da Informação – Adaptada – 2019) Considerando a norma padrão da língua portuguesa, assinale a alternativa CORRETA quanto às regras de concordância nominal:
   a) Enviamos em anexos os documentos necessários para a matrícula.
   b) No ENEM é proibida entrada de candidatos após o meio dia.
   c) É proibido portar qualquer tipo de equipamento eletrônico ou de comunicação durante a realização da prova.
   d) Ana Paula Maia mesmo se recusara a receber o prêmio pessoalmente.
   e) Ao meio dia e meio as provas serão entregues aos candidatos.

Comentário: a expressão **em anexo**, da letra a), é invariável. Na letra b), não há determinante para o termo **entrada**, então "No **ENEM**, é proibido entrada..." é a forma correta. Em d), o pronome **mesmo** deveria estar no feminino, uma vez que se refere a uma mulher. E, em e), a forma correta do termo é **meio dia e meia** (hora).

https://ugr.to/1lxp9

26. (CRESCER CONSULTORIAS – PREFEITURA DE CANTO DO BURITI/PI – Técnico de Enfermagem – 2018) Considerando a norma culta, a concordância nominal está INCORRETA na frase:
   a) Encontrei bastantes amigos na festa de formatura.
   b) Aveia é boa para a saúde.
   c) Não diga nada, agora é necessário prudência.
   d) Anexos ao processo, estavam os documentos do acusado.

Comentário: sempre que aparece o verbo **ser** em frases cujo predicativo possa se flexionar no feminino (é boa, é proibida, é necessária...), é preciso observar se o núcleo do sujeito está ou não acompanhado de um determinante (artigo ou pronome, por exemplo). Se estiver, o predicativo concordará com esse determinante. Senão, ficará invariável. O núcleo **aveia** apareceu sem determinantes, então a correção é "Aveia é bom para a saúde".

27. (FAPEC – UFMS – Assistente em Administração – 2018) Observando a grafia, a concordância e a regência, incluindo casos de crase, assinale a alternativa que preenche corretamente as lacunas do seguinte texto:
Não entendo _____ ainda não _____ em minha conta os valores _____ aos bens sinistrados. _____ carta, encaminhei os laudos e todos os

PORTUGUÊS PARA DESESPERADOS · QUESTÕES COMENTADAS

241

documentos exigidos pela seguradora. Espero que isso se resolva logo, pois quero assistir ___ jogos do meu time no Paulistão.

a) porque; foi creditado; correspondente; anexo; a; os.

b) porquê; foram creditado; correspondentes; anexa; à; aos.

c) por que; foi creditado; correspondentes; anexos; à; aos.

d) por que; foram creditados; correspondentes; anexos; à; aos.

e) porque; foram creditados; correspondente; anexos; a; os.

Comentário: a alternativa correta é a letra d). Sempre que podemos subentender a palavra **motivo** após o por que, ele deve ser escrito assim – separado e sem acento. **Foram creditados**, no plural, para concordar com **valores** e **correspondentes** com **bens**. **Anexos**, no plural, concordando com **laudos** e **à** com acento grave pelo encontro da preposição **a** exigida pelo termo **anexo** com o artigo feminino a, que acompanha **carta**. Por último, preposição **a**, exigida pelo verbo **assistir** com sentido de ver, mais o artigo masculino e plural **os**, que acompanha **jogos**.

28. (NC-UFPR – PREFEITURA DE CURITIBA/PR – Engenheiro Civil – 2019)

Considere o seguinte conjunto de informações:

– Uma equipe de pesquisadores britânicos estudou um grupo de pacientes.

– Essa equipe captou imagens do cérebro desse grupo de pacientes.

– Essas imagens revelaram algo extraordinário.

– O estudo durou 5 anos.

Considere as seguintes possibilidade de união dessas informações num único período:

1. Um grupo de pacientes cujas imagens do cérebro revelaram algo extraordinário foi estudado durante 5 anos por uma equipe de pesquisadores britânicos.

2. Durante cinco anos, uma equipe de pesquisadores britânicos estudou um grupo de pacientes onde as imagens do cérebro revelaram algo extraordinário.

3. Imagens do cérebro de um grupo de pacientes, que foram estudadas durante cinco anos por um grupo de pesquisadores britânicos, revelaram algo extraordinário.

4. Uma equipe de pesquisadores britânicos, durante 5 anos, estudou um grupo de pacientes que as imagens do cérebro revelaram algo extraordinário.

Está/Estão de acordo com a norma padrão da escrita:

a) 2 apenas.

b) 1 e 3 apenas.

c) 2 e 4 apenas.

d) 1, 3 e 4 apenas.

e) 1, 2, 3 e 4 apenas.

Comentário: o pronome relativo **onde** só deve ser usado para retomar palavras que deem ideia de lugar, por isso, o item 2 está errado. No item 4, como há ideia de posse, o pronome **cujas** – no feminino e no plural para concordar com **imagens** – deveria ter sido usado. A resposta é a letra b), que indica os números 1 e 3 como corretos.

29. (EEAR – CFS-1 – 2018) Todas as alternativas completam a frase seguinte com concordância nominal correta, exceto uma. Assinale-a.

A casa situava-se numa região cujo clima era bastante saudável. Nessa região, havia

a) belo bosque e montanha.
b) belos montanha e bosque.
c) bela montanha e bosque.
d) belas montanhas e bosques.

Comentário: o adjetivo que vem anteposto a dois ou mais substantivos deve concordar com o mais próximo. Sendo assim, apenas **belos montanha e bosque** é inaceitável.

SE LIGA!
Foge a essa regra o caso em que o adjetivo funciona sintaticamente como predicativo.

30. (EEAR – CFS-2 – 2017) Em relação à concordância nominal, assinale a alternativa que completa, correta e respectivamente, as lacunas.

I. Seguem _____ as faturas do empréstimo imobiliário.
II. Para conquistar os objetivos, é _____ paciência.
III. É _____ a entrada de estranhos no recinto.

a) inclusas – necessário – proibida
b) inclusos – necessária – proibido
c) inclusas – necessária – proibida
d) inclusos – necessário – proibido

Comentário: **inclusas**, no feminino e no plural, de acordo com **faturas**. **Necessário**, no singular e no masculino, porque **paciência** não possui determinantes, e **proibida**, no feminino e singular, de acordo com o determinante **a** de **a entrada**. Resposta correta: a).

GABARITO

1 – D	16 – E
2 – C	17 – A
3 – C	18 – E
4 – D	19 – B
5 – C	20 – B
6 – B	21 – C
7 – C	22 – D
8 – E	23 – C
9 – B	24 – C
10 – C	25 – C
11 – C	26 – B
12 – E	27 – D
13 – E	28 – B
14 – D	29 – B
15 – B	30 – A

14

REGÊNCIA

Regência é o estudo das preposições exigidas pelos nomes e pelos verbos.

Essa matéria é muito importante para a construção textual e para a análise sintática.

A palavra (nome ou verbo) que rege é chamada de **termo regente**. Os termos (complementos) que dela dependem são chamados **termos regidos**.

Quando o termo regente é um nome, chamamos o mecanismo que regulamenta esta relação de **regência nominal**. Quando o termo regente é um verbo, chamamos de **regência verbal**.

Você já sabe regência! Os principais casos estão na sua mente de forma instintiva.

Por exemplo:

Quem se refere, se refere **a**...

Quem confia, confia **em**...

Quem gosta, gosta **de**...

Quem se apaixona, se apaixona **por**...

Só vamos reforçar alguns casos menos usados e outros com pegadinhas nas provas de concurso!

REGÊNCIA NOMINAL

A tabela abaixo contém a regência de alguns nomes. Procure decorar os principais e usar a regência correta no dia a dia para memorizar.

acostumado a	leal a	análogo a
desatento a	digno de	ansioso de, por
impróprio para	doutor em	avesso a, de, em
afável com, para	apto para, a	propenso a, de
descontente com	benéfico a	escasso de
indeciso em	capaz de, para	essencial para
afeiçoado a, por	certo de	fiel a
desejoso de	compatível com	suspeito a, de
inerente a	generoso com	comum a, de
alheio a, de	hábil em	temível a, para
desfavorável a	idêntico a	último a, de, em
insensível a	constituído de, por, com	situado a, em, entre
ambicioso de, por	devoção a, para, com, por	misericordioso com, para com
necessário a, em, para	dúvida acerca de, em, sobre	negligente em, com
empenho de, em, por	respeito a, com, de, por, para	único a, em, entre, sobre

REGÊNCIA VERBAL

É importante saber que um mesmo verbo pode ter mais de um sentido, o que, geralmente, acarreta mudança na regência. Observe:

a) Gostaria de assistir **o** doente.

b) Gostaria de assistir **ao** jogo.

Em a), o verbo destacado significa ajudar; em b), significa ser espectador, olhar. Em decorrência dessa mudança de sentido, o verbo assistir apresenta duas regências distintas: no primeiro caso, foi exigido objeto direto, já no segundo, objeto indireto.

Veja outros exemplos:

1º) Agradar

a) O marido agrada a esposa. (VTD = acariciar)

b) O marido agrada à esposa. (VTI = satisfazer, ser agradável)

2º) Ansiar

a) A falta de comida ansiava aquela população. (VTD = angustiar, oprimir)

b) Os funcionários anseiam por melhores salários. (VTI = desejar, almejar)

3º) Aspirar

a) Esse aparelho aspira o pó. (VTD = sugar, sorver)

b) Os chefes aspiram ao lucro. (VTI = desejar, almejar)

4º) Chamar

a) Devido ao assalto, chamaram a polícia. (VTD = convocar, convidar)

b) chamei-o de desonesto. (VTI = denominar, qualificar)

5º) Obedecer e desobedecer

São transitivos indiretos. Exigem o emprego da preposição **a**. Exemplos: Obedeçam aos que te querem bem. Nunca desobedeça aos seus pais.

6º) Querer

a) Transitivo direto, quando significar desejar, pretender, almejar. Exemplo: Todos querem uma folga na próxima semana.

b) Transitivo indireto, no sentido de gostar de, estimar. Exemplo: Quero muito ao meu marido.

7º) Visar

a) É transitivo direto no sentido de olhar para, mirar, fazer mira, pôr o sinal de visto. Exemplos: O marinheiro visou a praia. O assassino visou a vítima do alto do penhasco. O chanceler visou os documentos oficiais.

b) É transitivo indireto quando significar objetivar, pretender. Exemplo: O atleta visa à melhor colocação.

8º) Simpatizar e antipatizar

São transitivos indiretos, que pedem a preposição com. Exemplos: Simpatizamos com os ideais políticos deste candidato. Antipatizei com ela assim que a vi.

9º) Proceder

a) Intransitivo quando seu significado for comportar-se, ter fundamento. Exemplos: As informações que recebi não procedem. Os alunos procederam muito mal durante a excursão.

b) Transitivo indireto quando tiver sentido de iniciar, realizar. Exemplo: Os professores procederam aos testes.

SE LIGA!

Quando o verbo vier regido pela preposição **de**, terá o significado de originar-se, provir, ser proveniente de, etc.
Exemplo: Os navios procederam da Austrália.

10º) Perdoar

a) Empregam objeto direto quando se referem a coisas. Exemplo: Perdoo todos os erros, menos a mentira.

b) Empregam objeto indireto quando se referem pessoas. Exemplo: Perdoaram-lhe a falta de malícia.

11º) Preferir

a) Transitivo direto: quando tiver sentido de dar primazia, dar preferência. Exemplo: Tenho duas escolhas, mas prefiro o sorvete de morango.

b) Bitransitivo: quando seu significado for escolher uma entre duas ou mais coisas. Não se deve empregar o que ou do que. Exemplo: Os amigos preferiram passear no shopping a assistir ao filme.

12º) Avisar

É bitransitivo. Rege as preposições de ou sobre. Exemplos: Avisei Maria o dia do casamento. Avisei Maria sobre (do) o dia do casamento.

13º) Implicar

a) Quando tiver significado de acarretar, demandar ou envolver, é transitivo direto. Não se deve empregar a preposição em. Exemplo: Obter uma boa colocação no mercado profissional implica dedicação e persistência.

b) Quando tiver sentido de ter implicância, mostrar má disposição, este verbo é transitivo indireto. Pede preposição com. Exemplo: As crianças implicavam com o pobre cãozinho.

c) Quando seu significado for comprometer-se, envolver-se em situações embaraçosas. Exemplo: Muitos corredores implicam-se em acidentes gravíssimos.

14º) Pagar

a) Com objeto direto quando se referir a coisas. Exemplo: Paguei as minhas últimas contas.

b) Com objeto indireto quando se referir a pessoas. Exemplo: Paguei aos seus irmãos.

c) Com o objeto direto e o indireto, quando se referir a coisas e pessoas. Exemplo: Paguei o aluguel aos seus irmãos.

15º) Informar

É um verbo bitransitivo (transitivo direto e indireto). Rege as preposições de ou sobre. Exemplos: Informamos ao professor o andamento da feira de ciência. Informamos ao professor do andamento da feira de ciência. Informamos ao professor sobre o andamento da feira de ciência.

SE LIGA!

Os verbos **ir** e **chegar** exigem a preposição **a**.
Então "nós chegamos ao curso" e "vamos ao banheiro"!

COMO VEMOS ISSO NA PROVA?

1. (INSTITUTO AOCP – PC-ES – Auxiliar Perícia Médico-Legal – 2019) Em "[...] atenda às **necessidades da população** [...]", a presença das preposições é devida, respectivamente, por haver

a) regência verbal e regência nominal.

b) regência nominal e adjunto adnominal.

c) regência verbal e complemento nominal.

d) regência nominal e complemento verbal.

e) complemento verbal e regência nominal.

Comentário: o primeiro termo destacado é uma preposição (somada a um artigo) exigida pelo verbo **atender**. O segundo foi exigido pelo substantivo **necessidades**, portanto, temos um caso de regência verbal e outro de regência nominal. Alternativa a).

2. (FGV – IBGE – 2017 – Adaptada) "Porque o império romano crescia e eles precisavam indicar o clã a que a pessoa pertencia ou o lugar onde tinha nascido".

Nesse segmento do texto há o emprego correto do termo "que" precedido da preposição "a" em razão de estar na mesma oração o verbo "pertencer", que exige essa preposição.

A frase abaixo que está correta nesse mesmo aspecto é:

a) O prato que mais gosta é lagosta.

b) O local que fui na semana passada é bastante interessante.

c) Esta é a cena a que todos aplaudiram.

d) Esse foi o questionário a que eles preencheram.

e) Essas foram as ordens a que eles obedeceram.

Comentário: a questão trata da regência de verbos que aparecem após o pronome relativo. A preposição que um verbo desses venha a pedir deve ser colocada **antes do pronome relativo**. Seguem abaixo as versões corrigidas das alternativas:

a) O prato de que mais gosta é lagosta.

b) O local a que fui na semana passada é bastante interessante.

c) Esta é a cena que todos aplaudiram.

d) Esse foi o questionário que eles preencheram.

3. (TJ-SP – 2017) Assinale a alternativa em que a substituição dos trechos destacados na passagem – O paulistano, contudo, não é de jogar a toalha – **prefere estendê-la** e se deitar em cima, caso lhe **concedam** dois metros quadrados de chão. – está de acordo com a norma-padrão de crase, regência e conjugação verbal.

a) prefere mais estendê-la do que desistir – põe à disposição.

b) prefere estendê-la à desistir – ponham a disposição.

c) prefere estendê-la a desistir – põe a disposição.

d) prefere estendê-la do que desistir – põem a disposição.

e) prefere estendê-la a desistir – ponham à disposição.

Comentário: a regência do verbo preferir é **a**, ou seja, você prefere uma coisa **a** outra. E é inadequado o uso da expressão "prefere mais", porque a preferência já indica intensificação. Assim, eliminamos as alternativas a) e d). O uso do acento grave antes

PORTUGUÊS PARA DESESPERADOS · QUESTÕES COMENTADAS

251

de verbos é proibido, por isso eliminamos também a letra b). Como o sujeito da frase em destaque está no plural (os paulistanos), a forma verbal correta é **ponham**, logo, a letra c) também se elimina.

4. (FUNCERN – PREFEITURA DE JARDIM DE PIRANHAS/RN – Assistente Social – 2019) Considere o período:
Não será com obstáculos à tecnologia, quando ela se provar mais útil e barata, que se reduzirá o distanciamento entre médicos e pacientes.
O trecho em destaque apresenta ocorrência de:
  a) regência verbal, em que o termo regente e o termo regido justificam o uso do acento grave.
  b) regência nominal, em que o termo regente e o termo regido justificam o uso da preposição "com".
  c) regência verbal, em que o termo regente e o termo regido justificam o uso da preposição "com".
  d) regência nominal, em que o termo regente e o termo regido justificam o uso do acento grave.

Comentário: o termo regente é o substantivo **obstáculo**, por isso, é uma caso de regência nominal. E esse termo exige a preposição **a** que encontrou o artigo **a**. Sendo assim, resposta correta: a).

5. (ITAME – PREFEITURA DE AVELINÓPOLIS/GO – Psicólogo – 2019) Marque a alternativa correta considerando a regência verbal.
  a) Preferia português a matemática.
  b) Preferia jogar futebol à trabalhar.
  c) Preferia mais viajar à fazer a faculdade.
  d) Preferia muito mais brincar do que estudar.

Comentário: é muito comum o equívoco quanto à regência do verbo **preferir**. Ele costuma aparecer nas provas como um VTDI e a forma correta é dizer que se prefere **uma coisa a outra** e não **do que** ou **que outra**. Também não há necessidade de inserir termos que intensifiquem o verbo, como "preferir mais" ou "preferir muito", porque ele já indica gostar mais. Vale lembrar que não se usa o acento grave antes de verbos, o que invalida as alternativas b) e c).

6. (FUNRIO – PREFEITURA DE PORTO DE MOZ/PA – Psicólogo – 2019) Marque a alternativa correta, levando em conta as regras de regência verbal.
  a) Naquele instante, lembrei-me de seus valiosos conselhos.
  b) Ele sempre preferiu mais o futebol do que o voleibol.
  c) Lembrou-se que era chegada a hora de ir buscá-la no aeroporto.

d) Ele sempre obedeceu as regras de trânsito, mas na pressa...

e) Informei-lhes de que o alerta soaria qualquer momento.

Comentário: na letra b), houve o comum equívoco da regência do verbo **preferir**, que deveria ser **uma coisa a outra**, e também o advérbio de intensidade, que não é cabível. Na letra c), faltou a preposição **de**, já que o verbo **lembrar** veio junto com o pronome **se**. Em d), faltou o acento grave para respeitar a regência do verbo **obedecer** e, em e), há um problema, pois o verbo **informar**, no caso, é transitivo direto e indireto, então, como o pronome **lhes** é um objeto indireto, a oração que aparece na sequência não deveria começar com preposição.

7. (FGV – PREFEITURA DE SALVADOR/BA – Professor – Português – 2019)

Analise as afirmativas abaixo sobre regência verbal.

1. Está correta quanto à regência verbal a seguinte frase: "Os alunos obedeceram às instruções da prova e responderam ao questionário".

2. As duas frases a seguir, mantendo o mesmo sentido, estão corretas quanto à regência: "A enfermeira assistiu o médico na operação"/"A enfermeira assistiu ao médico na operação".

3. "Banhou-se, barbeou-se e foi-se embora." Nesta frase, temos exemplo de verbo pronominal.

4. Na frase "Feijoada, o prato que todos os brasileiros gostam", o verbo "gostar" é transitivo direto e, por isso, não é precedido de preposição.

Assinale a opção que indica as afirmativas corretas.

a) 1 – 3.

b) 1 – 2.

c) 2 – 3.

d) 3 – 4.

e) 2 – 4.

Comentário: o item 3 está errado, porque verbo pronominal é aquele que só funciona (transmite seu significa e se conjuga) com o auxílio de um pronome (é o caso de **arrepender**, **suicidar** e **referir**, por exemplo). E o item 4 trouxe o verbo **gostar**, que é transitivo indireto, portanto, exige preposição obrigatória. Os itens 1 e 2 estão corretos, devendo a alternativa b) ser assinalada.

8. (IBADE – PREFEITURA DE JARU/RO – Assistente Administrativo – 2019)

Quanto à regência verbal, todas as alternativas estão corretas, EXCETO em:

a) Esqueci de todos os argumentos do naturalista.

b) Todo esforço implica reação favorável a ele.

c) Não me lembro desse fato tão impressionante.

d) Custa-nos crer que tenha conseguido voar.

e) A vizinhança assistiu ao voo emocionada.

PORTUGUÊS PARA DESESPERADOS · QUESTÕES COMENTADAS

253

Comentário: o verbo **esquecer**, assim como **lembrar**, pode aparecer com ou sem o pronome. Quando o pronome estiver junto, será obrigatório o uso da preposição no complemento. Quando não vier pronome, também não usaremos preposição. Por exemplo, podemos dizer "eu esqueci a festa" (sem pronome e sem preposição) ou "eu me esqueci da festa" (com pronome e com preposição).

9. (EAGS – 2020) Em qual alternativa o emprego da regência verbal está incorreto?
a) Lembro-me das pessoas que me ajudaram nos momentos difíceis.
b) Esqueceu de ir ao banco pagar a conta de telefone.
c) Eu sempre esqueço o nome dos meus alunos.
d) Depois do acidente, não lembrava nada.

Comentário: o verbo **esquecer** apareceu sem o pronome, então seu complemento deveria estar sem a preposição. Na alternativa b), a frase corrigida é "Esqueceu-se de ir ao banco pagar a conta de telefone".

10. (COPEVE-UFAL – PREFEITURA DE PORTO CALVO/AL – Assistente Administrativo – 2019) Quanto à regência verbal, assinale a alternativa que está de acordo com a norma-padrão.
a) O estudante aspira a ser professor.
b) Os brasileiros preferem mais futebol do que vôlei.
c) Há empresas que não pagam salários dignos os funcionários.
d) Uma boa parte dos motoristas desobedecem as leis de trânsito.
e) Os servidores do município chegam cedo nos locais de trabalho.

Comentário: o estudante deseja ser professor, então, com o verbo **aspirar**, nesse sentido, a preposição A é obrigatória no complemento. Veja as correções das demais frases:

b) Os brasileiros preferem futebol <u>a</u> vôlei.
c) Há empresas que não pagam salários dignos <u>aos</u> funcionários.
d) Uma boa parte dos motoristas desobedecem <u>às</u> leis de trânsito.
e) Os servidores do município chegam cedo <u>aos</u> locais de trabalho.

11. (IBADE – PREFEITURA DE ARACRUZ/ES – Auditor de Controle Interno – Adaptada – 2019) O período "Terra em que João Teodoro chega a delegado, eu não moro." (14° §) está corretamente redigido quanto à regência verbal. Das alterações feitas abaixo no período, há erro na relação de regência verbal em:
a) Terra onde João Teodoro chega à função de delegado, eu não moro.
b) Terra que João Teodoro chega a ponto de ser delegado, eu não moro.
c) Terra na qual João Teodoro chega a exercer a função de delegado, eu não moro.

d) Terra a respeito da qual se diz que João Teodoro chegou à atribuição de delegado, eu não moro.

e) Terra à qual dedicou-se João Teodoro de chegar à incumbência de ser delegado, eu não moro.

Comentário: a preposição **em** inicia a locução adverbial de lugar que acompanha o verbo **morar**, então a fase corrigida é "Terra em que João Teodoro chega ao ponto de ser delegado, eu não moro". Mudar a ordem pode te ajudar a enxergar essa necessidade – "Eu não moro <u>em</u> terra que...".

12. (IBFC – MGS – Técnico Contábil – 2019) Considere os enunciados abaixo e assinale a alternativa <u>incorreta</u>, ou seja, a que não segue as normas de regência nominal e verbal.

a) Aquela senhora sempre foi caridosa para com os pobres.

b) O senhor reside à rua Euclides da Cunha, 28.

c) Esta recusa a fazer o que precisa, irrita-me profundamente.

d) A jovem assiste todos os dias às novelas da TV.

Comentário: seguindo a mesma linha do **morar**, **residir** exigirá a preposição **em**.

13. (EAGS – 2017) Quanto à regência verbal ou nominal, assinale o segmento que completa corretamente a frase abaixo.

Este é um lugar _____

a) de que muito ouvi elogiar.

b) cuja beleza me encanta.

c) cuja natureza eu sou fascinado.

d) por que sempre nos referimos em nossas conversas.

Comentário: a alternativa correta é a letra a). O pronome **cujo(a)** deve ser usado para indicar posse. Na sentença "Este é um lugar cuja beleza me encanta", **cuja** indica que a beleza pertence ao lugar. Com pronomes relativos (que, o qual, a qual, cujo...), a regência a ser respeitada é a do último verbo. No caso, **encantar** é transitivo direto, logo, não houve preposição.

14. (IBADE – SEE-AC – Professor – Língua Portuguesa – 2019) "Do mesmo modo que é mal-educado sentar-se à mesa com um chapéu na cabeça, assistir a uma aula usando um boné também o é."

No período destacado do texto, está correto o uso da preposição "a" após o verbo "assistir", uma vez que esse verbo, no sentido de "ver, presenciar", é transitivo indireto. Entre as alternativas abaixo, assinale aquela em que há erro quanto à regência verbal:

a) Atualmente, o patrão assiste em Paris.

PORTUGUÊS PARA DESESPERADOS · QUESTÕES COMENTADAS

b) Esteve no cinema e assistiu um filme incrível.

c) A mãe assistiu o filho em suas necessidades.

d) Assistiu, incrédulo, ao acidente.

e) Ontem, assistiu a um excelente *show*.

Comentário: assim como esclarece o enunciado, com o sentido de **ver**, o verbo **assistir** é VTI e exige a preposição **a**.

15. (VUNESP – CÂMARA DE SERRANA/SP – Analista Legislativo – 2019)
Com a substituição do verbo destacado na frase "...são as novas ideias que vêm assegurando o brutal aumento de produtividade a que **assistimos** nos últimos 200 anos.", a redação atende a norma-padrão de regência verbal em:

a) ... assegurando o brutal aumento de produtividade à que **percebemos** nos últimos 200 anos.

b) ... assegurando o brutal aumento de produtividade que **constatamos** nos últimos 200 anos.

c) ... assegurando o brutal aumento de produtividade de que **verificamos** nos últimos 200 anos.

d) ... assegurando o brutal aumento de produtividade em que **presenciamos** nos últimos 200 anos.

e) ... assegurando o brutal aumento de produtividade com que **acompanhamos** nos últimos 200 anos.

Comentário: todas as alternativas apresentaram frases com pronome relativo **que**. Sempre que isso acontecer, você deve se atentar para os verbos e nomes que aparecem depois desse pronome e verificar se exigem ou não preposição em seus complementos. Todos os verbos destacados na questão são VTD, ou seja, não exigem preposição, mas na letra b) o pronome apareceu sozinho. Nas demais, temos desnecessariamente a presença de **às, de, em** e **com**.

16. (IF-ES – Enfermeiro – Adaptada – 2019) No excerto a seguir, o verbo "lembrar" aparece com o sentido de "trazer à lembrança" e "recordar-se", acepção inclusive tratada por Cunha & Cintra (2017):
"[...] lembramos muito mais de nomes do que de rostos." (linha 5).
De acordo com a norma-padrão, o excerto apresenta um desvio de:

a) concordância nominal.

b) concordância verbal.

c) ortografia oficial.

d) regência nominal.

e) regência verbal.

Comentário: como o verbo **lembrar** apareceu sem pronome, em seu complemento não deveria haver preposição, gerando um erro de regência verbal. A correção é "lembramos muito mais nomes do que rostos".

17. (COLÉGIO PEDRO II – Técnico em Contabilidade – Adaptada – 2018) *"Garantir o direito à educação inclusiva..."* (Texto IV, linhas 22-23)
Pode-se afirmar que na frase destacada há, **respectivamente**, os seguintes aspectos gramaticais envolvidos:

    a) concordância, regência verbal e crase.

    b) concordância, regência nominal e crase.

    c) regência verbal, regência nominal e crase.

    d) regência nominal, crase e regência verbal.

Comentário: o verbo **garantir**, nesse caso, **é VTDI**, ou seja, possui um complemento direto e um indireto – garantir alguma coisa a alguém. Então, a ausência de uma preposição em **o direito** e a presença de uma preposição em à educação **são as relativas à regência verb**al. O fato de a preposição ser **a** se deve **à** regência do substantivo **direito**, então também temos regência nominal. Além disso, essa preposição **a** encontrou o artigo definido **a** que acompanha **educação**, constituindo a necessidade do acento grave. Alternativa c).

18. (FGR – PREFEITURA DE CABECEIRA GRANDE/MG – Assistente Administrativo – 2018) Informe se é verdadeiro (**V**) ou falso (**F**) o emprego das normas para regência nominal e verbal nas frases dadas.

( ) Aquele hospital está **apto em** fazer transplante de córnea.

( ) O paciente apresentou uma **queixa contra** o enfermeiro.

( ) O médico **prefere** a cirurgia **a** tratamentos alternativos.

( ) O diretor-geral, em relação ao residente, antipatizou **dele**.

De acordo com os exemplos dados, a sequência **CORRETA** é:

    a) (V), (F), (F), (V).

    b) (F), (V), (V), (F).

    c) (F), (V), (F), (F).

    d) (F), (F), (V), (V).

Comentário: o termo **apto** pede a preposição **a** em seu complemento e o verbo **antipatizar** pede a preposição **com**. A solução da questão seria: F, V, V, F – sequência encontrada na letra b).

19. (FAPEC – UFMS – Assistente em Administração – 2018) Assinale a alternativa correta quanto à regência (verbal ou nominal) e uso (presença ou ausência) do "acento" indicativo de crase:

PORTUGUÊS PARA DESESPERADOS · QUESTÕES COMENTADAS

257

a) Ele é alérgico a poeira, mas prefere entupir-se de antialérgicos a abrir mão do futebol no campinho.

b) Ele é alérgico à poeira, mas prefere entupir-se de antialérgicos do que abrir mão do futebol no campinho.

c) O colegiado manifestou-se contrário as reivindicações do aluno, porém orientou-lhe a recorrer à instâncias superiores.

d) O colegiado manifestou-se contrário às reivindicações do aluno, porém orientou-lhe a recorrer à instâncias superiores.

e) Solicito à Vossa Senhoria de que nos encaminhe os laudos pertinentes a denúncia.

Comentário: o termo **alérgico** aceita preposição **a** em seu complemento, mas não a exige obrigatoriamente – tanto é que com termos masculinos normalmente não a usamos e construímos frases como "Ele é alérgico a pó". Nas demais opções, temos problemas com a regência de **preferir** (letra b); acento grave no **a** singular, antes de palavra no plural (letras c e d) e antes de pronome de tratamento (letra e) – usos equivocados.

20. (EEAR – CFS-2 – 2018) Assinale a alternativa que traz a correta sequência dos termos que preenchem as lacunas do poema abaixo, observando a regência dos verbos que os exigem.

> Hão de chorar ____ ela os cinamomos;
> Murchando as flores ao tombar do dia.
> Dos laranjais hão de cair os pomos,
> Lembrando-se _____ que ____ colhia. [...]
> Hão de chorar a irmã que ____ sorria. [...]
> A lua que lhe foi mãe carinhosa,
> Que a viu nascer e amar, há de envolvê(ver) ____
> Entre lírios e pétalas de rosa.
>
> (Alphonsus de Guimaraens)

a) com – daquela – lhes – lhes – la.

b) por – daquela – os – lhes – la.

c) com – aquela – lhe – os – lhe.

d) por – aquela – os – os – lhe.

Comentário: sempre que questões trouxerem poesias ou textos similares, colocar as frases na ordem direta é um excelente começo. Então teremos "Os cinamomos hão de chorar **por** (regência do verbo **chorar**) ela" (...) lembrando-se **daquela** (regência do verbo **lembrar** + pronome se) que **os** (os cinamomos) colhia (...) hão de chorar a irmã que **lhes** (sorria para eles) sorria (...) há de envolvê-**la** (a irmã) entre lírios e pétalas de rosa".

21. (EEAR – CFS-1 – 2018) Leia:

E lá estão elas novamente, as quatro cachorrinhas amáveis. Rose, a mais serelepe, sempre **chama** as outras para brincar. Ruth, latindo desaforos, **prefere** uma boa corrida pelo gramado ao marasmo de um sono tranquilo. Ciça, no aconchego próprio da idade que avança, **obedece** o chamado de sua caminha e lá se vai deitar com o olhar lânguido da indiferença. Já Vilma é mais pacata e **aspira** ao sossego das tardes quentes com que o verão nos presenteia.

Está com a regência verbal incorreta o verbo referente a:

   a) Rose.
   b) Ruth.
   c) Ciça.
   d) Vilma.

Comentário: o verbo **obedecer** exige a preposição **a** em seu complemento, então, a correção é "Ciça, no aconchego próprio da idade que avança, obedece ao chamado de sua caminha...".

22. (EAGS – 2018) Conforme a norma culta, coloque C para as frases corretas e E para as erradas quanto à regência nominal e verbal dos termos destacados. Em seguida, assinale a alternativa com a sequência correta.

( ) O professor residia à Rua dos Ipês.
( ) A lírica pós-moderna não é acessível de todos.
( ) O projeto de que éramos favoráveis não foi discutido durante a reunião.
( ) Aquele colega de trabalho ansiava-lhe. Já não aguentava mais tanta angústia.

   a) C – E – C – E.
   b) C – C – E – C.
   c) E – E – E – E.
   d) E – E – C – C.

Comentário: todas estão erradas. Seguem as correções de cada uma:

   a) O professor residia na Rua dos Ipês.
   b) A lírica pós-moderna não é acessível a todos.
   c) O projeto a que éramos favoráveis...
   d) Aquele colega de trabalho o ansiava (causava ansiedade – VTD).

23. (EEAR – CFS-2 – 2017) A regência verbal não está de acordo com a norma padrão em qual alternativa?

   a) Chegamos a São Paulo para uma consulta médica.
   b) Os funcionários aspiravam a uma posição de destaque.
   c) As medidas visavam por um progresso da cidade do interior.
   d) O quadro era irreversível na sala de operações, o médico já não o assistia.

PORTUGUÊS PARA DESESPERADOS · QUESTÕES COMENTADAS   **259**

Comentário: o verbo **visar** com o sentido de **almejar** exige a preposição **a**. A frase corrigida é "As medidas visavam a um progresso da cidade do interior".

24. (CPCON – PREFEITURA DE PILÕEZINHOS/PB – Psicólogo – 2019)
Considere os destaques nos enunciados a seguir:

I.   Depois que a chuva **passou**, um sol forte iluminou a cidade.

II. Nas eleições de 2018, o candidato X estava em primeiro lugar nas pesquisas eleitorais, mas o candidato Y, nas últimas pesquisas, **passou** o seu adversário e conquistou o primeiro lugar.

III. Por mais de duas décadas, um agente secreto americano **passou** informações militares para os russos.

IV. Com a reestruturação administrativa da empresa, o competente funcionário **passou** a diretor comercial.

Considerando-se as questões relacionadas à regência verbal, julgue cada uma das afirmações acerca dos enunciados e, em seguida, marque **V** para Verdadeiro e, **F** para Falso.

( ) Em todas as orações, o verbo **passar** tem o mesmo significado.

( ) Em I, **passar** significa "chegar ao fim" e é um verbo intransitivo.

( ) Em II, **passar** significa "superar" e é um verbo transitivo direto.

( ) Em III, **passar** significa "transmitir", "transferir" e tem dois objetos: "segredos militares" (objeto direto) e "para os russos" (objeto indireto).

( ) Em II e IV, **passar** tem significados diferentes, mas têm a mesma transitividade.

( ) Em IV, **passar** significa "tornar-se, transformar-se em" e funciona como verbo de ligação, tendo como predicativo o termo "diretor comercial".

O preenchimento CORRETO dos parênteses está na alternativa:

   a) V, V, V, F, F e V.

   b) F, V, V, V, F e F.

   c) V, V, F, F, V e V.

   d) F, F, F, V, V e V.

   e) F, V, V, V, F e V.

Comentário: em cada item, o verbo **passar** apresentou um significado diferente. Em II, aparece como um VTD, mas em IV, como não indica ação, mas uma característica do sujeito, é um **verbo de ligação**.

25. (EEAR – CFS-1 – 2020) Conforme as recomendações da norma-padrão, em qual alternativa o termo entre parênteses completa corretamente a frase?

   a) Trata-se de regras rigorosas _____ todos terão de concordar. (pelas quais)

   b) O valor _____ tínhamos não era suficiente para cobrir as despesas do hotel. (de que)

c) Esbarrei-me em um colega antipático _____ não estava mais disposto a conversar. (com quem)

d) Muitas foram as transformações físicas _____ passou o jogador Neymar, desde o início de sua carreira. (porque)

Comentário: de acordo com os termos que aparecem depois do pronome relativo em cada frase, observe as correções em que destaco os conectivos preposicionados e os termos que os regem:

a) Trata-se de regras rigorosas **com as quais** todos terão de **concordar**.

b) O valor **que tínhamos** não era suficiente para cobrir as despesas do hotel.

c) Esbarrei-me em um colega antipático **com quem** não estava mais disposto a **conversar**.

d) Muitas foram as transformações físicas **por que/pelas quais** passou o jogador Neymar, desde o início de sua carreira.

26. (MPE-GO – Secretário Auxiliar – 2019) Assinale alternativa em que o verbo assistir foi empregado em DESACORDO com as normas de regência:

a) O promotor de justiça não viu a palestra, embora quisesse assistir-lhe.

b) É dever do poder público assistir os mais necessitados.

c) Não lhe assiste o direito de humilhar ninguém.

d) Assiste à mulher o direito à licença-maternidade.

e) Todos assistiram ao jogo atentamente.

Comentário: o verbo **assistir** com sentido de **ver**, apesar de ser VTI, não admitirá o complemento na forma dos pronomes **lhe** ou **lhes**. Usaremos a forma preposicionada **a ele/a ela**. Isso ocorre também com os verbos **aspirar,** com sentido de **almejar**, **recorrer** e **aludir**, por exemplo.

27. (CEV-URCA – PREFEITURA DE MAURITI/CE – Conhecimentos Básicos – Nível Técnico – 2019) Marque a opção errada no que se refere à regência nominal:

a) Os fieis sentiam a maior devoção por Maria.

b) A natureza é agradável aos olhos.

c) Os agrotóxicos são nocivos para todos.

d) A caridade é agradável a Deus.

e) Moramos em uma rua paralela a sua.

Comentário: a regência do termo **nocivo** é a preposição **a**. A frase corrigida é "Os agrotóxicos são nocivos a todos".

PORTUGUÊS PARA DESESPERADOS · QUESTÕES COMENTADAS

28. (FCC – SEMEF – MANAUS/AM – Assistente Técnico de Tecnologia da Informação da Fazenda Municipal – Programador – 2019)
É difícil ignorar a sensação ____ estamos sendo vigiados quando navegamos na internet. Preenche corretamente a lacuna da frase acima:
   a) de que.
   b) à qual.
   c) sobre a qual.
   d) em que.
   e) ao que.

Comentário: o termo **sensação** rege a sequência que preenche a lacuna e ele exige a preposição **de**.

29. (FCC – PREFEITURA DE RECIFE/PE – Assistente De Gestão Pública – 2019) No que respeita à regência, segundo a norma-padrão, a alternativa que apresenta um complemento nominal correto para o vocábulo sublinhado em Programas similares... é:
   a) àqueles de Tallinn.
   b) naqueles de Tallinn.
   c) por aqueles de Tallinn.
   d) sobre aqueles de Tallinn.
   e) com aqueles de Tallinn.

Comentário: o termo **similares** pede a preposição **a**. Essa preposição se integrou ao pronome **aqueles** e constituiu um caso de necessidade do acento grave.

30. (VUNESP – TJ-SP – Enfermeiro Judiciário – 2019) Assinale a alternativa em que a regência está em conformidade com a norma-padrão.
   a) Embora as nações aspirem cobertura universal de saúde, precisamos reconhecer de que ela ainda não chegou em todos os habitantes do planeta.
   b) Embora as nações aspirem na cobertura universal de saúde, precisamos reconhecer de que ela ainda não chegou a todos os habitantes do planeta.
   c) Embora as nações aspirem pela cobertura universal de saúde, precisamos reconhecer que ela ainda não chegou em todos os habitantes do planeta.
   d) Embora as nações aspirem à cobertura universal de saúde, precisamos reconhecer que ela ainda não chegou a todos os habitantes do planeta.
   e) Embora as nações aspirem por cobertura universal de saúde, precisamos reconhecer que ela ainda não chegou com todos os habitantes do planeta.

Comentário: a alternativa d) está correta. Seguem as demais orações corrigidas com as preposições corretas destacadas:

a) Embora as nações aspirem à cobertura universal de saúde, precisamos reconhecer **que** ela ainda não chegou **a** todos os habitantes do planeta.

b) Embora as nações aspirem à cobertura universal de saúde, precisamos reconhecer **que** ela ainda não chegou a todos os habitantes do planeta.

c) Embora as nações aspirem à cobertura universal de saúde, precisamos reconhecer que ela ainda não chegou **a** todos os habitantes do planeta.

e) Embora as nações aspirem à cobertura universal de saúde, precisamos reconhecer que ela ainda não chegou **a** todos os habitantes do planeta.

31. (MPE-GO – Auxiliar Administrativo – 2019) Marque a alternativa incorreta quanto à regência:

a) Aquele senhor não se simpatizou com as inovações tecnológicas.

b) Estamos habituados a resolver as questões.

c) É um direito que lhe assiste.

d) Chamava-o de ingênuo.

e) Ela estava descontente com o processo de separação.

Comentário: o verbo **simpatizar** não é pronominal, ou seja, não há necessidade do acompanhamento do pronome **se** (nem **me**). A frase corrigida é "Aquele senhor não simpatizou com as inovações tecnológicas".

32. (VUNESP – PC-SP – Agente Policial – 2018) Assinale a frase que apresenta a regência correta, de acordo com a norma-padrão, no segmento destacado.

a) Ela confessou de que tem trabalhado mais do que gostaria.

b) Ele tem esperança a que logo terá mais tempo para o lazer.

c) Ela partiu do pressuposto a que o trabalho dignifica o homem.

d) Ele está convicto que é possível trabalhar e se divertir.

e) Ela demonstrou a crença de que o lazer dignifica a vida.

Comentário: a regência do termo **crença** pode ser **de** ou **em**. Veja as demais orações corrigidas com as alterações destacadas:

a) Ela confessou **que** tem trabalhado mais do que gostaria.

b) Ele tem esperança **de que** logo terá mais tempo para o lazer.

c) Ela partiu do pressuposto **de que** o trabalho dignifica o homem.

d) Ele está convicto **de que** é possível trabalhar e se divertir.

33. (IBADE – PREFEITURA DE JOÃO PESSOA/PB – Agente de Controle Urbano – 2018) O pronome relativo destacado em: "Somos seres que vivem em uma correria louca, **onde** a comida rápida e pronta é praticamente essencial" pode ser substituído por:

a) de que.

b) em que.

c) com que.

d) a que.

e) porque.

Comentário: o pronome relativo **onde** deve ser usado apenas para retomar termos que indiquem lugar. Sua substituição pode sempre ser feita por **em que** ou adaptações (na qual, no qual, nas quais, nos quais).

34. (VUNESP – PC-SP – Escrivão de Polícia Civil – 2018) A alternativa que substitui o trecho destacado na passagem – Oficialmente, não é lugar **onde se more...** – de acordo com a norma-padrão de regência é:

a) aonde se vá.

b) em que se venha.

c) em que se vá.

d) aonde se esteja.

e) aonde se viva.

Comentário: o verbo **morar** não exige a preposição **a**. Assim, o pronome relativo **onde** foi usado corretamente no enunciado. No entanto, ao usar o verbo **ir** – em "__ se **vá**", o uso da preposição **a** é obrigatório (quem vai, vai **a** algum lugar), portanto **aonde** passa a ser o pronome correto.

35. (DEPSEC – UNIFAP – Assistente em Administração – 2018) Assinale a alternativa CORRETA quanto à aplicação adequada da regência nominal:

a) O deputado mostrou-se desfavorável com nosso projeto popular.

b) Ela seria capaz de resolver rapidamente aquela questão.

c) O técnico ficou descontente do resultado do jogo.

d) Os doces estarão prontos do consumo apenas amanhã de manhã.

e) O agrônomo é responsável da horta de nossa comunidade.

Comentário: alternativa correta: letra b). Veja as demais orações corrigidas com a troca das preposições em destaque:

a) O deputado mostrou-se desfavorável **ao** nosso projeto popular.

c) O técnico ficou descontente **com** resultado do jogo.

d) Os doces estarão prontos **para** consumo apenas amanhã de manhã.

e) O agrônomo é responsável **pela** horta de nossa comunidade.

36. (IBADE – SEDURB-PB – Agente de Controle Urbano – 2018) De acordo com a norma culta, o verbo destacado no trecho: "até mesmo para colocar em prática aquilo que ACREDITAMOS", aceita outra regência; portanto, também estaria correto:

a) de que acreditamos.

b) com que acreditamos.

c) a que acreditamos.

d) em que acreditamos.

e) pelo qual acreditamos.

Comentário: a regência possível para **acreditar** é a preposição **em**.

37. (FCC – ALESE – Técnico Legislativo – Taquigrafia – 2018) Não faz muito tempo, fui assistir à ópera "As Bodas de Fígaro", **de Mozart**.

A frase estará clara e em conformidade com a norma-padrão se o trecho destacado for substituído por:

a) que o autor dela é Mozart.

b) sendo que elas são de Mozart.

c) que o autor é Mozart.

d) da qual Mozart é autor.

e) de que a autoria é de: Mozart.

Comentário: para dar a ideia de posse, mantemos a preposição **de**. A forma feminina **da qual** concorda com o termo **ópera**. Seria possível também construir "**cuja** autoria é de Mozart.

38. (FGV – CÂMARA DE SALVADOR/BA – Analista Legislativo Municipal – Taquigrafia e Revisão – 2018) No texto 1 há um conjunto de preposições que são exigidas pela presença de algum termo anterior; a preposição abaixo destacada que resulta de uma exigência semântica e não regencial é:

a) "O Brasil precisa ampliar as discussões sobre a cultura";

b) "... inibe a consolidação de mecanismos de mapeamento";

c) "... garantir o acesso da população aos bens culturais";

d) A resistência ao desmonte da cultura";

e) "... trabalhe pela extinção de uma série de políticas".

Comentário: a preposição **sobre** em "O Brasil precisa ampliar as discussões sobre a cultura" foi usada para introduzir a circunstância adverbial de assunto. Assim, especifica o tipo de discussão a que a frase se refere.

39. (FGV – SEFIN-RO – Técnico Tributário – 2018) Todos os segmentos textuais abaixo trazem termos precedidos da preposição de. Assinale a opção que apresenta o termo cuja preposição é uma exigência de um termo anterior.

PORTUGUÊS PARA DESESPERADOS · QUESTÕES COMENTADAS

265

a) "luzes indicadoras de direção".
b) "faixa de pedestres".
c) "dias de chuva".
d) "faixas exclusivas de ônibus".
e) "equipamentos de segurança".

Comentário: em todas as alternativas, há a preposição **de**, mas seu uso se deu por causa de um termo anterior apenas em a) – o termo **indicadoras** exige a preposição **de** em seu complemento. Nos demais casos, a preposição **de** aparece introduzindo uma locução com a finalidade de especificar o termo anterior.

40. (FEPESE – PREFEITURA DE FRAIBURGO/SC – Contador – 2017) Complete a frase abaixo conforme a regência do verbo:

Posso informar _____ participantes _____ ninguém, na reunião com os organizadores, ousou reportar-se _____ tão delicado assunto.

Assinale a alternativa que completa corretamente as lacunas do texto.

a) os, de que, à.
b) os, que, à.
c) aos, que, a.
d) aos, de que, à.
e) aos, de que, a.

Comentário: o verbo **informar**, no caso, é VTDI – possui um objeto direto e um objeto indireto. Assim, não podemos ter preposições iniciando as duas primeiras lacunas – isso elimina as alternativas d) e e). A preposição deve aparecer em uma das duas primeiras lacunas – o que elimina também a letra b). Tanto a letra a) quanto a letra c) podem completar os primeiros espaços. Porém, na última lacuna não se deve usar o acento grave, uma vez que o termo **assunto** é masculino, restando eliminada a letra a).

GABARITO

1 – A	21 – C
2 – E	22 – C
3 – E	23 – C
4 – D	24 – E
5 – A	25 – C
6 – A	26 – A

7 – B	27 – C
8 – A	28– A
9 – B	29 – A
10 – A	30 – D
11 – B	31 – A
12 – B	32 – E
13 – B	33 – B
14 – B	34 – A
15 – B	35 – B
16 – E	36 – D
17 – C	37 – D
18 – B	38 – A
19 – A	39 – A
20 – B	40 – C

15

ACENTO GRAVE (CRASE)

O uso do acento grave (ou crase) é um tema que gera uma série de dúvidas. Poucos sabem, no entanto, que para empregá-lo corretamente basta ter atenção a algumas regrinhas básicas.

Umas das primeiras coisas que precisamos saber é que a crase deve ser empregada sempre quando houver o encontro de letras **a** (preposição + artigo, por exemplo).

Na construção "Enquanto cê não volta, eu tô largado às traças", de Zé Neto e Cristiano, em "às traças" há um encontro da preposição **a** (exigida pelo nome **largado**) e do artigo **as** (que acompanha **traças**).

Para entendermos um pouco melhor essa questão, antes de vermos as regras propriamente ditas, conferiremos algumas dicas:

DICA 1

Em se tratando de substantivos comuns, devemos **substituir o nome feminino por um masculino correlato**. Se, antes da palavra masculina, aparecer **ao** [combinação da preposição **a** com o artigo definido **o**], então será o caso de **a + a** diante da palavra feminina. Coexistindo **a + a**, escreve-se **à**.

a) Fui à festa [à = preposição a + artigo definido a] – Fui ao baile.

b) Refiro-me à professora [à = preposição a + artigo definido a] – Refiro-me ao professor.

c) Comprei a apostila [a = só artigo definido] – Comprei o livro.

d) A maneira de pensar de Pedro é semelhante à de Mário – O modo de pensar de Pedro é semelhante ao [modo] de Mário.

DICA 2

No caso de nomes de lugares, vamos aplicar o poeminha:

"Se vou **a** e volte **de**, crase pra quê?

Se vou **a** e volto **da**, crase no à".

a) Viajou à França [à = preposição a + artigo definido a] – Voltei da França.

b) Vou a Portugal [a = só preposição] – Volto de Portugal.

c) Vou a Roma – Volto de Roma. Vou à Roma Antiga – Volto da Roma Antiga.

CASOS OBRIGATÓRIOS DE ACENTO GRAVE INDICATIVO DE CRASE

1º) Em locuções:

– Prepositivas com palavras femininas: à cata de, à moda de, à custa de, à força de, à procura de, à guisa de, à beira de, à maneira de, à feição de etc.

– Conjuntivas com palavras femininas: à medida que, à proporção que etc.

– Adverbiais com palavras femininas: às vezes, às claras, às ocultas, às pressas, à toa, às fartas, às escondidas, à noite, à tarde, à direita, à esquerda, à socapa, às terças-feiras, à vista etc.

2º) Com nomes femininos ou masculinos, quando se subentendem as expressões "à moda (de)", "à maneira (de), "ao estilo (de)". Exemplo: Servia-se à francesa (Servia-se ao estilo, à maneira ou à moda do francês); Bebia à siciliana; Cantava à Caetano Veloso.

3º) Com pronomes relativos:

– Antes de a qual, as quais, quando se opõem a ao qual, aos quais, ocorre crase. Exemplo: Eis à moça à qual me referi (Eis o rapaz ao qual me referi.)

– Antes de a (= pronome demonstrativo) que, as (= pronome demonstrativo) que, quando se opõem a ao que, aos que, ocorre crase. Exemplo: Refiro-me à que usa luvas (Refiro-me ao que usa chapéu.)

CASOS FACULTATIVOS (OPCIONAIS)

1º) Depois da preposição até. Exemplo: Ele foi até a/à divisa.

2º) Antes de pronomes possessivos femininos, o uso do artigo é facultativo; portanto, o emprego do acento grave indicativo de crase também o é. Exemplo: Contara a/à sua mãe sobre o ocorrido.

3º) Antes de substantivos próprios femininos, já que o uso do artigo definido é facultativo, o mesmo se aplica ao acento grave. Exemplo: Dei o livro a/à Cláudia.

SE LIGA!
É proibido o uso do acento grave antes de nomes próprios femininos de pessoas com as quais não se possui intimidade.
Exemplo: Prestei uma homenagem a Fátima Bernardes.
Exceção: se houver uma especificação adjetiva. Exemplo: A homenagem à incrível Fátima foi maravilhosa.

CASOS PROIBIDOS DE ACENTO GRAVE INDICATIVO DE CRASE

1º) Antes de substantivos masculinos. Exemplos: Refiro-me a Antônio. Vou a Pernambuco.

2º) Antes de verbos. Exemplo: Estava a pensar.

3º) Antes de pronomes pessoais. Exemplo: Doei a ela alguns agasalhos.

4º) Antes de pronomes de tratamento. Exemplo: Dirijo-me a Vossa Excelência, que fez duras críticas a Sua Santidade.

Exceções: madame, senhora, senhorita e dona. Exemplo: Entreguei o presente à madame/à senhora/à senhorita/à dona Maria.

5º) Antes de artigos e pronomes indefinidos. Exemplos: Concedeu o prêmio a uma atriz desconhecida. Falou sobre isso a alguém.

Obs.: Há pronomes que admitem artigo, dando ensejo à crase. Exemplo: Não fale nada às outras pessoas.

6º) Em expressões constituídas de palavras repetidas. Exemplo: Fiquei cara a cara com o criminoso.

7º) Antes de cuja, cujas (não há artigo; portanto, não ocorre crase). Exemplo: O rapaz, a cuja irmã me referi, é deficiente visual.

8º) Antes dos pronomes demonstrativos esta, essa, isto e isso. Exemplo: Ele fez referência a essa moça.

CASOS ESPECIAIS

1º) Antes das palavras **casa**, **terra** e **distância**, só usaremos o acento grave se estiverem especificadas. Exemplos: Eu fui a casa. Eu fui à casa de Pedro. / Faculdade a distância. Eu estudo à distância de cinco metros do trabalho. / Os marinheiros voltaram a terra. Os marinheiros voltaram à terra de seus pais.

2º) Indicação de **tempo**: só usaremos o acento grave se as horas estiverem especificadas (horas marcadas = crase). Exemplos: Chegaremos às 22h. A aula começou às 14h:15min.

Obs.: No caso de indicação de tempo decorrido, usa-se o verbo haver. Exemplos: Cheguei há duas horas. Há anos, conheço essa moça.

Por fim, se a indicação de tempo se referir a tempo por vir (Daqui a), não haverá o emprego da crase. Exemplos: Daqui a duas horas, chegarei. Daqui a dois metros, viraremos.

SE LIGA!

Em alguns casos, a presença ou ausência do acento grave modifica o significado da frase.
Exemplo: Bater a porta – fechar. Bater à porta – chamar.
Não se trata de um caso facultativo do uso do acento, mas sim do que se quer dizer.

COMO VEMOS ISSO NA PROVA?

Antes de fazer as questões, assista ao meu vídeo sobre as principais regras e alguns bizus para facilitar sua vida nesse assunto!

https://ugr.to/1lxph

1. (EAGS – 2017) Em qual alternativa o uso do acento grave foi empregado corretamente?

PORTUGUÊS PARA DESESPERADOS · QUESTÕES COMENTADAS

271

a) Dos candidatos aprovados serão exigidos à qualquer hora todos os documentos para a matrícula.

b) Após o término das provas, alguns candidatos fizeram alusão à uma questão sem resposta.

c) Informaram aos candidatos que eles deveriam preencher toda a ficha de inscrição à lápis.

d) À zero hora precisamente, seria divulgado o gabarito das provas.

Comentário: sempre usaremos o acento grave para indicar a marcação de hora em que algo aconteceu ou acontecerá. Alternativa d).

2. (EAGS – 2017) Assinale a alternativa em que a expressão grifada está incorreta no que diz respeito ao uso ou não da crase.

a) Às vezes eu entendo por que ele age assim.

b) Refiro-me às vezes em que você esteve aqui.

c) Contamos às vezes em que ele nos procurou.

d) Durante o jantar, ele teve que fazer as vezes de garçom.

Comentário: na letra c), o termo **as vezes** não foi usado para marcar o tempo ou a frequência em que algo acontece, mas para complementar o verbo **contar**, que é VTD e não precisa de preposição. Se não precisa de preposição, não usaremos o acento grave.

3. (ESCOLA NAVAL – 2017 – Adaptada) Assinale a opção em que o uso do acento grave, indicativo da crase, é facultativo.

a) "[...] novos rumos à minha vida." (2°§)

b) "[...] resistir à sedução e ao fascínio [...]." (3°§)

c) "[...] às nossas caras famílias de origem[...]." (6°§)

d) "[...] às respectivas cidades de nascimento[...]" (6°§)

e) "[...] às vezes totalmente diversos [...]." (17°§)

Comentário: é facultativo o uso do acento grave antes de pronomes possessivos femininos flexionados no singular. Alternativa a).

4. (COPEVE-UFAL – PREFEITURA DE PORTO CALVO/AL – Assistente Administrativo – 2019) Qual a alternativa que preenche corretamente as lacunas de: "____ primeiras horas da manhã, os ciganos chegavam. Deixavam ____ bagagens próximas ____ estrebarias e iam ____ casa grande da fazenda" (Rachel de Queiroz)?

a) Às/às/às/à.

b) Às/às/às/a.

c) Às/as/às/à.

d) As/às/as/à.

e) As/as/às/à.

Comentário: o acento na primeira lacuna se deve ao fato de que há indicação de horas; na segunda, não há, porque se trata apenas de um artigo que inicia o objeto direto; na terceira, há o acento, pois o termo **próximas** pede a preposição **a** que se encontra com o artigo **as** – podemos verificar substituindo **estrebarias** por **estábulos**, por exemplo. Teríamos "próximas aos estábulos" – e, na última, há o acento, por conta da presença da preposição e da CASA especificada. Resposta correta: alternativa c).

5. (VUNESP – MPE-SP – Analista Técnico Científico – Contador – 2019) Muitas das vezes, os investidores vão à procura de opiniões que corroborem _____ sua, quando o que deviam era procurar, sobretudo, opiniões contrárias. Quando encontram opiniões que divergem _____ sua, os investidores tendem a descredibilizá--las ou a lê-las na diagonal, processo exatamente oposto _____ que ocorre quando descobrem opiniões coincidentes _____ deles, que leem com muita atenção, veneração, quase que procurando um reforço positivo que lhes dê o empurrão que faltava para validar a sua posição.

(www.jornaldenegocios.pt. Adaptado)

Em conformidade com a norma-padrão, as lacunas do enunciado devem ser preenchidas, respectivamente, com:

a) na ___ à ___ à ___ às.

b) com a ___ da ___ a ___ à.

c) na ___ com a ___ o ___ das.

d) a ___ da ___ ao ___ com as.

e) com a ___ com a ___ com o ___ com as.

Comentário: o verbo **corroborar** é transitivo direto, ou seja, não precisa de preposição no complemento. O verbo **divergir** é VTI e pede a preposição **de** (de + a = da). O termo **oposto** exige a preposição **a** e o termo **coincidentes** exigem a preposição **com**. Alternativa correta: d).

6. (VUNESP – TJ-SP – Médico Judiciário – 2019) Leia o texto.

Graças _____ leitura de "A vida invisível de Eurídice Gusmão", romance de Martha Batalha, referente _____ angústias de duas irmãs na década de 1940, um homem de 42 anos, preso em São Paulo, decidiu reatar com a filha. O livro chegou _____ essa pessoa por meio do Programa Clubes de Leitura e Remição de Pena.

(Mariana Vick. *Folha de S.Paulo*, 26.06.2018. Adaptado)

De acordo com a norma-padrão, as lacunas do texto devem ser preenchidas, respectivamente, por:

a) a ___ as ___ a.

PORTUGUÊS PARA DESESPERADOS · QUESTÕES COMENTADAS

273

b) a ___ às ___ à.
c) à ___ às ___ a.
d) à ___ as ___ à.
e) à ___ às ___ à.

Comentário: o termo **graças** e o termo **referente** exigem a preposição **a** em seu complemento. Você pode substituir **leitura** por **livro**, por exemplo, para verificar a presença dessa preposição ao lado do artigo – Graças **ao** livro – e **angústias** por **medos** – referente **aos** medos.

7. (UNESP – Agente de Desenvolvimento Infantil – 2019) Assinale a oração incorreta:
a) Nada tenho a dizer, relativamente à vida dela.
b) O rapaz já assistiu à conferência.
c) O assistente técnico assistirá a deputada em sua explanação no plenário.
d) Por que não obedeces a sinais tão importantes.
e) Não assisto à filmes em preto-e-branco.

Comentário: não devemos usar o acento grave antes de palavras masculinas – **filmes**, no caso. O verbo **assistir** apareceu na letra c) com sentido de **ajudar**, por isso não houve preposição no complemento. Diferente da letra b), em que foi usado com sentido de **ver** e exige preposição. Em d), não foi necessário o acento, pois o **a** está no singular e a palavra no plural e, em a), o uso está certinho também – substitua por "relativamente ao sonho dela", por exemplo.

8. (IBFC – MGS – Técnico Contábil – 2019) Assinale a alternativa que completa correta e respectivamente as lacunas.
I. Cheguei ___ Curitiba depois de longas horas ao volante.
II. Chegamos ___ duas horas em ponto e o almoço ainda estava ___ nos esperar.
III. Já chegaram ___ terra. Os radares da NASA foram avisados.
IV. Já chegamos ___ terra dos antepassados. Foi como tivéssemos feito uma bela viagem no túnel do tempo.
a) a, às, a, a, à.
b) à, às, à, a, a.
c) há, as ,a, à, à.
d) a, às, à, a, a.

Comentário: Curitiba é um nome de lugar que não aceita artigo, logo, não vai haver crase. No item II, há uma marcação de hora, ou seja, deve haver o acento grave (na primeira lacuna); já a segunda lacuna precede o verbo **esperar** e não deve haver crase antes de verbo. Em III, a palavra **terra** não está especificada – nem por determinante nem por letra maiúscula – então não há acento. Diferente de IV, em que não se fala de qualquer terra, mas da terra – específica – dos antepassados. A resposta correta é a alternativa a).

9. (CETREDE – PREFEITURA DE ACARAÚ/CE – Procurador Administrativo – 2019) Considerando o uso ou não da crase, marque a opção CORRETA.

a) Os guardas ficaram a distância.

b) Esta revista é igual aquela que li.

c) Nunca fui à festa alguma.

d) Nunca fui à Brasília, nem à Goiânia

e) Joana gosta de andar à cavalo.

Comentário: na letra b), faltou o acento em **àquela**, pois o termo **igual** exige a preposição **a**. Em c), há preposição exigida pelo verbo **ir**, mas não há artigo antes de "festa alguma" – substitua por "Nunca fui a baile algum" para verificar. **Brasília** e **Goiânia** não aceitam artigo e **cavalo** é uma palavra masculina.

10. (COPEVE-UFAL – PREFEITURA DE PORTO CALVO/AL – Analista de Controle Interno – 2019) Dadas as orações,

I. Perguntei àquele garoto se gostaria de estudar em outro turno.

II. Normalmente, não gosto de ir à reuniões.

III. Passarei aqui à uma hora qualquer para te levar ao shopping.

IV. Minha encomenda chegou à uma hora da tarde do dia cinco de maio de 2004.

verifica-se que estão corretas quanto ao emprego do acento grave apenas

a) I e III.

b) I e IV.

c) II e III.

d) II e IV.

e) I, II e III.

Comentário: o item I está de acordo com as regras, respeitando a regência do verbo perguntar – que exige a preposição **a** no complemento indireto. o item II, o **a** está no singular e **reuniões**, no plural – assim, não pode haver acento grave. Em III, houve uma pegadinha, pois só devemos usar o acento grave na indicação de horas marcadas – à uma hora qualquer não é uma marcação específica. Diferente de IV, em que a expressão **à uma** marca o momento exato em que a encomenda chegou.

11. (VUNESP – CÂMARA DE SERTÃOZINHO/SP – Auxiliar Legislativo – Informática – 2019) A regência verbal e o emprego do sinal indicativo de crase estão em conformidade com a norma-padrão da língua em:

a) É preciso dar atenção à ela.

PORTUGUÊS PARA DESESPERADOS · QUESTÕES COMENTADAS

b) Ele criticou à certas convenções.

c) O médico tentou dissuadi-lo à trabalhar.

d) Lá deu vida àquelas obras literárias.

e) Karl defendia à uma revolução.

Comentário: na letra a), não pode haver o aceno grave antes do pronome pessoal. Na letra b), além de o **a** estar no singular e o **certas** no plural, **certas** é um pronome indefinido, logo, não usaríamos crase mesmo se o **a** estivesse no plural. Em c), não podemos colocar o acento antes de verbos e, em e), o verbo defender não pede preposição em seu complemento e o artigo é **uma**, – mesmo mudando o verbo, não haveria crase.

12. (UFAC – Assistente em Administração – 2019) Indique a alternativa em que é obrigatório o uso do sinal indicativo de crase:

a) O cigarro é prejudicial a saúde.

b) O historiador referiu-se a Tarsila.

c) Eles foram a Brasília.

d) Ele foi até a praça a pé.

e) Fiquei prostrado a sua espera.

Comentário: em b), d) e e), há casos facultativos do uso do acento grave – antes de nomes de mulheres, depois da palavra **até** e antes de pronome possessivo feminino no singular. Em c), o uso é proibido, já que **Brasília** não aceita artigo.

13. (UFAC – Economista – 2019) Assinale a alternativa em que o uso do sinal indicativo de crase está correto:

a) Então eles começaram à cantar.

b) Ele foi morto à tiros.

c) Quero te ver cara à cara.

d) Vamos à Bahia neste mês ainda.

e) O carro está à serviço do governo.

Comentário: **cantar** é um verbo; **tiros** é uma palavra masculina, assim como **serviço**. Em todos esses casos, não usaremos o acento grave. Além disso, não há artigo entre palavras repetidas que formam expressões, como no termo **cara a cara.**

14. (VUNESP – PREFEITURA DE ITAPEVI/SP – Auditor Fiscal Tributário – 2019) Assinale a alternativa redigida em conformidade com a norma-padrão quanto às regras de regência e à ocorrência da crase.

a) Telejornais apresentam à população um resumo dos eventos que lhe despertaram interesse nas redes sociais.

b) Indivíduos são chamados à tirar suas conclusões sobre fatos que os são apresentados diariamente.

c) Cada vez mais têm chegado à mim frases das quais me fazem refletir sobre os valores da sociedade atual.

d) É inegável que às redes sociais influenciam o modo como interagimos com o mundo e o damos sentido.

e) Tem sido comum pessoas compartilharem informações de maneira instantânea, sem analisar-lhes à fundo.

Comentário: podemos substituir **população** por **povo** para verificar a presença da preposição e do artigo na frase "Telejornais apresentam **ao** povo". Além disso, **tirar** é um verbo; **mim** é um pronome oblíquo e **fundo** é uma palavra masculina. Não devemos usar o acento nesses casos. Temos ainda a letra d), que apresentou o acento iniciando uma estrutura que faz papel de sujeito e um sujeito nunca pode começar com preposição.

15. (IF-MS – Pedagogo – 2019) Assinale a alternativa que apresenta erro quanto à utilização do sinal indicativo de crase.

a) É impossível resistir à doçura daquele olhar.

b) Dirigi-me à sala do gerente da organização e ficamos frente a frente.

c) São mansos porque estão habituados à presença humana.

d) Se essa situação se confirmar, o combate à epidemia poderá ser muito mais árduo do que se supunha.

e) Quando regressa à casa todas as tardes, é sempre recebido com indiferença.

Comentário: o único equívoco aconteceu ao colocar o acento grave antes da palavra **casa** sem que ela estivesse especificada. Essa regrinha também vale para as palavras **terra** e **distância**.

16. (VUNESP – UNICAMP – Profissional para Assuntos Administrativos – 2019) Assinale a alternativa que preenche, correta e respectivamente, as lacunas do texto a seguir, conforme a norma-padrão da língua portuguesa.

Relacionamentos na terceira idade são _____, pois afastam a solidão, um dos principais _____ da velhice. Participar de grupos e atividades e ter relacionamentos é fundamental. Os relacionamentos afetivos _____ um capítulo _____ parte porque reavivam as pessoas.

(Revista Exame. Disponível em: https://exame.abril.com.br/negocios/dino/
idosos-apostam-na-tecnologia-para-se-relacionar-e-abandonar-a-solidao/.
Acesso em: 16 nov. 2018. Adaptado)

a) importantíssimos ___ problema ___ é ___ a.

b) importantíssimo ___ problemas ___ são ___ à.

PORTUGUÊS PARA DESESPERADOS · QUESTÕES COMENTADAS

c) importantíssimos ___ problemas ___ são ___ à.

d) importantíssimo ___ problema ___ são ___ a.

e) importantíssimos ___ problemas ___ é ___ a.

Comentário: a questão trouxe um pouco de concordância nominal e verbal além da crase. O adjetivo **importantíssimos** concorda no plural com **relacionamentos**. O substantivo **problemas** fica no plural, já que seus determinantes – **dos** e **principais** – também estão. O verbo **são** está no plural, assim como seu sujeito **os relacionamentos**. E o nosso acento grave apareceu por iniciar uma locução adverbial de núcleo feminino. Alternativa correta: c).

17. (VUNESP – UFABC – Assistente em Administração – 2019) Assinale a alternativa que preenche correta e respectivamente as lacunas da frase a seguir, no que se refere à ocorrência da crase, conforme a norma-padrão da língua.

O operador de câmera quis confirmar se estava correta ____ informação de que o número de pessoas dispostas _____ dedicar-se _____ aulas de matemática havia aumentado.

a) a ___ a ___ às.

b) à ___ à ___ as.

c) a ___ à ___ à.

d) à ___ a ___ a.

e) a ___ à ___ as.

Comentário: colocar a frase na ordem ajuda a enxergar que não há necessidade de acento no início – ... confirmar se a informação estava correta –, **a informação** é o sujeito do verbo **estava**. Depois, não vai haver o acento, porque não usamos o acento grave antes de verbos e, por último, vamos usar o acento, pois o verbo dedicar exige a preposição **a**.

18. (INSTITUTO PRÓ-MUNICÍPIO – CRP – 11ª REGIÃO/CE – Psicólogo – 2019) Assinale o item que está de acordo com a Gramática Normativa quanto à regência, concordância e o sinal indicativo de crase:

a) Faremos uma visita à terra de nossos avós.

b) Falta três minutos para começar à assistir o programa de TV favorito;

c) A funcionária à quem entregou o documento estava meia perdida de suas atribuições;

d) Eles ficaram frente à frente com o inimigo.

Comentário: na letra a), houve o acento porque o verbo pediu a preposição **a** (fazer uma vista **a** algum lugar, no caso) e a palavra **terra** veio especificada. Na b), temos o **a** antes de um verbo. Na letra c), antes de um pronome e, na d), entre palavras repetidas que formam uma expressão, ou seja, casos em que o acento é proibido.

19. (IBFC – MGS – Auxiliar Administrativo – 2019) Assinale a alternativa que completa correta e respectivamente as lacunas.

___ duas coisas no mundo verdadeiramente fatigantes: ouvir um tenor célebre e conversar com pessoas notáveis. Eu tenho medo de pessoas notáveis. Se ___ notabilidade reside num cavalheiro dado ___ poesia, ele e Leconte de Lisle, ele e Baudelaire, ele e Apolonius de Rodes desprezam ___ crítica e o Sr. José Veríssimo; [...]

(João do Rio, no livro "A alma encantadora das ruas". Rio de Janeiro: Nova Fronteira, 2012)

a) A, há, a, á.
b) Há, a, à, a.
c) À, há, a, à.
d) Há, a, a, à.

Comentário: usamos o **há** na primeira lacuna, porque o significado é de **existir**, logo, é o verbo **haver** que completa o espaço. Depois, temos apenas um artigo acompanhando o substantivo **notabilidade**. Na terceira lacuna, o termo **dado** exige a preposição **a** – trocando por **poemas**, conseguimos ver melhor: "dado aos poemas" – e, por último, o **a** inicia um objeto direto, que sabemos não exigir preposição.

20. (UFPR – COREN-PR – Auxiliar Administrativo – 2018) Considere o seguinte trecho:

É um processo fundamental _____ vida, mas não é nada simples. Tanto que, durante _____ evolução, animais primitivos – como os vermes que viviam _____ 600 milhões de anos – foram desenvolvendo uma rede de neurônios no sistema digestivo.

Assinale a alternativa que completa corretamente as lacunas:

a) à – a – há.
b) a – a – a.
c) a – à – há.
d) à – à – à.
e) a – à – à.

Comentário: trocando **vida** por **homem**, por exemplo, verificaremos a preposição e o artigo juntos – "... fundamental ao homem". Em "a evolução", temos apenas um artigo sozinho. E, ainda, "há 500 milhões de anos", com **h**, para indicar tempo decorrido. Alternativa a).

21. (VUNESP – MPE-SP – Analista Jurídico do Ministério Público – 2018) Assinale a alternativa que preenche as lacunas do trecho a seguir, de acordo com a norma-padrão de emprego do sinal indicativo de crase.

Esclareço _____ Vossa Senhoria que todo aquele que aspira _____ carreira pública, deve estar ciente de que terá de obedecer _____ normas legais, para

PORTUGUÊS PARA DESESPERADOS · QUESTÕES COMENTADAS 279

melhor desempenhar suas funções. _____ que não se dispõem _____enfrentar decisões difíceis, aconselha-se desistir. _____ partir de bons princípios, será fácil chegar _____ consecução de seus ideais.

a) a __ à __ as __ Àqueles __ à __ À __ a
b) a __ a __ as __ Aqueles __ a __ À __ a
c) à __ a __ às __ Aqueles __ a __ À __ à
d) a __ à __ às __ Àqueles __ a __ A __ à
e) à __ a __ as __ Aqueles __ à __ A __ a

Comentário: não usaremos o acento grave antes de pronome de tratamento, como aparece na primeira lacuna. Na segunda, houve o acento, pois o verbo **aspirar** com sentido de **desejar** exige a preposição **a**, assim como o verbo **obedecer**, na lacuna seguinte. Depois, há acento no **àqueles**, pois podemos substituir por **a esses**, logo, há preposição. Antes de **partir**, não há o acento, porque é um verbo e fechamos com um **à**, devido à regência do verbo **chegar** (quem chega, chega **a** algum lugar).

22. (CESGRANRIO – BANCO DO BRASIL – Escriturário – 2018) De acordo com a norma-padrão da língua portuguesa, o uso do acento grave indicativo da crase é obrigatório na palavra destacada em:

a) Os pais, inseguros na sua tarefa de educar, não percebem que falta de limites e superproteção comprometem **a** formação dos filhos.

b) A indisciplina nas salas de aula aumentou a partir do momento em que as mídias divulgaram **a** necessidade de dar maior liberdade aos estudantes.

c) A atenção e a motivação são condições que levam **a** pessoa a pensar e agir de forma satisfatória para desenvolver o processo de aprendizagem.

d) As famílias e as escolas encontram-se, na atualidade, frente **a** jovens com quem não conseguem estabelecer um diálogo produtivo.

e) As escolas chegaram **a** etapa em que os professores estão cada vez mais com dificuldade para exercer o seu importante papel de ensinar.

Comentário: o verbo **chegar** exige a preposição **a**. Na letra e), obrigatoriamente, deve haver acento grave, uma vez que há um substantivo feminino na sequência (a etapa).

23. (EEAR – CFS 1 – 2020) Observe os enunciados a seguir:

1. A medida que o engenheiro informou sobre a área construída não confere com a planta do imóvel.

2. A medida que o tempo passa, vamos nos tornando mais tolerantes.

3. A medida que a noite ia surgindo, a tensão aumentava.

4. A medida que consta na receita é de duzentos gramas de farinha. Considerando os termos em destaque, há crase em

a) 1 e 2.

b) 1 e 4.

c) 2 e 3.

d) 3 e 4.

Comentário: a expressão **à medida que** recebe o acento grave quando se trata de uma locução conjuntiva que indica proporção. Como ocorre nos casos 2 e 3 apenas.

24. (EAGS – 2021) Assinale a alternativa em que o uso do acento grave, indicador de crase, é facultativo.

a) "E pareciam a sua imaginação em três figuras vivas: uma mulher muito formosa; uma figura negra de olho de brasa e pé de cabra; e o mundo, coisa vaga e maravilhosa (...)." (Eça de Queirós)

b) "Por mais que eu mesmo conhecesse o dano/ a que dava ocasião minha brandura,/ nunca pude fugir ao ledo engano." (Cláudio M. da Costa)

c) "Talvez, prezado amigo, que imagine/ que neste momento se conserve/ eterna a sua glória." (Tomás A. Gonzaga)

d) "Deixei os dois na varanda e fiquei no pátio, a respeitosa distância." (Mia Couto)

Comentário: é facultativo o uso do acento grave antes de pronomes possessivos femininos no singular, como é o caso de **sua**. Mesmo com a preposição **a** exigida pelo verbo **parecer**.

25. (VUNESP – PC-SP – Investigador de Polícia – 2018) Embora Freud tenha saído ___ campo para testar suas ideias, seu método não tinha o mesmo rigor científico atual, em que não basta confirmar ___ hipóteses – é preciso tentar negá-las. Se elas resistirem ___ tentativa de refutação, provisoriamente mantemos nossa crença.

(Galileu, novembro de 2017. Adaptado)

De acordo com a norma-padrão, as lacunas do texto devem ser preenchidas, correta e respectivamente, com:

a) à ___ às ___ a.

b) a ___ as ___ a.

c) à ___ as ___ à.

d) a ___ às ___ à.

e) a ___ as ___ à.

Comentário: **campo** é uma palavra masculina, então não usaremos o acento grave antes dela. O termo **as hipóteses** atua como objeto direto do verbo **confirmar**, logo não há preposição (nem acento grave) e, por último, o acento aparece de forma obrigatória devido a preposição **a** exigida pelo verbo **resistirem**.

PORTUGUÊS PARA DESESPERADOS · QUESTÕES COMENTADAS

26. (FUMARC – PC-MG – Escrivão de Polícia Civil – 2018) Ocorre crase quando há a fusão da preposição "a" com o artigo definido feminino "a" ou entre a preposição "a" e o pronome demonstrativo "aquele" (e variações).

INDIQUE a alternativa que apresenta uso FACULTATIVO da crase.

a) Solicitamos a devolução dos documentos enviados à empresa.

b) O promotor se dirigiu às pessoas presentes no tribunal.

c) O pai entregou àquele advogado a prova exigida pelo juiz.

d) Irei à minha sala para buscar o projeto de consultoria.

Comentário: é facultativo o uso do acento grave antes de pronomes possessivos femininos nos singular, como **minha**.

27. (MPE-GO – Secretário Auxiliar – 2018) Assinale a alternativa que completa, correta e respectivamente, as lacunas das frases.

_____ situações delicadas envolvendo a situação carcerária no Brasil. Esse assunto chega _____ autoridades para tomarem _____ providências cabíveis, mas quase sempre não é tratado com a devida prioridade.

a) As __ as __ as.

b) Há __ às __as.

c) Há __ as __ às.

d) Às __ as __ às.

e) As __ hás __ as.

Comentário: a primeira lacuna exige **há** (flexão do verbo **haver** – com sentido de **existir**). Na segunda, **às**, devido à regência do verbo **chegar**. E, por fim, **as**, sem acento uma vez é apenas um artigo, que acompanha o núcleo do objeto direto **providências**.

28. (FGR – PREFEITURA DE CABECEIRA GRANDE/MG – Auxiliar Administrativo – 2018) Marque a alternativa CORRETA em que o "a" deveria conter acento grave, devido à ocorrência de crase.

a) A tabacaria situava-se a duas quadras do esplendoroso Museu do Louvre.

b) O aplauso foi dirigido a mulheres defensoras do empoderamento feminino.

c) Gota a gota, minha paciência foi sendo minada com aquela discussão tola.

d) A advogada, naquele momento, tomou sábias decisões a Nelson Mandela.

Comentário: na letra d), a expressão "à moda de" está subentendida. Isso ocorre sempre que se indica o estilo de alguém. No caso, a advogada tomou sábias decisões ao estilo de Nelson Mandela ou à moda de Nelson Mandela.

29. (MS CONCURSOS – SAP-SP – Analista Administrativo – 2018) Assinale a alternativa onde o sinal de crase está incorreto.

a) O prefeito dirigiu-se à Sua Excelência, o governador do estado, para solicitar mais verba ao município.
b) Quase todo mundo gosta de ir à praia.
c) Fui à Bahia.
d) Domingo, iremos àquele teatro recém-inaugurado.
e) As moças às quais me referi há pouco estão chegando.

Comentário: em geral, não usaremos o acento grave antes de pronomes de tratamento. A exceção existe em alguns casos que, quando especificados com o nome da mulher, admitem artigo e, logo, o acento grave: **dona**, **senhora** e **senhorita**. Alternativa a).

GABARITO

1 – D	16 – C
2 – C	17 – A
3 – A	18 – A
4 – C	19 – B
5 – D	20 – A
6 – C	21 – D
7 – E	22 – E
8 – A	23 – C
9 – A	24 – A
10 – B	25 – E
11 – D	26 – D
12 – A	27 – B
13 – D	28 – D
14 – A	29 – A
15 – E	

16
PONTUAÇÃO

O tema mais importante dentro desse assunto é o uso da vírgula, mas vamos passar também por outros sinais de pontuação para entender diferentes abordagens das provas!

VÍRGULA

Corresponde a uma breve pausa que se relaciona sintaticamente com a frase.

SE LIGA!
Esqueça a ideia de que a vírgula é usada no momento em que você pausa para respirar. É justamente o contrário – quando a sintaxe exige uma vírgula, o leitor aproveita para respirar durante a leitura!

BIZU!

Não usaremos a vírgula que possa separar sujeito do seu verbo ou o verbo do seu complemento!

Exemplos de estruturas inadequadas:
– O carro, quebrou.
– Mariana, comprou um vestido.
– O professor pediu ao aluno, uma ajuda.

Devemos sempre usar a vírgula

a) Para separar um aposto. Exemplo: João, meu aluno, está doente.
b) Para separar o vocativo. Exemplo: Querida, onde está meu livro?
c) Para separar orações coordenadas, exceto as começadas pela conjunção **e**. Exemplo: Pintou a casa de novo, mas não ficou satisfeito.
d) Para separar orações adverbiais deslocadas. Exemplo: Para que o notassem, subiu numa árvore.
e) Vindo depois da principal, a vírgula torna-se facultativa. Exemplos: Chorou muito, porque se machucou. Chorou muito porque se machucou.
f) Para separar termos deslocados no período. Exemplo: Depois do almoço, fomos ao teatro.
g) Para separar palavras com a mesma função sintática. Exemplo: A moça era alta, bonita, simpática e inteligente.
h) Para intercalar algum termo de valor explicativo. Exemplo: Maria trabalha muito, ou melhor, em excesso.
i) Na formação de datas. Exemplo: Nova Iguaçu, 12 de junho de 2012.
j) Para indicar a elipse de um verbo. Exemplo: Maria irá ao cinema; Antônio, não.
k) Para separar orações coordenadas assindéticas, subordinadas adjetivas explicativas e subordinadas adverbiais. Exemplos: Veio, viu, venceu. O leite, que é um alimento branco, faz bem. Quando abri a porta, vi um cartão lindo colado.

Nunca devemos usar vírgula para separar

a) O verbo de seu sujeito. Exemplo: João, saiu cedo (errado). João saiu cedo (certo).
b) O nome de seu complemento ou adjunto. Exemplo: Tinha medo, de tudo (errado). Tinha medo de tudo (certo).
c) O verbo de seu predicativo. Exemplo: Essa menina é, levada (errado). Essa menina é levada (certo).
d) As orações substantivas de sua principal. Exemplo: Ela sabia, que ia conseguir (errado). Ela sabia que ia conseguir (certo).

https://uqr.to/1lxpj

PONTO E VÍRGULA

Corresponde a uma pausa maior que a vírgula, em ocasiões específicas.

a) Para separar itens em uma enumeração. Exemplo: O candidato precisa fazer três coisas: chegar com antecedência de uma hora; trazer identidade; e trazer o material adequado para a prova.

b) Para separar orações, por meio de conjunções, quando se quer ter uma pausa maior. Exemplo: Havia muitas pessoas a minha espera; contudo, preferi ficar em casa.

c) Para separar dois grupos distintos de coordenação. Exemplo: Ela trouxe pastéis, bolo, salgadinhos, guardanapos; eu, sucos, refrigerantes, copos e pratos.

DOIS PONTOS

Marcam a suspensão de uma frase para:

a) Dar início à fala ou citação. Exemplos: Disse o filósofo: "Só o amor salvará o mundo.". Um dos convidados perguntou: — Quando serão devolvidos os ingressos?

b) Dar início a uma sequência que explica, esclarece, identifica, desenvolve, discrimina uma ideia anterior. Exemplos: Naquela loja tem de tudo: roupas, calçados, brinquedos e perfumaria. Descobri a grande razão da minha vida: você.

RETICÊNCIAS

Sempre são usadas para indicar a suspensão de uma ideia. Muitas vezes, essa suspensão dá ao leitor ou ouvinte a possibilidade de completar o pensamento da maneira que quiser. Exemplos: Estava pensando... Deixa pra lá. Não gosto daquela pessoa... Ela me parece tão... Sei lá!

ASPAS

Devem ser usadas:

a) No começo e no fim de uma citação ou transcrição. Exemplo: Como dizia a canção de Cazuza "ideologia, eu quero uma pra viver".

b) Para palavras que indiquem gírias, estrangeirismos e neologismos. Exemplos: Se "pintar" uma oportunidade, eu apareço na "parada". Moravam num "flat" onde havia "playground".

c) Dar destaque a alguma palavra ou expressão, ou para mostrar que está sendo utilizada fora de seu sentido original, normalmente em sentido irônico. Exemplo: Você teve uma ideia "brilhante".

PONTO

Usado simplesmente para marcar o fim de um período, um parágrafo ou nas abreviaturas. Exemplos: Sr., Pág., Exmo. (excelentíssimo). O sono está perdido.

SE LIGA!

Nas abreviaturas de símbolos técnicos de tempo, distância, peso, não se usa ponto, são escritas sempre com letra minúscula e sem o **s**.
Exemplo: m (metro), h (hora), min (minuto)

PONTO DE EXCLAMAÇÃO

Marca frases exclamativas. Exemplos: Que manhã linda! Não faça isso, minha querida!

PONTO DE INTERROGAÇÃO

Marca frases interrogativas diretas. Exemplos: Quem disse isso? (interrogativa direta). Perguntei a ele quem havia dito aquilo (interrogativa indireta).

TRAVESSÃO

Normalmente, usado em dois casos:

a) Para destacar uma palavra ou frase. Exemplo: "Uma única palavra – liberdade – ecoou entre os escravos."
Obs.: Também poderiam ter sido usadas duas vírgulas.

b) Para destacar a fala de alguém num diálogo. Exemplo: Disse-me o padre: — Você precisa assistir mais a missa.

PARÊNTESES

Normalmente são usados para acrescentar frases, orações e expressões destacadas no período e que contenham uma informação acessória. Exemplo: O homem é bonito (pelo menos é o que dizem), mas não consegui conversar com ele.

COMO VEMOS ISSO NA PROVA?

1. (CETREDE – PREFEITURA DE AQUIRAZ/CE – Agente Administrativo – 2018) Marque a opção INCORRETA. A virgula é usada para separar

a) palavras ou orações de mesma função sintática.

b) o sujeito do predicado.

c) o nome da localidade nas datas.

d) orações coordenadas assindéticas.

e) os vocativos.

Comentário: nunca haverá uma vírgula entre sujeito e predicado. Alternativa b).

2. (COPEVE-UFAL – PREFEITURA DE ROTEIRO/AL – Assistente Social – 2017)

O sal da terra
(Beto Guedes)

[...]

Terra, és o mais bonito dos planetas

Tão te maltratando por dinheiro, tu que és a nave nossa irmã

Canta, leva tua vida em harmonia

E nos alimenta com teus frutos, tu que és do homem a maçã

Vamos precisar de todo mundo, um mais um é sempre mais que dois

Pra melhor juntar as nossas forças é só repartir melhor o pão

Recriar o paraíso agora para merecer quem vem depois

[...]

Na frase destacada **Terra, és o mais bonito dos planetas**, a vírgula foi empregada para isolar o

a) sujeito.

b) aposto.

c) vocativo.

d) complemento.

e) adjunto adverbial.

Comentário: o eu lírico fala diretamente com a Terra, assim, o termo **Terra** é um vocativo. O vocativo **sempre** será separado da oração por sinais de pontuação.

3. (EAGS – 2020) Assinale a alternativa em que a omissão das vírgulas altera o sentido do período.

   a) É necessário, portanto, rever o planejamento do primeiro semestre.

   b) As novelas estão abordando, ultimamente, temas muito polêmicos.

   c) O investimento em educação básica, no Brasil, deveria ser prioridade.

   d) Os funcionários, que não optaram pelas férias coletivas, foram demitidos da empresa.

Comentário: as orações adjetivas se diferenciam justamente pela presença ou ausência das vírgulas. A oração "que não optaram pelas férias coletivas", entre vírgulas, indica que todos os funcionários não optaram pelas férias coletivas e todo foram demitidos. Se as tirarmos da frase, passará a significar que **apenas** aqueles que não optaram pelas férias coletivas foram demitidos.

4. (EAGS – 2020) Considerando os apostos e os vocativos, assinale a alternativa em que o emprego da vírgula está incorreto.

   a) Estuda, meu filho! João, o filho do vizinho, não aprendeu uma profissão e até hoje é sustentado pelos pais.

   b) Meu filho, estuda! João, o filho do vizinho não aprendeu uma profissão e até hoje é sustentado pelos pais.

   c) Meu filho estuda! João o filho do vizinho, não aprendeu uma profissão e até hoje é sustentado pelos pais.

   d) Meu filho estuda! O filho do vizinho, João, não aprendeu uma profissão e até hoje é sustentado pelos pais.

Comentário: na alternativa c), faltou a vírgula para isolar o vocativo **filho** e, na sequência, também o aposto **o filho do vizinho.**

5. (EEAR – CFS-2 – 2019) Leia:

   "Num tempo/Página infeliz da nossa história/

   Passagem desbotada na memória/Das nossas novas gerações/

   Dormia/A nossa pátria mãe tão distraída/

   Sem perceber que era subtraída/Em tenebrosas transações"

O poema acima, de Chico Buarque, que não apresenta nenhuma pontuação, foi reescrito nas alternativas abaixo, em forma de prosa, com o acréscimo de pontuação. Assinale a alternativa que faz uso correto dos sinais de pontuação.

   a) Num tempo, página infeliz da nossa história, passagem desbotada na memória, das nossas novas gerações. Dormia a nossa pátria mãe, tão distraída, sem perceber que era subtraída em tenebrosas transações.

PORTUGUÊS PARA DESESPERADOS · QUESTÕES COMENTADAS

289

b) Num tempo, página infeliz da nossa história, passagem desbotada na memória, das nossas novas gerações, dormia a nossa pátria mãe tão distraída. Sem perceber que era subtraída em tenebrosas transações.

c) Num tempo, página infeliz da nossa história. Passagem desbotada na memória das nossas novas gerações. Dormia a nossa pátria mãe tão distraída sem perceber, que era subtraída em tenebrosas transações.

d) Num tempo, página infeliz da nossa história, passagem desbotada na memória das nossas novas gerações, dormia a nossa pátria mãe tão distraída sem perceber que era subtraída em tenebrosas transações.

Comentário: apenas os termos **num tempo, página feliz da nossa história** e **passagem desbotada da memória das nossas gerações** são adjuntos adverbiais e devem ser isolados por vírgulas. Alternativa d).

6. (EEAR – CFS-2 – 2019) De acordo com a pontuação empregada, identifique os sentidos das frases abaixo. Em seguida, assinale a alternativa com a sequência correta.

1. O povo unido jamais será vencido.
2. Unido, o povo jamais será vencido!
3. O povo, unido, jamais será vencido!

(   ) O povo já está unido e por isso não se deixa vencer.

(   ) Salienta que não há união e que, se houver, o povo não será vencido.

(   ) Valoriza e fortalece a união como principal e única condição para a força do povo.

a) 1 – 2 – 3.
b) 1 – 3 – 2.
c) 2 – 1 – 3.
d) 3 – 1 – 2.

Comentário: o item 1, sem vírgulas, indica que **unido** é uma característica fixa do **povo**. O item 2, com uma vírgula separando **unido** de **povo** e indicando que a característica é um predicativo do sujeito deslocado, sugere valorização. Já em 3, o termo **unido** isolado enfatiza a ideia de condição para que não haja a derrota – O povo, se unido/quando unido, jamais será vencido. Alternativa correta: b).

7. (EEAR – CFS-2 – 2018) Leia:

No romance *Dom Casmurro*, Machado de Assis veicula, a seu modo, por meio de seus personagens um dos explorados motivos da prosa literária – o triângulo amoroso. É, entretanto, pela fala do personagem-narrador que conhecemos os fatos, e é pelo filtro de sua visão que formamos o perfil psicológico de cada uma das personagens. (Cereja, Magalhães).

A respeito da pontuação presente ao texto acima, é correto afirmar que

a) o aposto o **triângulo amoroso** só pode ser pontuado com o uso de travessão.

b) os adjuntos adverbiais **por meio de seus personagens, pela fala do personagem-narrador e pelo filtro de sua visão** poderiam receber vírgulas de intercalação.

c) os adjuntos adverbiais **No romance Dom Casmurro** e **a seu modo** estão corretamente pontuados; há vírgulas de anteposição e intercalação respectivamente.

d) o uso de vírgula junto à conjunção adversativa **entretanto** não seria possível se, no período, não houvesse a expressão expletiva **é que**: "É, entretanto, pela fala do personagem narrador **que** conhecemos os fatos...".

Comentário: em a), o aposto o **triângulo amoroso** poderia ser pontuado também por dois pontos ou por vírgula. Em b), poderia haver mais vírgulas, mas não de intercalação. Teríamos separação de elementos da mesma função e orações subordinadas antecedendo principais apenas. E, em d), a expressão **é que** nada tem a ver com a vírgula que isola a conjunção deslocada **entretanto**.

8. (FGV – MPE-BA – Analista Técnico – Letras Vernáculas – 2017) Sabemos que as vírgulas são utilizadas na língua escrita com finalidades diversas, mas fundamentalmente para facilitar a leitura.

Na frase de William Cowper "Deus fez o campo, e o homem, a cidade", há duas vírgulas que se justificam, respectivamente, para:

a) evitar ambiguidade/indicar elipse do verbo.

b) separar elementos de mesma função sintática/marcar uma pausa;

c) distinguir elementos coordenados/dar realce a certos termos;

d) isolar elemento de valor explicativo/separar um aposto;

e) destacar elementos repetidos/marcar um adjunto antecipado.

Comentário: caso não houvesse a primeira vírgula, a ideia de que Deus fez o campo e o homem apareceria, ou seja, haveria ambiguidade. Já a segunda indica a omissão do verbo **fazer**, que se repetiu. Alternativa a).

9. (VUNESP – CÂMARA DE SUMARÉ/SP – Ajudante Administrativo – 2017) Assinale a alternativa em que a pontuação está de acordo com a norma-padrão da língua portuguesa.

a) Flávia, mãe de Paulinho, estava preocupada.

b) Os pais, do menino, queriam que o filho se ocupasse.

c) Amadurecer antes do tempo, prejudica, as crianças.

d) Paulinho venha para casa, mais cedo!

e) Colocaram, o filho no inglês e, no judô.

PORTUGUÊS PARA DESESPERADOS · QUESTÕES COMENTADAS

291

Comentário: a alternativa correta é a letra a). Nas demais opções, os termos foram separados erroneamente. Nunca separemos o sujeito do predicado, nem o núcleo de seus adjuntos. É errado também isolar um termo que não está deslocado.

10. (MPE-GO – Secretário Auxiliar – CERES – 2017) Em setembro, Lúcia e Mauro vão conhecer a fazenda de seus primos. Pretendem visitar diversas cachoeiras e trilhas. Para a viagem, eles não poderão esquecer de levar: blusas, repelentes, lanternas, colchonetes e escovas de dentes.

Nesta frase, os dois pontos foram utilizados para anunciar:

a) resumo do que foi enunciado anteriormente.

b) citação discursiva.

c) acréscimo de discurso direto.

d) sequência das ideias interrompida.

e) enumeração explicativa.

Comentário: chamamos de enumeração, em língua portuguesa, tudo aquilo que é listado um por um, como no caso dos termos: "blusas, repelentes, lanternas, colchonetes e escovas de dentes".

11. (NC-UFPR – ITAIPU BINACIONAL – Profissional Nível Técnico I – Técnico em Elétrica, Eletrotécnica ou Eletromecânica – 2017) No trecho "Além disso, há deleites livrescos que demandam aprendizado prévio e alguma medida de paciência: é preciso certa cancha para desfrutar Homero e nem todos chegam prontos a Virgílio", entre a parte antes dos dois pontos e a seguintes estabelece-se uma relação de:

a) exemplificação.

b) causalidade.

c) consequência.

d) comparação.

e) contraposição.

Comentário: para explicar o que o autor quis dizer na primeira parte, foram usados exemplos. Para anunciar esses exemplos, foram usados os dois pontos.

12. (MPE-GO – Secretário Auxiliar – Goiatuba – 2017) Assinale a alternativa em que está corretamente indicada a ordem dos sinais de pontuação que devem preencher as lacunas da frase abaixo:

"Quando se trata de voluntariado ___ duas coisas devem ser levadas em consideração ___ uma é a contribuição social que o trabalho voluntário oferece ___ a outra é a satisfação pessoal que pode proporcionar".

a) dois pontos, ponto e vírgula, ponto e vírgula.

b) dois pontos, vírgula, ponto e vírgula.

c) vírgula, dois pontos, ponto e vírgula.

d) ponto e vírgula, dois pontos, ponto e vírgula.

e) ponto e vírgula, vírgula, vírgula.

Comentário: na primeira lacuna, só a vírgula poderia ser usada, uma vez que a oração subordinada apareceu antes da principal. Na sequência, surge a anunciação de uma enumeração, portanto, os dois pontos são ideais. Na última, ponto e vírgula, vírgula ou um conectivo serviriam bem.

13. (MS CONCURSOS – SAP-SP – Agente de Segurança Penitenciária – 2017) Assinale a alternativa onde o sinal de pontuação está incorreto.

a) Ele sairá daqui logo, ou eu me desligarei do grupo.

b) Nunca, nunca, meu amor!

c) Barretos, 14 de novembro, de 2000.

d) Sairá amanhã, aliás, depois de amanhã.

Comentário: não separaremos o ano com vírgula na indicação de datas. A correção é "Barretos, 14 de novembro de 2000".

14. (IBFC – EMBASA – Técnico Operacional – Edificações – 2017) Assinale a alternativa em que a pontuação está correta.

a) As pessoas que desejarem se inscrever devem acessar o site até dia 15.

b) Pedi a meu amigo José, que me envie seu currículo.

c) O rapaz chegou a tempo porém, não embarcou no trem.

d) Assustado o garoto negou à professora, sua travessura.

Comentário: na letra b), o verbo foi separado de seu complemento. Na letra c), a vírgula deveria aparecer antes do conectivo **porém**. E, na d), faltou uma vírgula depois de **assustado**, para marcar o deslocamento do predicativo, e houve também a separação do objeto **sua travessura** de seu verbo equivocadamente.

15. (IBFC – EMBASA – Agente Administrativo – 2017) Considere o período e as afirmativas a seguir.

A cerimônia que compareci, foi bem planejada pelos organizadores, onde todos os elementos estavam harmoniosos.

I. A vírgula depois do verbo "compareci" está incorreta, pois separa o sujeito do predicado.

II. Há um problema de regência: o correto seria "a cerimônia à que compareci".

Estão corretas as afirmativas:

a) I e II.

PORTUGUÊS PARA DESESPERADOS · QUESTÕES COMENTADAS

b) I, apenas.

c) II, apenas.

d) Nenhuma.

Comentário: de fato, há uma problema de regência em II, mas só acrescentaríamos a preposição **a**, sem o acento grave, pois não o podemos usá-lo antes do pronome relativo **que** nesse caso.

16. (FGV – IBGE – Coordenador Censitário Subárea – Reaplicação – 2020)

"Uma noite destas, vindo da cidade para o Engenho Novo, encontrei no trem da Central um rapaz aqui do bairro, que eu conheço de vista e de chapéu".

Esse segmento dá início ao romance *Dom Casmurro*, um dos mais famosos da literatura brasileira. A opção em que a afirmativa está correta é:

a) em lugar de "destas" deveria estar "dessas".

b) "vindo" deveria ser substituído por "quando vinha".

c) em lugar de "para o" deveria estar "ao".

d) o termo "no trem da Central" poderia estar entre vírgulas.

e) o pronome "eu" deveria ser omitido no texto.

Comentário: o termo "no trem da Central" é um adjunto adverbial de lugar e encontra-se deslocado. Deveria estar entre vírgulas.

17. (IF-MT – Professor do Ensino Básico, Técnico e Tecnológico – Matemática – 2020) Na elaboração desta questão, todas as vírgulas foram propositalmente retiradas.

Leia o trecho abaixo, analise-o com relação ao uso adequado da vírgula, e, após, some os números das frases que, obrigatoriamente, contêm vírgulas.

2 – No Brasil com o decorrer dos séculos os

4 – índios foram exterminados ou aculturados pela

6 – ação colonizadora e com isso centenas

8 – de seus idiomas foram extintos.

O resultado da soma das frases que devem, obrigatoriamente, conter vírgulas é:

a) 20.

b) 18.

c) 14.

d) 12.

e) 08.

Comentário: apenas os itens 2 e 6 precisam de vírgulas. Confira o texto reescrito: No Brasil, com o decorrer dos séculos, os índios foram exterminados ou aculturados pela ação colonizadora e, com isso, centenas de seus idiomas foram extintos.

18. (IBADE – PREFEITURA DE LINHARES/ES – Agente de Vigilância Sanitária – 2020) Assinale a alternativa INCORRETA quanto à pontuação.

a) Ficou satisfeita com o resultado, Marina?

b) Homens, mulheres, crianças, idosos, todos, vieram para a festa.

c) O preso desenrolou tudo, ou melhor, revelou o plano ao delegado.

d) Naquela noite terrível, os animais conseguiram escapar do incêndio.

e) Paris, capital da França, é a Cidade Luz!

Comentário: não podemos separar o aposto resumitivo do verbo, como acontece entre **todos** e **vieram,** na letra b).

19. (COTEC – PREFEITURA DE SÃO FRANCISCO/MG – Agente Administrativo – 2020) Leia o texto a seguir para responder à questão.

"Quem não se lembra do misterioso assassinato no Museu do Louvre que dá largada à maratona do professor de simbologia Robert Langdon em O Código Da Vinci; ou, ainda, da bela ex-primeira-dama Carla Bruni bancando a guia turística na comédia romântica de Woody Allen Meia-noite em Paris? Prepare a pipoca e viaje por esses filmes que contemplam diversos recantos da Cidade Luz imortalizados nas telonas."

(Fonte: *Revista Viaje Mais*, dezembro de 2019, p. 71. Adaptado).

No texto, o uso da interrogativa no texto possui a seguinte função:

a) Dirigir-se apenas àqueles que assistiram aos filmes citados.

b) Interpelar o leitor, utilizando-se de uma estratégia de persuasão.

c) Lembrar a todos os leitores da importância dos filmes clássicos.

d) Estimular a memória dos leitores que não são amantes do cinema.

e) Permitir aos leitores que não conhecem Paris verem-na em filmes.

Comentário: a pergunta do texto é chamada de pergunta retórica e serve justamente para causar reflexão e persuadir o leitor ou receptor da mensagem.

20. (GUALIMP – PREFEITURA DE AREAL/RJ – Técnico em Contabilidade – 2020) A pontuação está CORRETA na frase da alternativa:

a) A subida até o alto da montanha, deixou o alpinista cansado mas, feliz por poder contemplar a belíssima vista.

b) Apesar, do Sol de verão faz sempre muito frio, no alto das montanhas.

c) Brasília, capital da República foi fundada em 1960.

PORTUGUÊS PARA DESESPERADOS · QUESTÕES COMENTADAS

d) Mercúrio é o planeta mais próximo do Sol, e uma das suas faces é permanentemente voltada para o Astro-Rei.

Comentário: podemos usar a vírgula antes do **e** se houver sujeitos diferentes nas orações que a conjunção interliga. Na letra d), o sujeito da primeira oração é **mercúrio** e o da segunda é **uma das suas faces**, então, a vírgula é correta – apesar de facultativa.

21. (GUALIMP – PREFEITURA DE AREAL/RJ – Agente de Combate a Endemias – 2020) Assinale a alternativa INCORRETA quanto o emprego correto da vírgula.

a) A casa tem três quartos, dois banheiros, três salas e um quintal.
b) Estas crianças, com certeza, serão aprovadas.
c) Juliana a aluna destaque, passou no vestibular.
d) O documento de identidade, você trouxe?

Comentário: o aposto deve vir separado por duas vírgulas. Correção da letra c): Juliana, a aluna destaque, passou no vestibular.

22. (PREFEITURA DE SANTA BÁRBARA/MG – Agente de Combate a Endemias – 2020) Quanto à pontuação, analise os itens abaixo:

I. Quando ele veio para casa, ela ainda estava no trabalho.
II. Quero uma dúzia de ovos, duas barras de chocolate dois leites e um pacote de biscoito.

a) Os itens I e II estão corretos.
b) Somente o item I está correto.
c) Somente o item II está correto.
d) Os itens I e II estão incorretos.

Comentário: falta uma vírgula entre **duas barras de chocolate** e **dois leites**, uma vez que são termos de mesma função sintática compondo uma enumeração.

23. (VUNESP – Auxiliar de Administração – Apoio Administrativo – Reprografia e Gráfica – 2020)

Vocação: cronista

A crônica é um gênero muito colado ao autor. É diferente do romance, que pode ter personagens como um assassino, uma nuvem, um pé-de-meia, que não têm nada a ver com o escritor no sentido mais óbvio. Escrevo narrativas em primeira pessoa e falo de coisas que se parecem com as que acontecem na minha vida. Então, quando falo com o público, ele já tem conhecimento de quem eu sou. Claro que o narrador da crônica não sou exatamente eu, e o que acontece na crônica na maioria das vezes não aconteceu comigo. Considero crônica um gênero de ficção. Se digo "eu fui à padaria" não significa que eu tenha ido à padaria. Não. Eu estava em casa escrevendo uma crônica em que o narrador foi à padaria. Mas é próximo de mim.

(Trecho de entrevista com Antônio Prata.
https://livrariadavila.com.br. Adaptado)

As vírgulas em "... pode ter personagens como um assassino, uma nuvem, um pé-de--meia..." servem ao propósito de

a) ordenar fatos que ocorrem em uma sequência cronológica.

b) organizar palavras empregadas como sinônimas entre si.

c) separar termos que servem de exemplos a "personagens".

d) encadear palavras que atribuem sentido negativo a "personagens".

e) evidenciar a relação de sentido entre palavras que designam ações.

Comentário: **um assassino**, **uma nuvem** e **um pé-de-meia** são exemplos de tipos de personagens.

24. (IBADE – PREFEITURA DE VILA VELHA/ES – Assistente Público Administrativo – IPVV – 2020) As frases a seguir apresentam exemplos de discurso direto e indireto. Em qual delas há o uso correto de duplo travessão?

a) Estavam cansados – como não podiam evitar – porém não desaceleraram a marcha.

b) Ela é a melhor de todas – minha mãe.

c) – Quem deveria ir? Eu ou você?

d) Faço isso por uma só pessoa – meu filho.

e) Ainda me dou por louco – até que provem o contrário.

Comentário: o uso de travessões duplos indica o isolamento de um termo. Normalmente, pode ser substituído pelo uso de duas vírgulas. A resposta correta é a letra a).

25. (ESPCEX – 2019) "A Final Straw, que diz ser o primeiro canudo retrátil reutilizável do mercado, está arrecadando fundos através do Kickstarter." A vírgula colocada depois do sujeito está

a) incorreta, pois não se deve separar o sujeito de seu complemento.

b) incorreta, porque não se separa a oração subordinada adjetiva restritiva.

c) correta, porque separa uma oração subordinada adjetiva explicativa.

d) correta, porque separa a oração subordinada adverbial temporal.

e) correta, porque separa o vocativo, Final Straw, no início do período.

Comentário: depois do sujeito **A Final Straw**, há uma oração subordinada adjetiva explicativa – que é sempre separada por pontuação. Podemos identificá-la pela presença do pronome relativo **que**.

PORTUGUÊS PARA DESESPERADOS · QUESTÕES COMENTADAS

297

26. (EAGS – 2021) Leia:

Curiosa palavra. Idoso. O que acumulou idade. Também tem o sentido de quem se apega à idade. Ou que a esbanja (como gostoso ou dengoso). Se é que não significa alguém que está indo, alguém em processo de ida. Em contraste com os que ficam, os ficosos...

(Luís Fernando Veríssimo)

O texto acima define o vocábulo idoso com liberdade expressiva do autor. Ao ser reescrito, observando-se as regras de pontuação, algumas opções são possíveis. Assinale a alternativa em que a pontuação não atende às normas gramaticais.

a) Curiosa palavra: idoso, o que acumulou idade. Também tem o sentido de quem se apega à idade, ou que a esbanja (como gostoso ou dengoso), se é que não significa alguém que está indo, alguém em processo de ida, em contraste com os que ficam, os ficosos...

b) Curiosa palavra: idoso, o que acumulou idade; também tem o sentido de quem se apega à idade, ou que a esbanja – como gostoso ou dengoso –, se é que não significa alguém que está indo, alguém em processo de ida, em contraste com os que ficam, os ficosos...

c) Curiosa palavra (idoso): o que acumulou idade, também tem o sentido de quem se apega à idade ou que a esbanja (como gostoso ou dengoso); se é que não significa alguém que está indo; alguém em processo de ida, em contraste com os que ficam: os ficosos.

d) Curiosa palavra – idoso: o que acumulou idade. Também tem o sentido de quem se apega à idade ou que a esbanja (como gostoso ou dengoso). Se é que não significa alguém que está indo, alguém em processo de ida, em contraste com os que ficam (os ficosos!).

Comentário: na letra c), a construção com a palavra **idoso** dentro de parágrafos antes dos dois pontos não faz sentido, uma vez que se espera que os dois pontos anunciem a palavra da qual se fala.

27. (EEAR – CFS-1 – 2021) De acordo com as regras de pontuação, assinale a alternativa correta.

a) Escreveu: José de Alencar às vezes sobe os ramos da árvore; outras remexe o uru de palha matizada.

b) Escreveu José de Alencar, às vezes sobe os ramos da árvore; outras remexe, o uru de palha matizada.

c) Escreveu José de Alencar: às vezes sobe os ramos da árvore; outras, remexe o uru de palha matizada.

d) Escreveu, José de Alencar: às vezes sobe os ramos da árvore; outras, remexe o uru de palha matizada.

Comentário: a única correta é a letra c), porque **José de Alencar** é o sujeito do verbo escrever, então, não podemos separar esses termos. Os dois pontos apareceram coerentemente antes de uma citação. O ponto e vírgula foi empregado para separar orações coordenadas extensas e a vírgula depois de **outras** indica a elipse de uma palavra (vezes).

28. (ESFCEX – 2020) Considere as passagens do texto:

I. O Museu da Pessoa é colaborativo, ou seja, qualquer pessoa pode se voluntariar para contar sua história.

II. A curadora e fundadora do Museu da Pessoa, Karen Worcman, teve a ideia de criar a instituição no fim dos anos 1980.

III. Mais de 25 anos depois da fundação do museu, Worcman pensa o mesmo.

Com base nas regras de pontuação descritas por Celso Luft (1998), é correto afirmar que as vírgulas presentes nos trechos indicam o uso de:

a) I – expressão explicativa; II – aposto; III – adjunto adverbial.

b) I – expressão corretiva; II – vocativo; III – oração adverbial.

c) I – expressão coordenada; II – sujeito; III – enumeração.

d) I – expressão explicativa; II – vocativo; III – oração adverbial.

e) I – expressão corretiva; II – aposto; III – adjunto adverbial.

Comentário: A expressão **ou seja**, que aparece em I, introduz uma explicação sobre o termo antecedente. É, assim, conhecida como **expressão explicativa** ou **termo explicativo**. No item II, o termo que está entre vírgulas possui natureza substantiva (Karen Worcman) e esclarece outro substantivo (curadora/fundadora). A esse conceito, chamamos **aposto explicativo**. E, em III, o termo "mais de 25 anos depois da fundação do museu" marca a circunstância adverbial de tempo.

29. (UEPB – CÂMARA DE CABEDELO/PB – Auxiliar Legislativo – 2020) A pontuação é um mecanismo de textualidade que se estabelece nas relações sintáticas de um texto. Nesse sentido, analise as possibilidades de pontuação no trecho destacado da matéria "Unidos da decadência no carnaval", avaliando a sua adequação na construção textual.

I. O que o Brasil fez pelo carnaval foi dar brilho, lantejoulas, penas de faisão, baterias, alegorias e pouca roupa, mas engana-se quem considera o evento como a maior festa popular do mundo. Não, não é não. O carnaval está cada vez mais aristocrático. Vendas de abadás caríssimos, camarotes caros e garantia de bons negócios.

II. O que o Brasil fez pelo carnaval foi dar brilho, lantejoulas, penas de faisão, baterias, alegorias e pouca roupa. Mas, engana-se quem considera, o evento como a maior festa popular, do mundo. Não não é não. O carnaval está cada vez mais aristocrático. Vendas de abadás caríssimos, camarotes caros e garantia de bons negócios.

PORTUGUÊS PARA DESESPERADOS · QUESTÕES COMENTADAS   299

III. O que o Brasil fez pelo carnaval foi dar, brilho, lantejoulas, penas de faisão, baterias, alegorias, e pouca roupa, mas engana-se quem considera o evento como a maior festa popular do mundo. Não, não é não. O carnaval, está cada vez mais aristocrático. Vendas de abadás caríssimos, camarotes caros e garantia de bons negócios.

(Fonte: https://administradores.com.br/noticias/unidos-da-decadencia-do-carnaval)

É CORRETO o que se afirma apenas em:
   a) II e III.
   b) I e II.
   c) II.
   d) I.
   e) III.

Comentário: manteve-se a correção apenas no item I. Em II, é inaceitável a separação em **maior festa popular, do mundo**, pois **do mundo** faz parte da caracterização da **festa**. E, em III, separou-se equivocadamente o verbo **dar** do objeto **brilho** e o sujeito **o carnaval** de seu verbo **está**.

30. (CPCON – CÂMARA DE SANTA LUZIA/PB – Agente Administrativo – 2020) A pontuação é um mecanismo responsável pela textualidade, à medida que estabelece uma relação entre a estruturação sintática e a organização das unidades informacionais. Levando esse fato em consideração, analise as propostas de pontuação aplicadas ao trecho que inicia o texto "A Venezuela às escuras" (*Veja*, 20.03.19), avaliando a sua adequação.

I. Passar cinco dias sem eletricidade, não é fácil para ninguém; menos ainda para a sofrida população da Venezuela, em meio a uma crise de abastecimento, muitos alimentos se estragaram, doentes morreram nos hospitais, paralisou-se o transporte público, lojas foram saqueadas e os computadores e celulares impedidos de conduzir transações eletrônicas [...]

II. Passar cinco dias sem eletricidade não é fácil para ninguém – menos ainda para a sofrida população da Venezuela. Em meio a uma crise de abastecimento, muitos alimentos se estragaram, doentes morreram nos hospitais, paralisou-se o transporte público, lojas foram saqueadas e os computadores e celulares impedidos de conduzir transações eletrônicas [...]

III. Passar cinco dias sem eletricidade, não é fácil para ninguém, menos ainda para a sofrida população da Venezuela. Em meio a uma crise de abastecimento muitos alimentos se estragaram, doentes morreram nos hospitais, paralisou-se o transporte público, lojas foram saqueadas e os computadores e celulares impedidos de conduzir transações eletrônicas [...]

Está(ão) CORRETA(s) a(s) versão(ões):
   a) III.

b) I e II.

c) I.

d) II e III.

e) II.

Comentário: apenas o item II está correto, pois, em I, a vírgula entre **eletricidade** e **não** separa o sujeito de seu verbo. Assim como em III.

GABARITO

1 – B	16 – D
2 – C	17 – E
3 – D	18 – B
4 – C	19 – B
5 – D	20 – D
6 – B	21 – C
7 – C	22 – B
8 – A	23 – C
9 – A	24 – A
10 – E	25 – C
11 – A	26 – C
12 – C	27 – C
13 – C	28 – A
14 – A	29 – D
15 – B	30 – E

17

MAIS CLASSES DE PALAVRAS

Neste capítulo, trataremos rapidamente dos artigos, numerais, preposições e interjeições – assuntos menos comuns em questões isoladas, porém, importantíssimos para a sua organização mental sobre o estudo da Língua Portuguesa. Além disso, costumam facilitar a parte de interpretação textual.

ARTIGO

Determina de modo vago (indefinido) ou preciso (definido) o substantivo e concorda com ele quanto ao gênero e ao número.

Classificação

a) Artigo definido: o, os, a e as.

b) Artigo indefinido: um, uns, uma e umas.

A presença de um artigo antes de nomes de pessoas indica familiaridade ou intimidade. Não devemos usar artigos antes de nomes de "celebridades". Seria um equívoco dizer frases como "O Machado de Assis foi um grande escritor". Exceto se houver um adjetivo ao nome – "O magnífico Machado de Assis foi um grande escritor".

O artigo também pode denotar qualificação. Exemplo: Procure João, porque ele é **o** cara.

Além disso, o artigo pode transformar qualquer palavra que dá nome a algo ou a alguém em substantivo. Exemplo: **A louca** chegou gritando no quintal.

SE LIGA!

A presença do artigo definido antes do nome de uma pessoa indica que o emissor da mensagem a conhece.

Exemplos: Carol é o nome da minha professora [sem o artigo, denota certa distância ou formalidade na apresentação]. A Carol é a minha professora [com o artigo, sugere familiaridade].

NUMERAL

Quantifica ou ordena o substantivo, aceita flexão de gênero e número em algumas formas.

Classificação e flexão

1. Numerais cardinais

Indicam quantidade exata. Exemplo: Fui ao *shopping* e comprei **três** blusas, **duas** calças e **sete** cuecas.

Os numerais cardinais **um**, **dois**, e as **centenas a partir de duzentos** variam em gênero, apresentando as formas femininas:

um	uma
dois	duas
duzentos	duzentas
trezentos	trezentas

Os numerais cardinais como **milhão**, **bilhão**, **trilhão** etc. comportam-se como substantivos e variam em número, admitindo, assim, plural: milhões, bilhões, trilhões.

2. Numerais ordinais

Indicam uma posição exata. Exemplo: Eu sou o **sétimo** da fila; já ela é a **octogésima**.

Os numerais ordinais variam em gênero e número:

primeiro	primeira	primeiros	primeiras
último	última	últimos	últimas

a) Numerais multiplicativos

Indicam um aumento exatamente proporcional: dobro, quíntuplo.

- São **invariáveis** quando equivalem a **substantivos**. Exemplo: Ele tinha o **dobro** da minha idade.
- **Variam em gênero e número** quando equivalem a adjetivos. Exemplo: Você tem que tomar doses **duplas** de remédio por dia.
- As formas multiplicativas **dúplice**, **tríplice** etc. variam apenas em número. Exemplo: Deram-se alguns saltos **tríplices**.

b) Numerais fracionários

Indicam uma diminuição exatamente proporcional: um décimo, um quarto, um onze avos, um vinte avos etc. Variam em número. Exemplo: Comi **dois terços** da torta e minha mãe comeu **um quinto** do bolo.

PREPOSIÇÃO

Palavra invariável que liga dois elementos da oração.

Podem ser de dois tipos: **essenciais** e **acidentais**.

a) As **preposições essenciais** são as que só desempenham a função de preposição: a, ante, após, até, com, contra, de, desde, em, entre, para, per, perante, por, sem, sob, sobre, trás.

b) As **preposições acidentais** são palavras de outras classes gramaticais que eventualmente são empregadas como preposições: afora, fora, exceto, salvo, durante, mediante, segundo, malgrado (= não obstante, apesar de) etc.

Quando há duas ou mais palavras exercendo a função de uma preposição, chamamos de **locução prepositiva**: acerca de, a fim de, apesar de, através de, de acordo com, em vez de etc.

Combinação

É a junção de algumas preposições com outras palavras, quando não há alteração fonética: ao (a + o), aonde (a + onde).

Contração

É a junção de algumas preposições com outras palavras, quando há alteração fonética, isto é, queda de fonema: do (de + o), neste (em + este), à [a (preposição) + a (artigo definido)], na (em + a) etc.

As preposições podem indicar diversas **circunstâncias**. Essas **relações** podem ser de:

Autoria	A música é **de** Caetano.
Lugar	O livro está **sobre** a mesa.
Tempo	Viajei **durante** as férias.
Modo	Eles votaram **em** branco.
Causa	Morri **de** calor.
Assunto	Vamos falar **sobre** política?
Conteúdo	Há um copo **com** vinho.
Preço	Vendi meu carro a ele **por** R$ 20.000,00.
Origem	Eu descendo **de** família humilde.
Especialidade	Formou-se **em** Letras.
Destino ou direção	Vou **a** Roma um dia.
Falta	A escola estava **sem** verbas.
Finalidade	Eu vim **para** ficar.
Instrumento	Fiz a prova **a** lápis.
Companhia	Saí **com** meus familiares.
Meio	Viajei **de** moto.
Matéria	Meu cordão é **de** ouro.
Posse	Eu vivo na casa **de** José.
Oposição	Flamengo **contra** Fluminense.
Autoria	A música é **de** Caetano.

INTERJEIÇÃO

As interjeições são palavras ou expressões que exprimem, espontaneamente, estados emocionais ou sensações. Podem ser classificadas de acordo com o sentimento que sugerem. Exemplos: Eita! Que susto! Ai, meu dedinho! Caraca, que lindo!

SE LIGA!

1. A **locução interjectiva** é um grupo de palavras com valor de interjeição: Ai de mim! Ô de casa! Quem me dera! Ora, bolas! Raios te partam! Valha-me Deus!

2. As interjeições que servem para imitar certos sons ou ruídos são chamadas de **interjeições onomatopeicas**: Plaf! Bum! Pow! Pum!

3. Outras classes de palavras podem, às vezes, **funcionar como interjeições**: Alto! Viva! Ande!

4. Quase **sempre** a interjeição termina por um **ponto de exclamação**; raramente, por **vírgula**.

PORTUGUÊS PARA DESESPERADOS · QUESTÕES COMENTADAS

305

COMO VEMOS ISSO NA PROVA?

1. (NUCEPE – PREFEITURA DE TERESINA/PI – Guarda Civil Municipal – 2019) Das opções abaixo, aquela cujo termo/palavra em destaque, no segmento frasal, difere morfológica e sintaticamente daqueles(as) dispostos(as) nas demais opções, é:

a) ... que podem variar de um simples roubo de dados até **os** usos inadvertidos de diversas redes privadas...

b) Pode fazer **os** faróis conversarem com os veículos para otimizar o trânsito.

c) Pode fazer os faróis conversarem com **os** veículos para otimizar o trânsito.

d) Ou estender **os** limites do nosso corpo com implantes de chips.

e) ... alguns *early adopters* já **os** utilizam para abrir portas e aposentar o crachá.

Comentário: na letra e), o termo em destaque é um pronome oblíquo (pronome pessoal usado para complementos verbais – no caso, objeto direto). Diferente das demais alternativas, que apresentam artigos destacados.

2. (FCC – PREFEITURA DE SÃO JOSÉ DO RIO PRETO/SP – Analista em Vigilância Sanitária – Enfermeiro – 2019) Atenção: Para responder a questão, considere a fábula abaixo.

Em Atenas, um devedor, ao ter sua dívida cobrada pelo credor, primeiro pôs-se a pedir-lhe um adiamento, alegando estar com dificuldade. Como não o convenceu, trouxe uma porca, a única que possuía, e, na presença dele, colocou-a à venda. Então chegou um comprador e quis saber se a porca era parideira. Ele afirmou que ela não apenas paria, mas que ainda o fazia de modo extraordinário: para as festas da deusa Deméter, paria fêmeas e, para as de Atena, machos. E, como o comprador estivesse assombrado com a resposta, o credor disse: "Mas não se espante, pois nas festas do deus Dioniso ela também vai lhe parir cabritos."

(Esopo. *Fábulas completas*. Tradução de Maria Celeste Dezotti.
São Paulo: Cosac Naify, 2013, p. 22)

Em Atenas, um devedor, ao ter sua dívida cobrada pelo credor, primeiro pôs-se a pedir-lhe um adiamento, alegando estar com dificuldade. Como não o convenceu, trouxe uma porca, a única que possuía...

Os termos sublinhados na fábula constituem, respectivamente,

a) preposição — artigo – pronome.

b) pronome — pronome – artigo.

c) artigo — pronome – pronome.

d) pronome — artigo – artigo.

e) preposição — pronome – artigo.

Comentário: o primeiro termo destacado é invariável e liga os verbos. É, portanto, uma preposição. O segundo funciona como complemento do verbo **convencer**, sendo, assim, um pronome oblíquo. O último é variável e acompanha o termo **única** – é um artigo.

3. (VUNESP – PREFEITURA DE CAMPINAS/SP – Auxiliar em Saúde Bucal – 2019)

Muitas mães pedem aos filhos que não fumem, _____ saberem que é prejudicial _____ saúde. Porém, muitos deles nem _____ escutam.

As lacunas das frases devem ser preenchidas, respectivamente e de acordo com a norma-padrão da Língua Portuguesa, por

a) por – à – as.

b) para – a – lhes.

c) em – a – as.

d) de – à – lhes.

e) sem – à – lhes.

Comentário: para indicar a causa, na primeira lacuna, usaremos **por**. Na segunda, respeitando a regência de **prejudicial**, usaremos **à**. Na última, para retomar o termo **mães**, usaremos o pronome oblíquo **as**.

4. (UFAC – Assistente em Administração – 2019) O artigo (definido ou indefinido) tem a capacidade de substantivar qualquer palavra; ou seja, transformá-la em substantivo. Indique a opção em que ocorre substantivação de um advérbio:

a) O bonito é te ver sorrir.

b) Ambas as crianças estão vestindo azul.

c) Fui falar com uma garota e recebi um não como resposta.

d) Todos os candidatos são incompetentes.

e) A Fernanda canta muito bem.

Comentário: na letra c), a palavra **não**, que originalmente é um advérbio de negação, aparece como um substantivo.

5. (IBFC – EMDEC – Assistente Administrativo Jr. – 2019)
O pensamento correto nos leva à fala e à ação corretas.

Conscientes da respiração e a partir da compreensão correta, podemos entrar em contato com os aspectos de cura e renovação que existem em nós e à nossa volta. Respirar conscientemente é a chave principal. Quando damos atenção à respiração, tranquilizamos o processo mental de relembrar (ou remoer) o que já passou e ansiar pelo que poderá vir a ser. Consciente de cada inspiração, pausa, expiração, pausa, inspiração, mergulhamos na realidade do que é, no agora, no aqui.

De acordo com a Gramática Normativa da Língua Portuguesa, assinale a alternativa que classifica, correta e respectivamente, os termos destacados na frase a seguir: "tranquilizamos **o** processo mental de relembrar (ou remoer) **o** que já passou".

a) Artigo e Pronome Oblíquo.

b) Pronome Oblíquo e Artigo.

c) Artigo e Pronome Demonstrativo.

d) Pronome Demonstrativo e Artigo.

Comentário: o primeiro **o**, que acompanha o substantivo **processo**, é um artigo definido. O segundo **o**, que pode ser substituído por **aquilo**, é um pronome demonstrativo.

6. (INSTITUTO CONSULPLAN – CÂMARA DE AMPARO/SP – Técnico Administrativo – 2020) Nos trechos *"Com **14** anos, Emerson, já um peconheiro experiente, repete pela quinta vez a **terceira** série."* (5º§) e *"(...) cresce no máximo até **três** metros (...)"* (6º§), os numerais destacados são classificados, respectivamente, como:

a) ordinal, cardinal e ordinal.

b) cardinal, ordinal e ordinal.

c) ordinal, cardinal e cardinal.

d) cardinal, ordinal e cardinal.

Comentário: os numerais **14** e **três** são cardinais e **terceira** é ordinal.

7. (UFAC – Assistente em Administração – 2019) Assinale a alternativa em que não há expressão numérica de sentido indefinido:

a) Quer que veja este filme pela milésima vez?

b) Ele foi o décimo segundo colocado na corrida.

c) Esta parede da tua casa tem milhões de buracos.

d) Já pedi mais de mil vezes que a turma fizesse silêncio.

e) É a centésima vez que explico isso hoje.

Comentário: em todas as alternativas, os numerais foram usados de forma ilustrativa para compor hipérboles, exceto em b), em que "décimo segundo" tem valor denotativo.

8. (VUNESP – PREFEITURA DE CANANÉIA/SP – Professor – Educação em Creche – 2020) Leia a tira para responder à questão.

(Mort Walker, *Recruta Zero*. Disponível em: https://cultura.estadao.com.br/quadrinhos.
Acesso em: 6 de nov. 2019. Adaptado)

Na frase – Passei o dia inteiro **em** pé –, a preposição destacada forma uma expressão de mesmo sentido que a destacada em:
- a) Para fazer o passeio pelas montanhas, era preciso estar **em** forma.
- b) Morava **em** uma cidade pequena e agradável, longe da poluição.
- c) Quando pensava **em** estudar, os números afloravam em sua cabeça.
- d) Esqueceu o material de trabalho **em** cima de um balcão de padaria.
- e) **Em** dias nublados, gostava de ouvir músicas tranquilas e ler um livro.

Comentário: a preposição **em** na expressão **em pé** introduz a ideia de modo, assim como **em forma**.

9. (VUNESP – PREFEITURA DE SÃO ROQUE/SP – Inspetor de Alunos – 2020) Considerando a norma-padrão da língua portuguesa, assinale a alternativa que preenche, correta e respectivamente, as lacunas do texto a seguir.
É muito ruim quando os casais ficam habituados_____ brigas. É importante que as pessoas _____ conscientizem _____ é preciso viver em harmonia.
- a) para as – os – a que.
- b) nas – lhes – de que.
- c) das – os – em que.
- d) com as – os – de que.
- e) pelas – lhes – a que.

Comentário: a regência da palavra **habituados** é **com** ou **a**. Para retomar o termo **casais** como objeto direto do verbo **conscientizar**, usamos o pronome oblíquo **os**. E, para introduzir o objeto indireto do mesmo verbo, a preposição **de**. A seguinte substituição pode clarear o entendimento: "Conscientizar os casais de que é preciso viver em harmonia".

10. (VUNESP – PREFEITURA DE CANANÉIA/SP – Psicólogo – 2020) Leia a tira para responder a questão.

PORTUGUÊS PARA DESESPERADOS · QUESTÕES COMENTADAS   309

(Bob Thaves, "Frank & Ernest". Disponível em: https://cultura.estadao.com.br. Acesso em: 12 nov. 2019)

Na passagem "**com** a exposição online das informações pessoais", a preposição destacada forma uma expressão cujo sentido é de

a) comparação, equivalendo, em norma-padrão, a "como as informações pessoais são expostas online".
b) causa, equivalendo, em norma-padrão, a "devido à exposição online das informações pessoais".
c) consequência, equivalendo, em norma-padrão, a "à partir da exposição online das informações pessoais".
d) modo, equivalendo, em norma-padrão, a "sob à exposição online das informações pessoais".
e) conclusão, equivalendo, em norma-padrão, a "da forma como as informações pessoais são expostas online".

Comentário: a expressão iniciada por **com** indica o motivo da oração anterior, ou seja, explicita a sua causa.

11. (FEPESE – PREFEITURA DE ITAJAÍ/SC – Assistente Jurídico – 2020) Assinale a alternativa **correta** quanto à análise morfológica do termo sublinhado.

a) A tua beleza me encanta. (adjetivo)
b) Entreguei o presente a ela. (preposição)
c) Eu a vi em conversa com meu chefe. (artigo)
d) Psiu! Este ambiente requer silêncio. (advérbio)
e) Não me sai da cabeça aquele problema. (conjunção)

Comentário: na letra a), **beleza** é um substantivo. Em b), **a** é uma preposição. Em c), **a** é um pronome oblíquo. Em d), **psiu** é uma interjeição. E, em e), **aquele** é um pronome demonstrativo.

12. (METRO CAPITAL SOLUÇÕES – PREFEITURA DE NOVA ODESSA/SP – Educador de Desenvolvimento Infantil – 2019) Assinale a alternativa que NÃO apresenta uma preposição:

a) desde.
b) só.
c) por.
d) sem.

Comentário: a palavra **só** pode ser um adjetivo (quando significa **sozinho**) ou um advérbio (quando significa **somente**).

13. (MPE-GO – Auxiliar Administrativo – APARECIDA DE GOIÂNIA – 2019)
Analise a frase a seguir: *"Recuso, **com** o mesmo sorriso..."*
Pergunta-se: a alternativa em que a preposição destacada tem o mesmo sentido que possui na frase acima é:
   a) O cronista visita a casa **com** amigos.
   b) **Com** a chegada das férias, o cronista visita a casa antiga.
   c) O cronista encontra **com** as mesmas pessoas de sempre.
   d) O cronista fala **com** educação sobre as novidades.
   e) A crônica é produzida **com** a ajuda do computador.

Comentário: no enunciado, a preposição **com** introduz a ideia de **modo**, assim como em d). Nas letras a) e c), a ideia é de companhia. Em b), de causa e, em e), de instrumento.

14. (INSTITUTO PRÓ-MUNICÍPIO – PREFEITURA DE PARAÍBA DO SUL/RJ – Técnico Em Enfermagem – 2019)

PORTUGUÊS PARA DESESPERADOS · QUESTÕES COMENTADAS

311

Assinale a opção em que a descrição da classe gramatical está correta:

a) "**uma** redação sobre a Páscoa" (numeral);

b) "Atenção **com** a pontuação" (preposição);

c) "... comemoramos a libertação do povo **judeu** da escravidão..." (substantivo);

d) "... como nós fazemos **isso**?" (pronome oblíquo).

Comentário: na letra a), **uma** é um artigo indefinido. Em b), **com** é uma preposição. Em c), **Judeu** é um adjetivo. E, em d), **isso** é pronome demonstrativo.

15. (INSTITUTO EXCELÊNCIA – PREFEITURA DE CANOINHAS/SC – Psicólogo – 2019) Assinale a alternativa em que a preposição estabelece relação de modo:

a) A disciplina é o segredo para a vitória.

b) O cachorro morreu de uma epidemia desconhecida.

c) Fiz o trabalho conforme você sugeriu.

d) Dormiu de bruços.

e) Saí de casa bem cedo.

Comentário: na letra a), **para** indica a finalidade. Em b), **de** indica causa. Na alternativa c) não há preposições. Em d), **de** indica modo. Em e), **de** indica lugar.

16. (ITAME – PREFEITURA DE SENADOR CANEDO/GO – Auxiliar Administrativo – 2019) Em qual dos trechos abaixo a preposição destacada estabelece sentido de modo?

a) Ela queria sair de casa **para** ver o sol.

b) Os nomes foram escritos **em** ordem alfabética.

c) A mesa que ganharam de presente é **de** madeira.

d) Eles estavam conversando **sobre** o futuro do país.

Comentário: na letra a), temos indicação de finalidade; em b), de modo; em c), de matéria; e, em d), de assunto.

17. (VUNESP – PREFEITURA DE CERQUILHO/SP – Professor De Educação Básica – História – 2019) Considere a passagem do texto:

"Entre os abordados há, por exemplo, moradores da periferia que passam dias e noites vivendo nas calçadas da região central em busca de doações, mas em parte do mês retornam a suas casas, pessoas que estão de passagem pela cidade, entre outras situações." (2° parágrafo)

Nessa passagem, o seguinte vocábulo expressa sentido de **direção**:

a) nas.

b) em.

c) a.

d) de.

e) pela.

Comentário: a preposição **a**, em "retornam a suas casas" indica a direção para a qual moradores retornam.

18. (FGV – PREFEITURA DE ANGRA DOS REIS/RJ – Berçarista – 2019)

"*Todas as coisas têm seu tempo, existe o momento certo para cada uma delas* sob *o céu.*"

Assinale a frase em que houve troca ***indevida*** entre sob/sobre.

a) Quem é feliz não repara nas horas que passam sobre seus olhos.

b) O homem não tem porto, o tempo passa sobre a margem.

c) Os homens muito discutem sobre o tempo.

d) Sob o aspecto físico, o tempo não existe.

e) Sob o meu ponto de vista, o tempo que passa é o que não vivemos.

Comentário: na letra a), houve a indevida troca, uma vez que a expressão correta é "sob seus olhos", para indicar que algo está ou deveria estar nítido.

19. (INSTITUTO EXCELÊNCIA – PREFEITURA DE TREMEMBÉ/SP – Professor – Português – 2019) Há casos em que verbos transitivos diretos levam preposição como meio de evitar ambiguidade. Marque a opção em que a preposição foi utilizada com essa finalidade.

a) A mãe ama à filha.

b) Matou o tigre ao caçador.

c) Preciso de fazer compras.

d) Ao filme assistirei mais tarde.

Comentário: **matar** é um verbo transitivo direto, porém, para evitar a possibilidade de duplo sentido quanto a quem matou ou quem morreu – quem é sujeito e quem é objeto, a inserção da preposição **a** antes de **o caçador** faz com que esse termo não possa mais exercer função de sujeito, elegendo assim **o tigre** como sujeito.

20. (FGV – PREFEITURA DE ANGRA DOS REIS/RJ – Especialista em Desportos – 2019)

"... se ambos devem atingir a mesma perfeição **da** qual são capazes."

Nesse segmento, emprega-se a preposição **de** em função de um termo posterior: capazes. O mesmo ocorre na seguinte frase:

a) "O esporte necessita de muita dedicação e esforço."

b) "Os homens de fibra praticam esporte diariamente."

c) "Gosto de que todos cheguem na hora marcada."

d) "Essa é a prática esportiva de que todos necessitam."

e) "A prática de todos os esportes favorece a boa saúde."

Comentário: na letra d), a preposição **de** antes do pronome relativo **que** aparece em função do verbo **necessitar**.

GABARITO

1 – E	11 – B
2 – E	12 – B
3 – A	13 – D
4 – C	14 – B
5 – C	15 – D
6 – D	16 – B
7 – B	17 – C
8 – A	18 – A
9 – D	19 – B
10 – B	20 – D